应用型本科院校“十四五”人才培养规划教材

# 新编大学体育教程

主 编 于 壮 杨忠林 李 鑫



苏州大学出版社

**图书在版编目(CIP)数据**

新编大学体育教程 / 于壮，杨忠林，李鑫主编. --苏州：苏州大学出版社，2023.8 (2025.8 重印)
应用型本科院校“十四五”人才培养规划教材
ISBN 978-7-5672-4490-0

Ⅰ. ①新… Ⅱ. ①于… ②杨… ③李… Ⅲ. ①体育-高等学校-教材 Ⅳ. ①G807.4

中国国家版本馆 CIP 数据核字(2023)第 142206 号

**书　　名**：新编大学体育教程
**主　　编**：于　壮　杨忠林　李　鑫

**责任编辑**：杨　华
**装帧设计**：吴　珏

**出版发行**：苏州大学出版社(Soochow University Press)
**社　　址**：苏州市十梓街 1 号　**邮编**：215006
**印　　装**：常熟市华顺印刷有限公司
**网　　址**：http://www.sudapress.com
**邮购热线**：0512-67480030
**销售热线**：0512-67481020

**开　　本**：787 mm×1 092 mm　1/16　**印张**：17. 25　**字数**：410 千
**版　　次**：2023 年 8 月第 1 版
**印　　次**：2025 年 8 月第 3 次印刷
**书　　号**：ISBN 978-7-5672-4490-0
**定　　价**：49. 00 元

若发现印装错误，请与本社联系调换。
服务热线：0512-67481020
苏州大学出版社邮箱：sdcbs@ suda.edu.cn

# 《新编大学体育教程》编写组


| | | | |
|---|---|---|---|
| **主　编** | 于　壮 | 杨忠林 | 李　鑫 |
| **副主编** | 周长满 | 韩淑梅 | 谢云飞 |
| | 徐　盼 | 刘　吉 | 孙彦江 |
| **编　委** | 武婵娟 | 杨　阳 | 申维年 |
| | 董鑫超 | 王兴家 | 王奂东 |

# 前言 Preface

目前，随着应用型本科高校课程改革的深入实施，大量适应于现行刚性课程框架的体育教学方式和体育教学行为开始显得不太适应。应用型本科高校是以市场需求为导向，以职业岗位能力为本位，按五种能力的要求，以培养应用型人才的教育理念作为培养目标，其在办学定位和课程建设上有十分鲜明的社会实用性和针对性。在此背景下，编者立足于本职岗位，以多所应用型本科高校为体育课程改革实践基地，对传统的大学体育课程教学进行大胆的改革，打破了原有大学体育课学科教学体系，以行动教学体系重构体育的知识点和技能点，在实现大学体育课增进学生健康、增强体质、培养学生体育素养目标的基础上，有意识地培养学生适应社会需求的职业性素养，将发展学生的一般身体素质与发展职业特点素质紧密结合在一起，推进职业性体育课程改革实践。

党的二十大报告指出："广泛开展全民健身活动，加强青少年体育工作，促进群众体育和竞技体育全面发展，加快建设体育强国。"本书有机融入党的二十大精神，适应素质教育的需求，以知识性、健康性、趣味性为编写原则，由一线体育教师在多年职业性体育课程改革实践基础上，对原有体育教材进行了修订、完善。本教程体现了应用型教育改革的精神，力求体现应用型教育与体育的融合。概括起来，本书具有以下几大特点：

（1）内容丰富。本书除了介绍体育与健康的基本知识外，重点介绍了适合各职业群的适应性运动项目、保健性运动项目、休闲性运动项目、社会性运动项目，并引入当今时尚流行的体育项目。

（2）实用性强。本书内容简明扼要，完全按照职业群工作特点和我国大学体育教学大纲编写，突出职业性体育特点，有助于学生根据未来职业，有针对性地进行自我锻炼。

（3）结构新颖。按照站姿型职业人群、变姿型职业人群、坐姿型职业人群重构教材章节，符合应用型本科大学生未来职业发展特点和需要，有助于提高学生的学习效率，增强学习的目的性。

（4）图文并茂。本书通俗易懂，版式活泼，技术动作图解形象逼真，方便学生进行自我锻炼和教师教学。

由于编者水平和能力所限，教材中难免有疏漏和谬误之处，恳请广大读者不吝批评指正，以便我们今后加以完善和提高。

编　者

2023 年 5 月

# 目录 CONTENTS

## 体育理论知识篇

## 适应性运动篇



## 保健性运动篇

# 体育理论知识篇

## 第一章　体育概论

*发展体育运动，增强人民体质。*

——毛泽东

体育作为一个专门的科学领域，是在人类社会长期的实践中，随着社会生活和生产的不断发展而逐步建立和发展起来的。它是遵循人的身心发展规律，以身体练习为基本手段，以增强体质、提高运动技术水平、进行思想品德教育、丰富文化生活而进行的一种有目的、有意识、有组织的社会活动。

### 第一节　体育概述

**一、体育的定义**

体育有广义的体育和狭义的体育之分。

广义的体育，也称为体育运动，指以身体练习为基本手段，以增强人的体质，促进人的全面发展，丰富社会文化生活和促进精神文明为目的的一种有意识、有组织的社会活动。

狭义的体育，又称为学校体育，是现代教育的重要组成部分，也是全民健身的基础和国家体育事业发展的重点。它是一种强健体魄，增强体质，传授锻炼身体的知识、技能和技术，培养人的道德、意志、行为和习惯的教育过程。

**二、体育的分类**

根据体育与社会的联系和需要，体育可分为以下四大类：

（一）生存体育

可以说生存体育形成了原始的教育。原始人类为了生存，共同协作狩猎、觅食、驱兽，在一次次与自然抗争的过程中形成了诸多的经验方法，经过漫长的历史时期，形成了体育的雏形。

（二）学校体育

学校体育是指有计划、有组织地进行体育课程教育、校园体育文化教育和运动队训练教育的一种形式。其目的是增强学生体质，使学生掌握体育锻炼的知识、方法，养成良好的体育锻炼的习惯，培养良好的思想品质，树立公平竞争的意识。

（三）竞技体育

竞技体育是指为了最大限度地发挥和提高人体各方面的潜能，以取得优异的运动成绩而进行的科学系统的训练和竞赛。竞技体育以其追求更高、更快、更强的巨大魅力征服了亿万体育爱好者的心，并为体育产业的发展创造了有利条件。

（四）社会体育

社会体育是以健身、健美、娱乐、休闲、养生、医疗、康复等为目的而进行的群众性健身娱乐活动。在国家实施《全民健身计划纲要》以来，社会体育正以飞快的速度蓬勃、健康地发展。它对改善国民身体素质、提高国民精神生活质量起了积极的推动作用。

**三、体育的功能**

随着社会的进步和科技的飞速发展，体育的多功能性受到了社会各界的极大关注，体育的功能也随之不断地被认识。

（一）健身功能

强身健体是体育的本质功能。体育锻炼能加速新陈代谢，促进血液循环，改善和提高心血管系统、呼吸系统、消化系统等系统的功能，并能促进人体生长发育，塑造健美体魄，提高人体对外界环境变化的适应能力，使人心情舒畅、精神愉快，提高生命的质量。

（二）教育功能

体育是教育的重要组成部分，是造就全面发展的人的重要手段。陶行知先生说，“体育为德智二育之基本”，教育应以“养成坚强之体魄，充实之精神为标准”。德育是方向，智育是根本，体育是载体。

（三）经济功能

在社会主义市场经济条件下，体育社会化、产业化不断发展和成熟，体育已形成了特有的产业链，如体育产品的生产、经营、服务，体育餐饮、娱乐、旅游，体育信息、广告、报业，等等。2008 年北京奥运会的成功举办是我国体育产业经济蓬勃发展的重要标志。

（四）政治功能

体育作为一种社会现象具有上层建筑职能，又具有为生产力服务的作用。一方面，体育受政治的干预和制约；另一方面，政治渗透于体育之中，体育为政治服务。体育正在现代政治中发挥着极其重要的作用。

（五）文化功能

体育本身是一种文化现象。体育文化是现代文明的标志，体育的方方面面都反映出一个国家的文明程度。体育还与文学、艺术有着不解之缘，它是人类文明与智慧的结晶。

（六）娱乐功能

体育具有游戏性、娱乐性、大众性、健身性、艺术性、对抗性，它能使参与者、观赏者愉悦身心，陶冶情操，能满足不同人的精神需求。体育运动中时间与空间的和谐、健与美的统一，加上优美的韵律、鲜明的节奏、和谐的配合、激昂的情感、高雅的造型和精美的瞬间，都能给人带来极大的享受。

## 第二节　健康概述

### 一、健康的定义

健康的重要性几乎人人皆知。但是，对于什么是健康，很少人能准确地、清楚地说出来。随着人类对健康的需要和认识的不断变化和更新，健康的含义也在不断地变化着。

1948 年，世界卫生组织（WHO）提出了健康的概念：“健康不仅是免于疾病和虚弱，而且是保持身体上、精神上和社会适应上的完美状态。”1989 年，世界卫生组织又更新了健康的概念：“除了躯体健康、心理健康和社会适应良好外，还要加上道德健康，具有这四方面的健康才算是完全的健康。”

### 二、健康四要素

#### （一）生理健康

生理健康是指人体的结构完整和生理功能正常。生理健康是其他健康的基础。

#### （二）心理健康

心理健康是指以系统健康为基础，个体能够持续对环境作出良好适应，并能保持旺盛的生命力，充分发挥身体潜能的心理状态和心理适应能力。

心理健康 6 项标准：

（1）智力发育正常。

（2）能正确地认识自己，恰当地评价自己。

（3）能很快地适应现实环境。

（4）能适当控制和调节情绪。

（5）能保持良好的人际关系。

（6）心理行为符合年龄特征。

#### （三）社会适应良好

社会适应良好是指人在社会生活中的角色适应，包括职业角色、家庭角色及在工作、学习、娱乐、社交中的角色转换与人际关系等方面的适应。

#### （四）道德健康

道德健康是指能够按照社会规范的准则和要求来支配行为，能为人类的幸福做出自己的贡献。

2000 年，世界卫生组织对衡量个人身体健康提出了 10 项标准：

（1）有充沛的精力，能从容不迫地适应环境的各种变化。

（2）处事乐观，态度积极，乐于承担任务，事无巨细，不挑剔。

（3）善于休息，睡眠良好。

（4）应变能力强，能适应外界环境的各种变化。

（5）能抵抗一般性的感冒和传染病。

（6）体重适当，体形匀称，站立时头、肩、臂的位置协调。

（7）反应敏锐，眼睛明亮，眼睑不发炎。

（8）头发有光泽，无头屑。

（9）牙齿清洁、无空洞、无痛感、无出血现象，齿龈颜色正常。

(10) 肌肉和皮肤富有弹性，行走轻松自如。

## 三、亚健康概述

### (一) 亚健康的概念及表现

亚健康是介于健康与疾病之间的一种状态，也称“第三状态”“灰色状态”，是指机体在内外环境不断刺激下引起心理、生理发生异常变化，但尚未达到明显病理反应的程度。亚健康在临床上被诊断为疲劳综合征、内分泌失调、神经衰弱、更年期综合征等，在心理上具体表现为精神不振、情绪低沉、反应迟钝、失眠多梦、白天困倦、注意力不集中、记忆力减退、烦躁、焦虑等。

### (二) 亚健康状态的调控

(1) 保证全面合理的营养膳食。保证糖、蛋白质、脂类、维生素、矿物质等人体所需的营养物质的摄入。养成良好的饮食习惯，克服营养与热量过剩，也不盲目节食。

(2) 劳逸结合，加强体育锻炼。养成良好的体育锻炼习惯。无论学习、工作多忙，每天固定时间进行锻炼，多呼吸新鲜空气，放松心情，增强体质，促进新陈代谢，保持旺盛精力。

(3) 调节心理与保持身心健康。通过自我心理调适，逐渐提高对外来刺激的承受能力。

**亚健康状态自评表**

请您依据近来一个月的时间，看看是否有以下感受，并进行评分：没有（1分）、轻度（2分）、中度（3分）、偏重（4分）、严重（5分）。统计所得分数，参考评分标准，分析自己是否为亚健康。如果你的总分超过30分，表明健康已敲响警钟；如果总分超过50分，赶紧去医院找医生，调整自己的心理，或好好地休息一段时间。

1. 近来时常觉得提不起精神，对什么都没有兴趣。
2. 近来常有恐慌之感，似乎有灾难要发生。
3. 后背痛，肌肉酸痛。
4. 日子过得挺灰暗，常感到压抑。
5. 心跳得厉害，呼吸也不顺畅。
6. 工作一小时后，就感到身体倦怠，头脑也变得迟钝。
7. 不想面对同事和上司，有逃避的愿望。
8. 工作感受不到乐趣和成就，完全成了一种负担。
9. 睡眠质量差，且早上起床后仍感到头脑昏沉。
10. 工作效率下降，上司已表示了对你的不满。
11. 食欲减退，即使是符合自己胃口的饭菜，也感到索然无味。
12. 常感到疲惫，渴望休息，但通过休息也难以恢复。
13. 体重明显减轻，早上起床后常眼眶深陷，下巴突出。
14. 对熟悉的工作也感到困难重重，自己也感到什么地方出了毛病。
15. 不再热衷于朋友的聚会，以致许多好朋友长时间不来往。
16. 早上起床后，有持续的头发掉落，近期经常如此。
17. 感到火气很大，一脸愤愤不平的样子。
18. 手脚总是冰凉的。

19. 昨天想好的事，今天怎么也想不起来了，这样的事近来总发生。
20. 常怀疑自己的能力，不敢尝试新事物，对他人的成功则既羡慕又嫉妒。
21. 社会发展得太快，感到无所适从，认为时代已将自己抛弃。
22. 性欲减退，对配偶的亲昵动作无动于衷，暗自怀疑自己的性能力。
23. 感到孤独，有满腹的心事，却找不到倾诉的对象。
24. 感到自己挺可怜的，希望有人能保护自己。
25. 事情一多就感到心情烦乱，有应付不了的感觉。
26. 配偶和孩子对自己不满意，自己很伤心，也很内疚。
27. 生活没有了激情，很少碰到使自己开心的事，整日茫然地过日子。
28. 容易感冒，流感一来，自己必感冒。
29. 对城市的污染、噪声、拥挤非常敏感，实在难以忍受，渴望清静。
30. 感到事情变得很糟糕，且看不到改善的征兆。

## 第三节　体育文化

### 一、体育文化的含义

体育文化，大而言之，指体育运动本身所蕴含的、围绕体育运动所形成的一切物质文明与精神文明的总和；小而言之，又可指体育运动某一方面的文明因素。

它是人类在体育生活和体育实践中创造出来的，并通过有形的身体形态、动作技能、运动器材等及无形的与社会属性相关的意志、观念、时代精神反映出来。

体育文化和其他文化一样，反映了特定时代、特定国家或民族的特征，并规范着人们的体育行为，也影响着人们的价值观念。

东方体育文化，特别是中国体育文化，在儒家文化的长期影响下形成了以追求“统一”“中和”“中庸”，重在修身养性的内向性、封闭性、圆满性为主要特色的体育文化。

综上所述，所谓体育文化，是一切体育现象和体育生活中展现出来的一种特殊的文化现象。也就是说，人们在体育生活和体育实践过程中，为谋求身心健康发展，通过竞技性、娱乐性、教育性等手段，以身体形态变化和动作技能所表现出来的具有运动属性的文化。

在国内兴起的体育文化讨论中，人们除了考察国外和我国近来的各种体育文化的概念之外，也从各自不同的角度去界定体育文化。

（一）用物质与精神的二元关系来定义体育文化

这种界定源自《辞海》有关文化的定义——文化从广义上说，指人类社会的生存方式以及建立在此基础上的价值体系，是人类在社会历史发展过程中所创造的物质财富和精神财富的总和。持这一观点的学者认为体育文化是有关体育运动的物质文明和精神文明的总和，即一定社会中的人们通过长期的体育实践所创造的物质财富和精神财富的总和。

（二）借用文化结构主义来界定体育文化

国内也有一些学者倾向于从文化结构层次来定义体育文化。目前，关于文化结构，理论界存在诸多提法，例如：物质文化与精神文化两分说；物质文化、制度文化、精神文化三层说；物质、制度、行为、心态四层说；物质、社会关系、精神、艺术、语言、风俗习惯六大子系统说；等等。

（三）用狭义的文化概念来界定体育文化

这类观点把体育文化限定在体育精神现象或与体育活动相关的社会意识形态及与之相应的制度和组织机构等范畴之内，也称为狭义体育文化说。狭义体育文化论者主张把体育文化概念的外延限定在精神领域，认为体育文化就是在以身体的活动为基本形式，以身体的竞争为特殊的手段，以身体的完善为主要目标的体育活动过程中有关人的精神生活的那些方面。

体育文化究竟应该如何定义？体育文化的主体是人类，是人类特有的社会文化现象和文明的成果，泛指人类在体育历史发展过程中所创造的物质财富和精神财富的总和。

## 二、体育文化的产生和发展

关于体育文化的产生和发展有很多种说法，但比较集中的有以下几种：

（一）劳动起源论

从总体上说，人类的文化是通过人类自己的双手和大脑的思维创造出来的。早期人类在求生存中学会了奔跑、跳跃等技能，并在追捕猎物等活动中，发展了速度、耐力、力量、灵敏等各种身体素质。这个时候的体育鲜明地体现在以生存为直接目的，进行着各种能力的训练。

（二）军事起源论

这是由于个人之间为争夺猎物而产生的冲突发展到后来部落之间的武装冲突，各部落为了加强自己的力量进行了有组织的身体训练。

（三）游戏起源论

这是在获得丰富的猎物后，特别是在丰收之后，原始人聚集在一起以游戏欢舞的方式庆贺，也表明了体育是在跑、跳、投等劳动形态中演化出来的，并以欢唱和舞蹈表达内心的喜悦。

（四）宗教起源论

原始社会后期，由于生产力水平低下，又受到四季和环境的困扰，原始人为寻求帮助，祭祀天地而形成的原始宗教活动，并以体育形式进行求助祭拜。

（五）教育起源论

生产劳动的发展及在军事、游戏中演变出来的运动技能、技巧，以劳动教育的方式传授给后代。既发展了上述各种技能和身体素质，又逐步脱离了动物野性，向人性方向进化，形成了具有文化内涵的体育生活。

综上所述，体育文化的产生是在人类从动物野性变为人性的过程中上述因素相互综合演化的结果。也就是说，体育文化是人类在改造自身的过程中，由动物本能改变成自觉行为，是原始的野性和进攻性通过劳动、游戏、教育及合理的竞争逐步形成了人类社会特有的文化现象，即体育文化。

## 三、体育文化的价值

现代体育和世界教育发展的潮流是一致的。一百多年来，现代体育不但极大地丰富了体育文化，提高了其社会地位和价值，而且在促进人的全面发展、协调发展、完善发展中起了重要作用。

### （一）奥林匹克运动文化的价值

现代奥运会经过一百多年的发展，已经成为世界上无与伦比的最广泛的社会文化现象。

奥林匹克的格言是：更高、更快、更强——更团结，它激励青年人奋发向上、超越自我，向着更高的目标迈进。运动员们勇于克服各种艰难险阻，付出辛勤的汗水去争取胜利的意志和品质，对所有人都是一种鼓舞和启迪。

奥林匹克的精神是：互相理解、友谊、团结和公平竞争。

奥林匹克的最终目的是：为建立一个和平美好的世界做出贡献。

### （二）竞技体育文化的价值

体育与人类的生存、发展紧密相连，人类创造了体育，也创造了体育文化。体育文化是一种竞技运动文化。人类对这一种竞技运动文化进行了改造，促进了经济、文化不断地获得创新与发展。这些创新与发展是在众人不断的实践中完成的，并经历了三个阶段，即宗教体育文化阶段、科学体育文化阶段和正在进行中的艺术体育文化阶段。

艺术体育摆脱了人类求生存的宗教体育文化及强身健体适应环境的科学化和功利性体育文化的特征之后，向着竞技与艺术相结合、形体美与心灵美相结合的形态发展。

### （三）大众体育文化的价值

在人类文明的进程中，人类出于共同的需要，对自身生存、发展、享受的追求和关注一刻也没有停止过。大众体育文化在教育全球化的浪潮中的推动力最大，影响最为广泛，也最为深刻。这是因为大众体育文化给人类带来了快感和美感，并给社会带来了健康和活力。无论是中国的大众体育，还是西方的大众体育，都是以人的全面发展和和谐发展为宗旨的。

### （四）中国传统体育文化的价值

中国传统文化有着历史悠久、博大精深的光辉篇章，也是中华民族自强不息的象征。

自古以来，中国传统体育都是围绕“养生”为主开展的，人与自然的结合在通过与自然的交换中排除身体内部的浊气，吸取真气，五脏通达，六腑调和，并认为决定健康和长寿的根本在于人体的内部而不在于外部。中国传统体育文化在体育形态上强调整体观和意念感受，动作简单而内涵深刻，很少有强烈的肌肉运动，因此缺少激进和冒险行为。随着东西方文化的交往，中国传统体育文化这种整体修炼和内在和谐之美，正在和现代科学相结合，形成新的独特风格。

### （五）校园体育文化的价值

校园体育文化作为学校教育的重要组成部分，在德智体美劳全面发展的教育方针中，在培养身心健康和具有创新精神、实践能力的社会主义现代化合格人才中具有十分重要的作用。

校园体育文化在坚持具有中国特色的社会主义体育教育方向的同时，既要发展中华民族传统的体育文化，又要引进国际先进的体育文化。为完成未来体育教育的使命，我国当代校园体育肩负着以下历史使命：

（1）树立健康第一的教育指导思想。要树立在生理上、心理上和社会相适应的全面健康理念，并明确要求加强学生的心理健康教育，树立社会责任感，培养学生坚忍不拔的意志和艰苦奋斗的精神。

（2）为推行素质教育服务。体育教学中推行素质教育要更多地关注学生的个性发展，提高人文体育的素养，培养健康的人格，增强健身意识，加强品德修养，协调人际关系，强化合作精神。

（3）培养终身体育的教育观念。终身教育是由法国的保罗·朗格朗（Paul Lengrand）于1965年任联合国教科文组织成人教育局局长时提出来的。他认为，接受教育应当是每一个人从生到死永不休止的事情，终身体育是终身教育的一个组成部分。

（4）注重校园体育文化的多样性。校园体育文化的宗旨是培养学生的体育精神、体育意识和体育技能，提高体育文化素养，增进身心健康，并在此宗旨指导下开展多种多样的校园体育文化活动。

## 第四节 体育美学

### 一、体育中的美学原理

#### （一）美及美学原理

古汉语的“美”字，本意为头戴羊角或羽毛载歌载舞的人。这告诉我们，美是人的形象，美的本体之根源深深扎在人的活动之中，美的问题的解决，前提是人的问题的解决。美学家德尼·狄德罗（Denis Diderot）认为，美是关系，关系越复杂，事物就越美。换句话说：美以关系为转移，随关系的产生、增长、发展而变化。这种变化能引起人类的精神愉悦，这种精神愉悦就是美感，能引起人的精神愉悦的对象就是美。

#### （二）美的形态和层次结构

美有自然美、社会美、艺术美三种基本形态，在各基本形态之中，又可以分为许多小的形态。例如，自然美有山水美、生态美、人体美等；社会美主要有人的心灵美、语言美、行为美，以人为中心的环境美、生活美等；艺术美有文学艺术美、电影艺术美、戏剧艺术美、音乐艺术美、绘画艺术美、建筑艺术美、肢体艺术美等。自然美一般是由各种各样的自然物和人的物化劳动组成的；社会美主要是由人的思想、意识、情感，以及它们在人们的相互关系中的体现组成的；艺术美则主要是由客观现实生活在艺术家头脑中的反映、人们的创造力和各种必需的物质材料组成的。由于美有不同的形态，所以审美者能获得的美感也就具有多种多样性。

### 二、体育与自然美——人体美

#### （一）人体美的先行者

人体自然美很早就进入人的审美视野。西方在古希腊时代，对人体美的欣赏就蔚然成风。希腊人抱着“肉体有肉体的庄严”的信条，以一种天真无邪、纯洁坦荡的态度，对待人的裸体形象。他们在明媚的阳光下，在潋滟的大海边，在公开的竞技场上，常常赤身裸体，毫不感到羞涩。他们普遍推行促进人体美的教育制度，规定男女青年必须进行健美训练，必须练出健康的体魄和风度。没有经过健身锻炼的人被看作是缺乏教养者。

虎背熊腰的躯干、丰满宽阔的胸部、结实隆起的肌肉、粗壮有力的四肢是获得美男子称号的重要条件。有时，还把战场上和运动场上的胜利者塑成裸身雕像，安置在庄严的神殿里，当作高于一切其他形象的最自由、最美的形象来欣赏。

（二）人体美是一种自然美

人是自然界的成员，人体美是一种自然美。它是一种形式美。人体美包括容貌、体型、姿势的美。人的容貌由遗传基因决定，基本上是不可改变的；人的体型虽与遗传基因有着重要的关系，然而却是可以改变的。人体美是健与美的结合，健是构成美的重要因素，美离不开健，瘦弱不堪和臃肿虚胖的体型是不能唤起人们的美感的。

（三）体育与人体美

健美的人体不仅具有强健的骨骼、发达的肌肉、秀丽的发肤和健康的气色，而且具有匀称的形体和优美的身体轮廓线条。健美的体形集中地体现着对称、均衡、比例和谐等形式美的规律特征。从事健美运动、竞技体操等体育运动者的体型之所以能够引起人们的赞叹，是因为他们长期科学地进行最有利于增进人体美的体育运动。人体解剖学的研究成果也证明，长期科学地坚持体育锻炼，对人的肌肉、骨骼会产生良好的影响，能够增进人体美。

（四）体育与姿势美

体育运动是增强人的体质（包括人的体格和机能）的有效方法，体能是机体在身体活动中表现的能力，包括力量、速度、灵敏度、耐力、柔韧性等身体素质和走、跑、跳、攀、爬等身体基本活动能力。体能的增强必然会对人的姿势美产生积极的影响。这就是说，体育运动会使人的动作姿势（坐、立、行等姿势）更加正确、矫健和优美。

**三、体育与社会美**

（一）体育与社会美的关系

人是社会的主体，人的社会美也称内在美、心灵美、精神美或人格美。体育与社会美的关系比较集中地表现在体育与人的内在美的关系上。

体育是社会文化教育的组成部分，它对人有着多方面的教育作用。首先，体育竞赛中的道德要求、新闻报道和评论及群众舆情等，可教育和培养人们逐渐具备高尚的体育道德品质。其次，体育运动要求人体不断克服体力和精神上的障碍，这可以培养人刻苦、顽强、坚毅、勇敢、果断、自信心、自制力和进取心等意志品质。再次，体育运动往往是有组织的社会活动，可培养人的组织纪律性、协作精神和集体精神。最后，体育竞赛有着激烈对抗的特点，运动员参加比赛需要遵循比赛规则，这一方面可培养人拼搏的精神，另一方面可从道德规范和赛场纪律制约人的不道德行为，培养人公正、诚实、谦虚、礼貌和友好的优良道德作风。

（二）人体美与社会美

人体美是一种自然美，但由于人是具有社会属性的，人的本质是一切社会关系的总和，因此人体美也就有了深刻的社会性。人民体质的强健、体型和姿势的健美不仅反映了民族健康水准，而且反映了民族精神面貌和气概，是社会精神文化的标志之一，所以人体美也具有社会美的意义。

（三）体育是构成社会美的有机组成部分

体育与社会美的关系密切且涉及范围很广，它们还表现在社会精神文明建设和物质文明建设两个方面。体育属于文化教育的范畴，是构成社会精神的内容之一。社会体育活动的广泛开展，人民体质的逐步增强，运动技术水平的不断提高，体育教学的发展和体育科研的进步，这都是社会体育事业兴旺发达的具体表现。同时体育活动本身就是一种高尚文明的社会活动。无论是直接参与体育运动还是观赏体育比赛，都能使人们精神得到调节，身心得到愉快，性情得到陶冶，从而丰富人们的精神生活。积极参加和欣赏体育活动也是人们脱离低级趣味、追求高尚情趣的表现。综上所述，体育对增进社会的物质文明和精神文明建设都有着重要的积极意义，是构成社会美的有机组成部分。

### 四、体育与艺术美

#### （一）体育具有艺术美

艺术美是自然美和社会美的集中反映，是最高级的美。体育不仅有健身等实用价值，也有艺术的审美价值，特别是艺术性较强的体育运动，如竞技类体操、武术、跳水、花样游泳、花样滑冰及球类运动等，更强调审美性。

#### （二）体育的艺术美体现人体美

体育的艺术美体现在人体美上，主要是以人体美为内容的形式美。首先，运动员发达的肌肉、匀称的体型、优美的线条，能够给人以健和美的感受。其次，运动员的姿势，如奔跑、跳跃、俯仰、旋转和翻腾等矫健有力的动态，各种优美静态的造型，以及个人或相互之间的各种动作的和谐编排与组合，不仅展示了其动作的完美，而且充分显示了平衡、对称、和谐、统一及节奏韵律等形式的规律特征，给人以美的享受。尤其是艺术体操、花样滑冰等运动项目，运动员健美的身姿、轻盈的动作，配上和谐配合的优雅乐曲，具有强烈的艺术美感。

#### （三）体育是一门综合艺术

体育的艺术美也表现在运动员的服饰制作上。精美的运动服饰、色彩、线条、块面与样式结构的和谐组合，能充分展示运动项目的美。某些体育项目，器械造型优美，如武术器械、田径器械，它们同样可以为运动的艺术美增添色彩。体育建筑也是构成体育艺术美的内容之一。体育建筑是进行体育运动不可缺少的物质条件之一，它除了具有实用价值之外，还具有审美价值，是一种带有实用性的艺术品。音乐是构成体育艺术美的一部分。广播体操、艺术体操、花样滑冰的伴奏，那优美明快的节奏、抒情的旋律，配合运动员的健美动作，把人们带进更加美妙的艺术境界。

# 第二章　科学锻炼与健身

*科学的基础是健康的身体。*

——居里夫人

*不会管理自己身体的人，就无资格管理他人；经营不好自己健康的人，又如何经营好他的事业。*

——希尔康

体育锻炼是强身健体和预防疾病的有效手段，但锻炼必须掌握科学的方法，才能收到良好的效果。大学生正处于青春期，此阶段进行适宜而科学的体育锻炼，可形成良好的体育锻炼习惯和终身体育意识，练就强健的体魄，培养顽强拼搏的意志，为未来成为社会栋梁打下坚实的体质基础。

## 第一节　体育锻炼的基本原则

体育锻炼的原则是体育锻炼客观规律的反映，是人们在长期进行体育锻炼实践过程中经验的总结，是锻炼者要达到理想锻炼效果所必须遵循的基本准则。

### 一、目的性原则

目的性原则是指体育锻炼者有计划、有目的地进行锻炼的原则。锻炼者首先要明确锻炼的目的。目的确定的依据因人而异，大体包括强身的需要、健美的需要、保健的需要、娱乐的需要等。应根据自身的不同需求确定锻炼的内容、方法、形式等。正确确定目的可以对锻炼者选择运动形式、内容、手段及负荷起指导性作用，还可以充分调动锻炼者锻炼的积极性。

### 二、全面性原则

全面性原则是指体育锻炼者进行体育锻炼时，本着使身体各器官、各系统全面及和谐发展的目的，采用多种运动形式、内容、方法、手段，并全面、科学、合理地进行搭配的原则。既要考虑身体形态的发展，又要考虑人体组织器官和各系统的适应性；既要考虑身体素质的增强，也要注意心理素质的培养，以达到人的全面发展的目的。

### 三、循序渐进性原则

循序渐进性原则是指体育锻炼者必须遵循人体生理学规律，锻炼的内容、方法、手段要由简单到复杂，由容易到困难，运动强度、负荷要由小到大，逐步增加。因此，体育锻炼者锻炼时不应急于求成，应根据自身的情况，确定运动负荷的大小和运动负荷提高的幅度，遵循人体“接受刺激—适应刺激—再刺激—再适应”的规律，以达到理想的锻炼效果。

### 四、针对性原则

针对性原则是指针对锻炼者的不同年龄、不同性别、不同体质、不同运动水平、不同爱好，采取不同的运动内容、手段、方法的原则。人与人之间存在着个体的差异，同样的方法对某人合适，对其他人可能就不合适，运动达到的效果差异也很大。因此，一定要根据个人具体的情况确定锻炼的内容、方法和计划，并且要从改善和提高自己薄弱的环节入手。

### 五、适时监控原则

适时监控原则是指在体育锻炼过程中恰当地监控自己的运动强度。FIT 是次数（Frequency）、强度（Intensity）和时间（Time）这三个英文单词的缩写。FIT 原则是基本的监控原则。要想在锻炼过程中取得良好的效果，必须科学地确定锻炼的次数、强度和时间。

1. 次数

要想获得良好的锻炼效果，每周至少进行 3~5 次的体育锻炼。

2. 强度

对有氧运动的强度控制可以通过测量心率来实现。心率应该控制在最大心率（最大心率=220-年龄）的 60%~80%之间。运动强度必须遵循循序渐进性原则，充分考虑锻炼者的身体状况和健康水平。

3. 时间

练习强度会直接影响运动所持续的时间，强度越大，持续的时间越短。在大多数情况下控制运动时间要比控制运动强度容易。所以，体育锻炼者在运动时要根据不同的锻炼目的控制好运动时间，达到控制运动强度、提高运动效果的目的。例如，要想提高心肺循环系统的耐力或者减肥，至少持续进行 20~30 分钟的有氧运动。

### 六、安全性原则

安全性原则是指在体育锻炼过程中要始终注意保护自己，形成安全第一的意识。如果锻炼不遵循安全性原则，那么就失去了锻炼强身健体的本质意义了。安全性原则包括：

（1）锻炼前进行体检，在专业人员指导下制订科学的锻炼计划。

（2）每次锻炼前充分做好准备活动，防止运动损伤。

（3）锻炼后注意做好整理、放松活动，积极休息，促进身体恢复。

## 第二节　科学锻炼身体的方法

### 一、体育锻炼的内容和节奏的选择

体育锻炼的内容、节奏是多种多样的，用途也各不相同。锻炼者要科学地选择锻炼的内容和节奏，以保证体育锻炼达到应有的效果。

（一）锻炼的内容

选择适合自己的锻炼内容，以适宜的方式进行锻炼，才能在有限的时间里达到强身健体的锻炼目的。不同的人由于个性、生活环境、兴趣、爱好及文化的差异，选择的内容也会有所不同。例如，好动的人可以选择足球、篮球、健美操等四肢运动比较多的项目；好静的人可以选择太极拳、瑜伽、太极球等舒缓的运动项目。总之，应该遵循针对性并兼顾身心互补的原则选择锻炼内容。

(二) 锻炼的节奏

体育锻炼者应根据自己的年龄、性别、工作环境等因素，选择适合自己的锻炼节奏。体育锻炼节奏包括生活节奏和运动本身节奏两方面。锻炼者选择时应遵循互补原则，一般学习和工作节奏快的，所选择的运动节奏应相对较慢；学习和工作十分紧张的，应该选择比较容易放松身心或比较轻松的运动项目。对以脑力劳动或伏案工作为主的人来说，容易消除大脑疲劳、轻松愉快、节奏感强的有氧运动是最佳选择。

## 二、体育锻炼的安排

在安排体育锻炼时，应综合考虑以下几方面的因素：

(一) 锻炼时间和锻炼内容

体育锻炼的安排要根据自己可自由支配的时间来确定。通常可制订一个大体的计划，包括锻炼的时间、地点、人员和内容。一般来讲，锻炼时间分为平时、周末和节假日三种，应根据不同的时间特点，安排不同的锻炼内容。平时锻炼时，内容不宜安排得过多，时间也不宜过长，否则容易造成身体负荷过重，影响学习和工作。

锻炼的内容要强调“专一”和“多样”的统一。“专一”有利于提高运动技术水平，发展运动专长；“多样”则可以不断追求新颖、扩展知识、充实自我，对改善心情、增添乐趣、调节学习和生活节奏等都起到积极的促进作用。

(二) 不良的生活习惯

由于社会、家庭、学习等带来的压力，大学生可自由支配的时间通常不多，部分大学生还养成了一些不良的生活习惯，参加课余体育锻炼呈逐年下降的趋势。大学生应该改变不良的生活习惯，克服惰性，充分利用零星的时间进行课外体育锻炼，使自己的课余生活丰富起来，消除身心疲劳，保持积极向上的精神状态，迎接未来的挑战。

(三) 体质与健康状况

根据人的体质与健康状况，普通人可分为健康型、一般型、体弱型、肥胖型和消瘦型五种类型，锻炼者应该按不同类型来选择锻炼内容和方法。例如，体弱型可选择太极球、门球、慢跑等健身内容，以便增强机体免疫力，抵抗疾病；肥胖型可选择耐力跑、耐力游泳、健美操等专门预防和治疗肥胖的运动。

(四) 情绪和心境

体育锻炼强调身心的协调发展，要在身体活动的同时，使心理获得最大的满足。情绪直接影响着锻炼的效果。在情绪低落时，远离对抗性、接触性强的项目，如足球、篮球等，而选择一些较轻松愉快的运动来进行，如健身操、街舞等。

## 三、体育锻炼的基本方法

体育锻炼的基本方法是指体育锻炼者根据自身条件、锻炼目的和内容，科学选择锻炼方法。通常采用的锻炼方法有以下几种：

(一) 重复锻炼法

重复锻炼法是指在符合一定条件的情况下，多次重复做同一动作的方法。

(二) 间歇锻炼法

间歇锻炼法是指在两次运动之间，休息一定时间，使运动者身体恢复到一定程度时，接着再次进行锻炼的方法。

（三）循环锻炼法

循环锻炼法是指把锻炼项目分成若干个“工作站”依次循环练习，练习者分成若干小组保质保量地完成练习的方法。

（四）综合锻炼法

综合锻炼法是指根据锻炼的目的、任务和一定的规则，将两种以上的锻炼方法进行最佳组合的一种方法。

**四、发展力量素质的主要方法与基本要求**

（一）发展力量素质的主要方法

（1）静力性力量练习方法。肢体不产生明显的位移，肌肉产生张力但肌丝长短不发生变化。例如，肩负重半蹲、手持哑铃平举等。

（2）动力性力量练习方法。肢体或身体某部分产生明显的位移。具体方法如下：

① 绝对力量练习：用最大力量克服阻力的练习。通常以较少次数举起最大重量的物体。

② 速度力量练习：人体快速克服小阻力的练习，俗称爆发力练习。通常为短距离的跑、跳跃项目练习。

③ 力量耐力练习：人体长时间克服小阻力的练习，如持续仰卧起坐练习、负重蹲起等。

（二）力量素质练习的基本要求

（1）正确选择练习方法。根据发展肌肉力量的不同要求，有针对性地进行练习。

（2）合理安排各种力量的练习顺序。小负荷多次练习主要影响肌肉的结构，使肌肉纤维逐渐变粗；而大负荷少次数的练习主要改善肌肉的协调功能。练习要从改变肌肉结构开始，然后过渡到提高肌肉协调功能。

（3）处理好负荷与恢复的关系。采用各部位交替练习，负荷要有节奏。

（4）练习后应充分放松。

（5）练习要坚持，做到循序渐进。练习不能三天打鱼两天晒网，要持之以恒、循序渐进。

**五、发展速度素质的主要方法与基本要求**

（一）发展速度素质的主要方法

（1）反应速度练习方法，如利用一定信号，让练习者快速做出相应的反应动作。

（2）动作速度练习方法，如通过辅助、限制等方法提高动作速度。具体方法如下：

① 降低练习难度，加助力法，如顺风跑、下坡跑等。

② 加大练习难度，发挥后效作用法，如负重跳高等。

③ 时限法，如按一定节奏或跟随动作节奏快的人后面跑等。

（二）速度素质练习的基本要求

（1）应结合练习者所从事的工作特点进行练习。

（2）应在练习者情绪饱满、兴奋性高的情况下进行练习。

（3）练习时要以大强度无氧代谢运动为主，但要以有氧代谢运动为基础进行。

## 六、发展耐力素质的主要方法与基本要求

### （一）发展耐力素质的主要方法

（1）有氧耐力练习。

① 控制负荷强度。心率一般控制在 140~170 次/分钟，最大强度为 75%~85%。有氧耐力练习持续时间最少 5 分钟，一般在 20 分钟以上。

② 选择负荷方法。一种是连续负荷法，即在较长时间内速度保持不变；另一种是交换负荷法，是在连续负荷的基础上，短时间加大负荷强度，对机体的呼吸能力和血液循环能力产生良性刺激。如自行车、溜冰、划船等。

（2）无氧耐力练习。如 100 米跑、200 米跑等，平均心律一般控制在 160 次/分钟以下。

### （二）耐力素质练习的基本要求

（1）要注意呼吸频率与深度。

（2）无氧耐力练习应以有氧耐力练习为基础。有氧耐力练习使心脏功能增强，提高供血能力，为无氧耐力练习打下良好基础。

（3）应注重培养坚强的意志品质。

（4）注意练习者体重的变化。体重越轻，其最大吸氧量就越大，其耐力素质相对越高。

## 七、发展柔韧素质的主要方法与基本要求

### （一）发展柔韧素质的主要方法

（1）静力拉伸练习方法：采用静力性练习来拉伸肌肉、跟腱、韧带和皮肤。拉伸以感到酸、痛为限。每次保持 8~10 秒，重复 8~10 次。

（2）动力拉伸练习方法：在静力拉伸基础上，进行动力拉伸练习，如踢腿、摆腿等，起到活动各关节、预防运动损伤的作用。练习次数一般为 5~30 次。

### （二）柔韧素质练习的基本要求

（1）注意控制好柔韧素质的发展水平，柔韧性差会影响关节的牢固和体态。

（2）注意局部柔韧和全身柔韧发展的结合。

（3）练习要持之以恒。柔韧素质也存在提高快、消失得也快的规律。

（4）注意力量素质与柔韧素质练习的结合。柔而不软、韧而不僵是标准。

（5）注意柔韧练习要从小开始。

## 八、发展灵敏素质的主要方法与基本要求

### （一）发展灵敏素质的主要方法

（1）正反口令练习方法：听口令做动作或相反动作。

（2）追逐模仿练习方法：听信号或看动作进行急起、急停、急转追逐或模仿的练习。

（3）球类比赛练习方法：采用球类比赛的方式，提高灵活性。

### （二）灵敏素质练习的基本要求

（1）根据练习者的年龄、性别、特点进行。

（2）采用多样的方法进行。

（3）注意消除练习者紧张的心理状态。

（4）注意预防扭伤、挫伤等运动损伤。

## 第三节 工程类职业体育锻炼

### 一、工程教育对体育的要求

工程教育的培养目标主要是面向工业界，培养造就一大批创新能力强、适应经济社会发展需要的高质量各类型工程技术人才。对工程类专业的大学生，在知识、能力和素质方面提出以下几条要求：

（1）基本素质：具有良好的工程职业道德、较强的社会责任感和较好的人文科学素养。

（2）现代工程意识：具有良好的质量、环境、职业健康、安全和服务意识。职业健康包括人们在职业活动过程中的身体健康、心理健康和社会适应能力良好，职业健康意识是工程师预防职业疾患和能在各种环境下顺利开展工作的主观条件。

（3）基础知识：具有从事工程工作所需的相关数学、自然科学知识及一定的经济管理知识。

（4）专业知识：掌握扎实的工程基础知识和本专业的基本理论知识，了解生产工艺、设备与制造系统，了解本专业的发展现状和趋势。

（5）技术标准与政策法规：了解本专业领域的技术标准，相关行业的政策、法律和法规。

（6）学习能力：具有信息获取和职业发展的学习能力。

（7）分析、解决问题的能力：具有综合运用所学科学理论、方法和技术手段，分析并解决工程实际问题的能力，能够参与生产及运作系统的设计，并具有运行和维护能力。

（8）创新意识与开发设计能力：具有较强的创新意识及进行产品开发与设计、技术改造与创新的初步能力。

（9）管理与沟通合作能力：具有较强的组织管理、交流沟通、环境适应及团队合作能力。

（10）危机处理能力：具有应对危机与突发事件的初步能力。

（11）国际交流合作能力：具有一定的国际视野与跨文化环境下的交流、竞争与合作的初步能力。

上述 11 条当中有 4 条与体育息息相关，与体育教育的培养目标是完全一致的。针对工程教育对体育的要求，体育可以在身体健康、心理健康、社会适应、职业道德、团队合作等诸多方面有针对性地加以设计，为培养适应未来社会需要的工程类人才奠定良好的基础。例如，体育可以根据不同工程将其分类，并提供有针对性的教学内容、方法、手段，提高职业体能，预防职业疾病，培养学生工程意识，提高学生工程能力。

### 二、各工程职业群对应的职业体育

根据不同工程职业的特点，可将各工程划分为站立型工程职业群、户外综合型工程职业群、伏案型工程职业群，根据项群理论有针对性地设计不同的运动项目，以适应工程职业体育所需。

#### （一）站立型工程职业群

站立型工程职业群的特点为人们以站立工作为主，主要从事车、钳、铣、刨等机械加工与操作、模具制造与设计、数控技术、电气自动化技术等机械类工作，还有如烹调、轮机驾驶、保安值勤等工作。

此职业人群需要具有很强的上下肢力量和耐力，尤其是下肢的力量和耐力。从事以上职业的人易患腰腿肌肉僵直、下肢静脉曲张、颈椎病、心血管病等，故应选择能够加强上下肢和躯干力量、缓解四肢疲劳的体育活动来进行锻炼，以适应站立工作的特点，如足球、篮球、排球、田径、散打、健美运动、太极柔力球、风筝、体育游戏等运动。

（二）户外综合型工程职业群

户外综合型工程职业群的特点为人们以体力工作为主，主要从事道路桥梁工程、汽车检测与维修、汽车整形、建筑工程等建筑及交通类工作，还有如锻造、管道、铸造、采矿、钻井、搬运装卸工、电焊、农林、环卫、油井工电力（电话）外线、铁道铺设、冶炼、地质勘探等工作。

此职业人群需要具有很强的体力、全面的身体素质，更强调肌肉耐力。从事以上职业的人肌肉及关节易受伤，精神易紧张和疲劳，应选择能够加强身体素质、提高体能的体育活动来进行锻炼，以适应强体力工作的特点，如网球、轮滑、跆拳道、游泳、太极拳、水中保健操等运动。

（三）伏案型工程职业群

伏案型工程职业群的特点为人们以伏案工作为主，主要从事翻译、文秘、财会、软件开发、管理等工作。

此职业人群需要具有端庄的仪表，很强的语言表达、应变、手眼协调配合等能力。从事以上职业的人易患颈椎病、腰椎病、关节劳损等疾病，应选择能够加强身体灵活性和反应能力的体育活动来进行锻炼，以适应伏案工作的特点，如羽毛球、乒乓球、体育舞蹈、健美操、桌椅健身操、手指保健操、伏案工作操、健身排舞等运动。

**三、培养职业性体育素质与能力的主要途径**

（一）一般实用性练习

借助一般实用性练习，形成在一般职业活动条件下和可能出现的极端情况下使用的运动技能。

（二）工程职业性体操和工程职业性运动项目

工程职业性体操不仅要符合职业活动的要求，而且能预防职业活动对身体状况和姿势所造成的不良影响。工程职业性运动项目无论是在操作方式还是在身体能力方面，均应符合职业特点。

（三）工程职业特殊体育技能

针对不同工程职业群，要采取辅助性或针对性练习，以提高职业活动时的身体素质与心理素质。

（四）体育比赛

经常参加足球、篮球、排球等比赛，可达到磨炼意志、陶冶情操、完善人格、团结协作的目的。参与者也能正确认识自身潜能，增强自信心，改善自身形象；克服心理惰性，磨炼战胜困难的毅力；启发想象力与创造力；充分认识团队群体的作用，增强对集体的参与意识与责任心；有利于改善人际关系，更为融洽地与群体合作。

# 第三章 运动处方与保健

活动有方，五脏自和。

——范仲淹

运动太多和太少，同样的损伤体力；饮食过多与过少，同样的损伤健康；唯有适度，可以产生、增进、保持体力和健康。

——亚里士多德

随着社会文明的不断进步与发展，参加体育锻炼已经成为人们日常生活的重要组成部分。但是如果运动不当、不科学也会产生负面影响，如运动损伤或运动性疾病，有的甚至留下终身遗憾。因此，我们在进行锻炼之前应该掌握科学锻炼身体的知识与方法，预防各种运动损伤的发生，以达到强身健体的目的。

## 第一节 运动处方的制定

### 一、运动处方的定义

运动处方是指对从事体育锻炼的人，根据其医学检查和必要运动能力的测试结果，按其健康状况、身体素质及心血管功能状况，结合运动条件和运动爱好等个体特点，用处方的形式规定适当的运动种类、次数、强度、时间、频度，并指出运动中的注意事项，以便有计划地、科学地、经常性地锻炼，达到健身或治病等目的。

### 二、运动处方的分类

运动处方大致可分为两类，即治疗性运动处方和预防性运动处方。

#### （一）治疗性运动处方

治疗性运动处方适用于某些疾病或外伤的治疗与康复，它使医疗体育更加定量化、个别化。

#### （二）预防性运动处方

预防性运动处方主要用于健身防病，为预防某种疾病而采取相应的运动形式、运动强度和运动方式。

### 三、运动处方的内容

#### （一）运动目的

通过有目的的锻炼达到预期效果。由于人的差异性，运动处方的目的也多种多样，如健身目的、娱乐目的、减肥目的、治疗目的等。

#### （二）运动项目

运动项目应根据运动目的有针对性地进行选择。在运动处方中，为锻炼者提供最合适的运动项目有助于保持锻炼的有效性和持久性。选择时不但要考虑目的，还要考虑运动条件及锻炼者的兴趣和爱好等。

### （三）运动强度

运动强度是指在单位时间内完成的运动量。它代表运动的剧烈程度，是衡量运动量的重要指标之一。运动强度可用最大吸氧量、心率、速度来表示。一般常用每分钟的心率来表示运动强度的大小。运动时心率控制在 120 次/分钟以内为小强度，运动时心率控制在 120~150 次/分钟为中强度，运动时心率达 150~180 次/分钟或 180 次/分钟以上为大强度。

### （四）运动时间

运动时间是指每次运动所持续的时间，即达到处方要求强度的持续时间。运动时间要根据个人身体条件及运动频度而定。

### （五）运动频度

运动频度是指每周的运动次数。运动间隔时间过长或过短都会影响运动处方的效果。研究表明，一般每周运动 3 次，运动效果明显。

## 四、运动处方的制定原则

### （一）安全有效原则

制定运动处方首先要考虑安全，然后要考虑有效。为了保证安全，在制定运动处方之前，一定要做相关的医学检查。例如，了解本人身体状况或病史等。运动处方必须要达到改善运动者身体健康状况、增强体质的目的。

### （二）个体化原则

由于个体差异，每个人的身体条件不尽相同，并且人的身体也处在不断的变化过程当中。所以在制定运动处方时，一定要因人而异，区别对待，及时调整。

### （三）动态更新原则

即使是运动医学专家制定的运动处方，也不完全适合于一个人的任何时候。人是在不断变化当中的，运动处方也要在实行过程中进行调整，不断更新，使之逐渐符合锻炼者的实际情况。

## 五、运动处方的自我监控

### （一）判断疲劳的简易方法

一般采用生理指标测定法和观察法来判断疲劳程度。

生理指标测定法主要测定心率、血压、尿素氮等指标的变化。

观察法主要观察锻炼者的面色、排汗量、呼吸、动作、注意力等方面的变化情况（表 3-1）。

**表 3-1 观察法判断疲劳程度**

| 内容 | 轻度疲劳 | 中度疲劳 | 重度疲劳 |
|---|---|---|---|
| 自我感觉 | 无不适 | 疲劳、肌肉疼痛 | 心悸、头痛、恶心、呕吐 |
| 面色 | 稍红 | 相当红 | 苍白或呈蓝紫色 |
| 排汗量 | 不多 | 肩部位稍多 | 非常多，出现白色盐迹 |

续表

| 内容 | 轻度疲劳 | 中度疲劳 | 重度疲劳 |
|---|---|---|---|
| 呼吸 | 中等 | 显著加快 | 呼吸节奏紊乱 |
| 动作 | 稳定 | 摇摆不定 | 动作不协调，无法完成 |
| 注意力 | 较好 | 差 | 极差 |

（二）消除疲劳的基本方法

1. 睡眠

睡眠是消除疲劳的基本方法之一，保证充足的睡眠时间，并安排20分钟左右的午睡。

2. 按摩

按摩是消除疲劳的重要手段。按摩的方法很多，分全身按摩、局部按摩、保健按摩、治疗按摩等。一般按摩顺序为从远心端向近心端进行。

3. 物理疗法

通常采用局部热敷方法，时间以15~20分钟为宜。

4. 积极性休息

积极性休息的内容和方法很多，如到公园、湖边或海边散步，听音乐，等等。

## 第二节　运动处方的基本锻炼形式

运动处方中的锻炼方式大体分为有氧运动和力量性运动。有氧运动对于增强呼吸系统、心血管系统的功能有积极作用。此外，有氧耐力运动可以将血液和细胞中的多余脂肪作为能源消耗掉，达到降脂、减肥的功效，并且能够降低高血脂、糖尿病、动脉硬化病发生的概率。力量性运动锻炼能提高肌肉纤维粗度及横截面积，达到增加肌肉力量、健美身体的功能。此外，力量性运动还可对肌肉萎缩、神经麻痹、关节功能障碍等有一定疗效。

**一、步行运动处方简介**

步行是一种既简便又容易操作的体育运动，它是十分有效的有氧锻炼方式。尤其对中老年来说，步行锻炼动作轻柔、强度小、不易受伤，更是延年益寿的最佳途径。

步行锻炼的基本要求包括：

（1）一般步行锻炼应在饭后半小时进行，地点应选择公园、林间等空气清新的地方。

（2）要注意步行动作要领：全身放松，抬头，挺胸收腹，目视前方，两臂自然摆动，身体重心落在前脚掌上，配合脚步节奏自然呼吸。

（3）步行形式要多样，有针对性。例如，在松软的沙地上步行有助于增强腿部力量。

（4）注意步行时间与速度。时间与速度决定了步行的运动强度。步行时间可长可短，速度可快可慢，可根据运动目的进行自由组合（表3-2）。但强调遵循适度原则，这样才能起到良好的运动效果。

表 3-2　步行运动处方范例

| 星期 | 主要内容 | 时间/分钟 | 负荷 |
|---|---|---|---|
| 一 | 大步走 3 000 米 | 30 | 稍费力 |
| 二 | 中速持续走 3 000 米 | 35 | 轻松 |
| 三 | 散步 | 60 | 很轻松 |
| 四 | 准备活动后快速走 | 20~25 | 稍费力 |
| 五 | 持续走 3 000 米 | 35 | 轻松 |
| 六 | 散步 | 60 | 很轻松 |
| 日 | 休息 | | |

### 二、慢跑运动处方简介

慢跑运动被认为是有益健康、抗病延年的有效手段。跑步是一项全面锻炼身体各技能的运动。慢跑强度适中，适合各年龄段的人群进行锻炼。

慢跑锻炼的基本要求：

（1）跑前做好准备活动，进行 3~5 分钟热身活动，使身体各器官适应锻炼强度。

（2）注意跑步动作要领：上体正直或稍前倾，颈部放松，两眼目视前方，肩部放松，两肘弯曲成 90°，两臂自然协调前后摆动，摆动幅度不宜过大。大腿与小腿自然折叠、协调摆动，摆动腿落地时，用脚跟过渡到前脚掌着地缓冲，动作轻松自然、重心平稳、节奏感强。

（3）注意掌握呼吸方法与节奏。呼吸应与步频协调配合。一般采用两步一呼、两步一吸，三步一呼、三步一吸的呼吸方法。

### 三、游泳运动处方简介

游泳运动是一项很好的全身运动。不论何种游泳方式，都能使人体的各部分关节和肌肉得到充分的锻炼。因此，经常性地进行游泳锻炼不仅能使身材健美，而且对提高机体血液循环系统和呼吸系统的功能有着积极的促进作用。此外，游泳时身体热量散发加快，消耗能量加大，对治疗肥胖有一定疗效，一般每天持续游泳 30 分钟，对减肥有很好的效果。

游泳锻炼的基本要求有：

（1）在游泳技术掌握不熟练的情况下，应当先在浅水区进行锻炼，以防溺水。

（2）下水前做好准备活动，适应水中温度，以防感冒及肌肉痉挛。

（3）尽可能采用各种游泳方式，以利于身体不同部位肌群全面发展。

（4）上岸后，迅速擦干身体，做整理活动，以防感冒。

### 四、有氧综合运动处方简介

有氧综合运动处方是指锻炼不局限于一个有氧运动项目，而是根据自身情况，把能够进行锻炼的项目科学地组合起来进行锻炼的运动处方。有氧综合运动处方有利于锻炼者更全面、更广泛、更科学地锻炼身体，达到健身的目的。

有氧综合运动锻炼的基本要求：

（1）要根据自己的身体状况及体能选择运动项目，同时要掌握该项目的基本锻炼方法。

（2）应注意项目的游戏性和趣味性，以便提高锻炼兴趣，降低疲劳感。

（3）选择的各种运动相互之间能够达到有机结合或有效互补，便于控制运动强度。

（4）要持之以恒。只有经常锻炼，才能达到锻炼的预期效果。

表 3-3 为有氧综合运动处方范例。

**表 3-3　有氧综合运动处方范例**

| 星期 | 主要内容 | 时间/分钟 | 负荷 |
|---|---|---|---|
| 一 | 准备活动、一般徒手操、3 000~5 000 米跑 | 40 | 费力 |
| 二 | 羽毛球运动、篮球运动、乒乓球运动、足球运动任选一个 | 35 | 轻松 |
| 三 | 登楼梯、跳绳、室内各种徒手操 | 70 | 稍费力 |
| 四 | 羽毛球运动、乒乓球运动、网球运动任选一个 | 40~60 | 轻松 |
| 五 | 大步走 3 000 米 | 30 | 稍费力 |
| 六 | 散步 | 60 | 轻松 |
| 日 | 休息 | | |

## 第三节　常见运动损伤的预防及处理

体育锻炼由于某种原因，有时可能会发生一些运动损伤，此时必须采取科学的、适当的、有效的应急方式进行处理，尽力避免伤势加剧，为及时到医院救治争取时间。

### 一、运动损伤产生的原因

（1）思想上麻痹大意，对运动安全没有高度重视。

（2）准备活动不充分，机体组织器官没有适应锻炼状态。

（3）锻炼方法不科学、不合理，运动强度、负荷过大。

（4）场地、器材不符合规范，没有相应的保护措施。

（5）身体状况欠佳、注意力不集中情况下进行锻炼。

### 二、运动损伤的预防措施

（1）高度重视运动安全，加强安全教育，提高预防损伤意识。

（2）认真做好准备活动，对可能或容易受伤部位做好防护措施。

（3）合理安排锻炼计划，合理控制运动强度、负荷。

（4）提高自我保护能力，加强锻炼者之间的相互保护与帮助。

### 三、常见的运动损伤与应急处理

#### （一）软组织损伤

软组织损伤包括开放性软组织损伤和闭合性软组织损伤两种。开放性软组织损伤伤口与外界相通，有出血和组织液渗出现象，容易引起感染，包括擦伤、撕裂伤等。闭合性软组织损伤无裂口，出血都积聚在组织内，一般包括关节、韧带的扭伤，肌肉、肌腱的拉伤及挫伤等。

1. 擦伤

原因与症状：运动时皮肤受挫致伤，常见于跑步摔倒等。擦伤后皮肤出血，并伴随组织液渗出。

应急处理：小面积擦伤，可用红药水涂抹伤口或用创可贴遮盖；大面积擦伤，用双氧水（过氧化氢）清理伤口后，再用纱布包扎即可。面部擦伤，不宜用红药水，以免色素沉着。

2. 撕裂伤

原因与症状：在剧烈运动时，由于用力过猛或突然受到撞击导致肌肉撕裂。

应急处理：轻度开放伤，可采用红药水涂抹伤口；重度开放伤，则应采用按压或药物止血，然后及时送医院缝合伤口，必要时进行手术治疗。

3. 挫伤

原因与症状：大多因器械或锻炼者相互碰撞而造成，多见于球类项目中运动员的手脚关节处。挫伤在损伤部位会出现红肿，皮下出血，伴有疼痛。

应急处理：轻度挫伤，24 小时之内进行冷敷并加压包扎，抬高患肢；24 小时后进行热敷，外敷中药，后期可结合按摩治疗。如受伤部位疼痛剧烈，伤肢不能移动，则可能为骨折，应固定伤肢，送医院做进一步检查。

4. 肌肉拉伤

原因与症状：通常为外力直接或间接作用下，使肌肉过度收缩或拉长而引起的肌肉拉伤，多见于激烈的跑动中大腿肌肉处。损伤后肌肉痉挛、疼痛、肿胀，可摸到拉伤处肌肉硬块。严重肌肉拉伤可致肌肉撕裂。

应急处理：轻度肌肉拉伤，可即刻进行冷敷，局部加压包扎，24 小时后进行物理治疗或按摩。若发现肌腱已断裂，应及时送医院手术治疗。

5. 肩关节扭伤

原因与症状：一般因肩关节用力过猛，关节活动幅度过大导致肩部韧带扭伤，多见于体操、排球运动当中。一般症状为有压痛，肩关节活动受限。

应急处理：单纯性韧带扭伤，可采用冷敷、加压包扎方法。疼痛减轻后采取理疗、针灸、按摩等方式恢复。

6. 踝关节扭伤

原因与症状：运动中跳起后落地失去平衡或踩到不平地面造成踝关节过度内收或外翻。主要症状为伤处迅速肿胀、疼痛，皮下毛细血管破裂，有淤血。

应急处理：应立即进行加压包扎，用冰块冷敷，抬高伤肢，必要时可用封闭疗法。24 小时后采取药物及物理治疗。

（二）骨折

骨折是比较严重的运动损伤，不同运动项目发生的概率有所不同，多发生于强对抗性项目当中。骨折可分为完全性骨折和非完全性骨折两种。常见骨折有肱骨骨折、前臂骨骨折、指骨骨折、掌骨骨折、脚骨骨折、小腿骨骨折、头骨骨折等。

原因与症状：运动中，身体某部位受到直接暴力撞击造成，多出现在足球、篮球等项目当中。主要症状为患处出现肿胀，伴有剧烈疼痛，肢体不能移动，有时可见骨变形，移动时可听见骨摩擦声，严重时可导致休克。

应急处理：如果为开放性损伤，应同时实施止血和包扎，切勿移动伤肢，用夹板固定，及时送医院治疗。若出现休克，应先进行急救处理，如掐人中，进行人工呼吸和心脏按压等。

（三）关节脱位

因受外力作用，使关节面失去正常连接关系，叫关节脱位，又称脱臼。关节脱位可分为完全脱位和半脱位。严重的关节脱位伴有关节囊撕裂，甚至神经损伤。

原因与症状：间接外力撞击所致，多见于体操、篮球运动中肩关节部位。关节脱位后，常出现关节畸形、局部疼痛、关节肿胀等失去关节正常活动功能等现象。

应急处理：用夹板固定伤肢，或将伤肢与躯干和健肢固定在一起，防止关节移动，并及时送医院做复位手术。

（四）脑震荡

脑震荡是指头部受到外力冲击后，使大脑管理平衡的膜半规管、椭圆囊等感受器功能失调，直接引起意识和功能的暂时性障碍。

原因与症状：在体育运动中头部受硬物撞击而导致。受伤后，患者神志昏迷、脉搏虚弱、肌肉松弛、瞳孔稍大但对称、神经反射减弱或消失。清醒后，常有头痛、恶心、呕吐、心悸、失眠、记忆力减退等症状。

应急处理：应立即让患者平卧，头部冷敷，注意休息。若患者昏迷，应进行紧急处理，做人工呼吸。如发现患者瞳孔不对称放大，并伴有耳鼻口出血，可能为脑出血，应立即送医院抢救。送医院途中应使患者平卧，头部固定，避免头部颠簸。

# 第四章　大学生体质健康标准

发展体育运动，增强人民体质。

——毛泽东

在我们劳动人民的国家内，需要千百万身体健壮、意志坚强、勇敢无畏、朝气蓬勃、坚韧不拔的人。

——列宁

为了贯彻落实健康第一的指导思想，切实加强学校体育工作，促进学生积极参加体育锻炼，养成良好的锻炼习惯，提高体质健康水平，特制定《国家学生体质健康标准》（以下简称《标准》）。《标准》是《国家体育锻炼标准》的有机组成部分，是《国家体育锻炼标准》在学校的具体实施，是国家对学生体质健康方面的基本要求。

## 第一节　《国家学生体质健康标准》

2014 年，教育部、国家体育总局在认真总结试行《学生体质健康标准》的基础上，经修改完善，重新颁布了《标准》。《标准》是促进学生体质健康发展，激励学生积极进行身体锻炼的教育手段，是学生体质健康的个体评价标准，也是大学生毕业的基本条件之一。它适用于全国包括高职高专在内的所有普通高等学校的在校学生。

### 一、《标准》的测试内容与要求

（一）测试内容

该标准对大学生的身体形态、身体功能、身体素质等方面进行综合评定。体质健康标准按百分制记分评定。大学生体质健康评价指标、分值、评分标准见附录 1。

（二）要求

（1）各测试项目的得分之和为最后得分，根据最后得分评定等级，90 分及以上为优秀，80、85 分为良好，60 分及以上 80 分以下为及格，60 分以下为不及格，每学年评定一次成绩，并记入《〈国家学生体质健康标准〉登记卡片》，毕业年级的等级评定按照毕业当年的成绩和其他学年平均成绩（各占 50%）之和评定。

（2）达到《标准》良好等级以上者，方可参加评优与评奖；成绩达到优秀者，方可获体育奖学分。成绩不及格者在本学年准予补考一次，补考仍不及格则学年的评定成绩为不及格。毕业时成绩达不到 50 分者按结业或肄业处理。

（3）因病或残疾而不能测试的学生，可向学校提交免于执行《标准》的申请，经医疗单位证明，体育教学部门核准后，可以免于执行《标准》，所填写《免于执行〈国家学生体质健康标准〉申请表》，存入学生档案。

### 二、《标准》的作用与功能

（一）教育与激励功能

《标准》是促进学生体质健康发展、激励学生积极进行身体锻炼的教育手段。所选用的指标可以反映与身体健康关系密切的身体成分、心血管系统的功能、肌肉的力量和耐力、关节和肌肉的柔韧性等要素的基本状况。《标准》的实施将使学生和社会能够对影响身体健康的主要因素有一个更加明确的认识和理解，引导人们去积极追求身体的健康状态，实现学校体育的目标。

（二）反馈功能

《标准》是学生体质健康的个体评价标准，并规定了各校应将每年测试的数据按时上报至国家学生体质健康标准数据管理系统，该系统具有按各种要求进行统计、分析、检索的功能，并定期向社会公告。该系统为学生及其家长提供了在线查询和在线评估服务，向学生提供了个性化的身体健康诊断，使学生能够在准确地了解自己体质健康状况的基础上进行锻炼；该系统还可为各级政府机关、教育行政部门、学校提供翔实的统计和分析数据，使之了解学生的体质健康状况，及时采取科学的干预措施。

（三）引导与锻炼功能

《标准》增加了一些简便易行、锻炼效果较好的项目，并提高了部分锻炼项目指标的权重，对引导学生进行体育锻炼具有较强的实效性；同时通过国家学生体质健康标准数据管理系统，学生还可以查询到针对性较强的运动处方，因地制宜地进行科学的体育锻炼，提高身体健康水平。

学年总分由标准分与附加分之和构成，满分为 120 分。标准分由各单项指标得分与权重乘积之和组成，满分为 100 分。附加分根据实测成绩确定，即对成绩超过 100 分的加分指标进行加分，满分为 20 分；大学的加分指标为男生引体向上和 1 000 米跑，女生 1 分钟仰卧起坐和 800 米跑，各指标加分幅度均为 10 分。

## 第二节 《国家学生体质健康标准》测试方法

在实施《标准》的过程中，掌握各项目正确的测试方法是所有体育教师和测评人员迫切需要了解的内容。测试工作必然和所使用的测试仪器有一定的关系，现在测试器材多种多样，有全手工操作的，也有使用电子仪器测试的。手工操作与电子仪器的操作流程不完全相同。如使用带有 IC 卡的测试仪器就可以减少测试人员的记录和计算工作量。但无论使用何种仪器，对测试人员的基本操作要求都是一致的，本章对《标准》中各个项目基本的测试方法及其操作要求进行介绍。对于不同的测试器材，可参考相应测试器材的说明书。

### 一、身高

（一）测试目的

测试学生身高，与体重测试相配合，评定学生的身体匀称度，评价学生生长发育的水平及营养状况。

（二）器材

身高测量计。使用前应校对 0 点，以钢尺测量基准板平面至立柱前面红色刻线的高度是否为10.0厘米，误差不得大于0.1厘米。同时应检查立柱是否垂直，连接处是否紧密，有无晃动，零件有无松脱等情况，若有，要及时加以纠正。

（三）测试方法

受试者赤足，以立正姿势站在身高测量计的底板上（上肢自然下垂，足跟并拢，足尖分开成60°）。足跟、骶骨部及两肩胛区与立柱相接触，躯干自然挺直，头部正直，耳屏上缘与眼眶下缘呈水平位。测试人员站在受试者右侧，将水平压板轻轻沿立柱下滑，轻压于受试者头顶。测试人员读数时双眼应与压板水平面等高进行读数，记录员复述后进行记录。以厘米为单位，精确到小数点后一位。测试误差不得超过0.5厘米。

（四）注意事项

（1）身高测量计应选择平坦靠墙的地方放置，立柱的刻度尺应面向光源。

（2）严格掌握“三点靠立柱”“两点呈水平”的测量姿势要求，测试人员读数时两眼一定要与压板等高，两眼高于压板时要下蹲，低于压板时应垫高。

（3）当水平压板与头部接触时，松紧要适度，头发蓬松者要压实，头顶的发辫、发结要放开，饰物要取下。

（4）读数完毕，立即将水平压板轻轻推向安全高度，以防碰坏。

（5）测量身高前，受试者应避免进行剧烈的体育活动和体力劳动。

**二、体重**

（一）测试目的

测试学生的体重，与身高测试相配合，评定学生的身体匀称度，评价学生生长发育的水平及营养状况。

（二）器材

杠杆秤或电子体重计。使用前需检验其准确度和灵敏度。准确度要求误差不超过0.1%，即每百千克误差小于0.1千克。检验方法是：以备用的10千克、20千克、30千克标准砝码（或用等重标定重物代替）分别进行称量，检查指标读数与标准砝码误差是否在允许范围内。灵敏度的检验方法是：置100克砝码，观察刻度尺变化，如果刻度抬高了3毫米或游标向远移动0.1千克而刻度尺维持水平位时，则达到要求。

（三）测试方法

测试时，杠杆秤应放在平坦地面上，调整0点至刻度尺水平位。受试者赤足，男性受试者身着短裤；女性受试者身着短裤、短袖衫，站在秤台中央。测试人员放置适当砝码并移动游标至刻度尺平衡。读数以千克为单位，精确到小数点后一位。记录员复诵后将读数记录下来。测试误差不超过0.1千克。

（四）注意事项

（1）测量体重前受试者不得进行剧烈的体育活动或体力劳动。

（2）受试者站在秤台中央，上下杠杆秤动作要轻。

（3）每次使用杠杆秤时均经校正。测试人员每次读数前都应校对砝码标重以避免差错。

**三、肺活量**

（一）测试目的

测试学生的肺通气功能。

（二）器材

电子肺活量计。

（三）测试方法

房间通风良好；使用干燥的一次性口嘴（非一次性口嘴，则每换测试对象需消毒一次，每测一人时将口嘴向下倒出唾液并注意消毒，使其干燥）。将电子肺活量计主机放置在平稳的桌面上，检查电源线及接口是否牢固，按工作键，液晶屏显示“0”，即表示机器进入工作状态，预热5分钟后测试为佳。

告知受试者不必紧张，并且要尽全力，以中等速度和力度吹气效果最好。令受试者面对仪器站立，手持吹气口嘴，面对肺活量计站立试吹1~2次，看仪表有无反应，还要试口嘴或鼻处是否漏气，调整口嘴和用鼻夹（或自己捏鼻孔）；学会深吸气（避免耸肩提气，应该像闻花式的慢吸气）。受试者进行一两次较平日深一些的呼吸动作后，更深地吸一口气，屏住气向口嘴处慢慢呼出至不能再呼为止，防止此时从口嘴处吸气，测试中不得中途二次吸气。吹气完毕后，液晶屏上最终显示的数字即为肺活量毫升值。每位受试者测三次，每次间隔15秒，记录三次数值，选取最大值作为测试结果。以毫升为单位，不保留小数。

（四）注意事项

（1）电子肺活量计的计量部位的通畅和干燥是仪器准确的关键，吹气筒的导管必须在上方，以免口水或杂物堵住气道。

（2）每测试10人及测试完毕后，用干棉球及时清理和擦干气筒内部。严禁用水、酒精等任何液体冲洗气筒内部。

（3）导气管存放时不能弯折。

（4）定期校对仪器。

**四、800米或1 000米跑**

（一）测试目的

测试学生耐力素质的发展水平，特别是心血管系统、呼吸系统的功能及肌肉耐力。

（二）场地、器材

400米、300米、200米田径场跑道，地质不限。也可使用其他不规则场地，但必须丈量准确，地面平坦。准备秒表若干块，使用前需要校正。

（三）测试方法

受试者至少两人一组进行测试，站立式起跑。当听到“跑”的口令后开始起跑。计时员看到旗动开表计时，当受试者的躯干部到达终点线垂直面时停表。以分、秒为单位记录测试成绩，不计小数。

（四）注意事项

（1）如果在非400米标准场地上进行测试，测试人员应向受试者报告剩余圈数，以免跑错距离。

（2）测试人员须告知受试者在跑完后应继续缓慢走动，不要立刻停下，以免发生意外。

（3）受试者不得穿皮鞋、塑料凉鞋、钉鞋参加测试。

（4）对分、秒进行换算时要细心，防止出现差错。

## 五、引体向上

（一）测试目的

测试男生的上肢肌肉力量的发展水平。

（二）器材

高单杠或高横杠，杠粗以手能握住为准。

（三）测试方法

受试者跳起双手正握杠，两手与肩同宽成直臂悬垂。静止后，两臂同时用力引体（身体不能有附加动作），上拉到下颌超过横杠上缘为完成一次。记录引体次数。

（四）注意事项

（1）受试者应双手正握单杠，待身体静止后开始测试。

（2）引体向上时，身体不得做大的摆动，也不得借助其他附加动作撑起。

（3）若两次引体向上的间隔时间超过 10 秒，应停止测试。

## 六、仰卧起坐

（一）测试目的

测试女学生的腹肌耐力。

（二）器材

垫子若干块（或代用品），铺放平坦。

（三）测试方法

受试者仰卧于垫上，两腿稍分开，屈膝呈 90°左右，两手指交叉贴于脑后。另一同伴压住其踝关节，以固定下肢。受试者坐起时两肘触及或超过双膝为完成一次。仰卧时两肩胛必须触垫。测试人员发出“开始”口令的同时开表计时，记录 1 分钟内完成次数。1 分钟到时，受试者虽已坐起但肘关节未达到双膝者不计该次数，精确到个位。

（四）注意事项

（1）如发现受试者借用肘部撑垫或臀部起落的力量起坐时，该次不计数。

（2）测试过程中，观测人员应向受试者报数。

（3）受试者双脚必须放于垫上。

## 七、坐位体前屈

（一）测试目的

测量学生在静止状态下的躯干、腰、髋等关节可能达到的活动幅度，主要反映这些部位的关节、韧带、肌肉的伸展性和弹性及学生身体柔韧素质的发展水平。

（二）器材

坐位体前屈测试计。

（三）测试方法

受试者两腿伸直，两脚平蹬测试纵板，坐在平地上，两脚分开 10~15 厘米，上体前屈，两臂伸直前，用两手中指尖逐渐向前推动游标，直到不能向前推动为止。测试计的脚蹬纵板内沿平面为 0 点，向内为负值，向前为正值。记录以厘米为单位，保留一位小数。测试两次，取最好成绩。

（四）注意事项

（1）身体前屈，两臂向前推动游标时两腿不能弯曲。

(2) 受试者应匀速向前推动游标，不得突然发力。

## 八、50米跑

### (一) 测试目的

测试学生的速度、灵敏素质及神经系统灵活性的发展水平。

### (二) 场地、器材

50米直线跑道若干条，地面平坦，地质不限，跑道线要清楚。准备发令旗一面、口哨一个、秒表若干块(一道一表)。使用秒表前，应用标准秒表校正，每分钟误差不得超过0.2秒。选定的标准秒表，以北京时间为准，每小时误差不超过0.3秒。

### (三) 测试方法

受试者至少两人一组进行测试。受试者站立起跑，当听到“跑”的口令后开始起跑。发令员在发出口令的同时要摆动发令旗。计时员视旗动开表计时，受试者躯干部到达终点线的垂直面停表。以秒为单位记录测试成绩，精确到小数点后一位，小数点后第二位数按非零进1原则进位，如10.11秒读成10.2秒记录之。

### (四) 注意事项

(1) 受试者测试时最好穿运动鞋或平底布鞋，赤足亦可，但不得穿钉鞋、皮鞋、塑料凉鞋。

(2) 发现有抢跑者，要当即召回重跑。

(3) 如遇风时一律顺风跑。

## 九、立定跳远

### (一) 测试目的

测试学生下肢爆发力及身体协调能力的发展水平。

### (二) 场地、器材

沙坑、丈量尺。沙面应与地面平齐，如无沙坑，可在土质松软的平地上进行。起跳线至沙坑近端的距离不得少于30厘米。起跳地面要平坦，不得有坑凹。

### (三) 测试方法

受试者两脚自然分开站立，站在起跳线后，脚尖不得踩线(最好用线绳做起跳线)。两脚原地同时起跳，不得有垫步或连跳动作。丈量起跳线后缘至最近着地点后缘的垂直距离。每人试跳三次，记录其中成绩最好的一次。测试结果以厘米为单位，不计小数。

### (四) 注意事项

(1) 发现犯规时，此次成绩无效。三次试跳均无成绩者，应允许再跳，直至取得成绩为止。

(2) 可以赤足，但不得穿钉鞋、皮鞋、塑料凉鞋参加测试。

# 适应性运动篇

## 第五章　站姿型职业人群适应性运动

### 第一节　足球运动

**能力目标**

站姿型职业人群经常参加足球运动，可使基本身体素质（力量、速度、耐力、灵敏性、柔韧性）全面得到提高，心血管系统和呼吸系统的功能增强，肌肉耐力和爆发力相应增大，应对长时间站立、重体力的工作能力加强，同时，可增强集体荣誉感、团队精神、工作激情、与他人配合的意识、应对复杂情况的能力，还可培养工作耐心、注意力和瞬间的正确决策能力。

**工具包**

**一、足球运动的起源**

古代足球运动起源于中国，其渊源可追溯到五千年前的黄帝时代，《十六经》中记载了黄帝与蚩尤之战——“擒蚩尤……使人执之，多中着赏”。同时在战国、汉、唐直至清朝的历史上，均有对这项运动的史料记载，“蹴鞠”和“蹋鞠”都是指足球运动。2004年7月15日，北京展览馆举行第三届国际足球博览会，纪念国际足联百年华诞的特别活动，国际足联主席约瑟夫·布拉特（Joseph Blatter）向全世界宣布，足球最初起源于中国，并由亚足联秘书长诺拉帕特·维拉潘（Norraphat Vilaiphan）颁发证书。

世界各国公认现代足球的发源地在英国，1863年10月26日，第一部统一的足球规则在英国的剑桥大学产生，这一天被全世界公认为现代足球的诞生日。

**二、足球的特点与作用**

足球运动是世界上最受人们喜爱、开展最广泛、影响最大的体育运动项目，被誉为“世界第一运动”。其魅力，不仅在于足球运动孕育着丰富的内涵，而且也与足球运动的特点和作用有关。

（一）足球运动的特点

1. 整体性

足球比赛每队有11人上场参赛。场上的11人思想要统一，行动要一致，攻则全动，守则全防，整体参战的意识要强。只有形成整体的攻守，才能取得比赛的主动权及良好的比赛结果。

2. 对抗性

足球运动是一项竞争激烈的对抗性项目，比赛中双方为争夺控制权，达到将球攻进对方球门，而又不让球进入本方球门的目的，展开短兵相接的争斗，尤其是在两个罚球区附近时间、空间的争夺更是异常凶猛、扣人心弦。一场高水平的比赛，双方因争夺和冲撞倒地次数多达200次以上，可见对抗之激烈。

3. 多变性

足球运动是一项技术上多彩多姿、战术上变幻莫测、胜负结局难以预测的非周期性运动项目，比赛中运用技、战术时要受对方直接的干扰、限制和抵抗。

4. 艰辛性

足球比赛中，运动员要在近8 000平方米的场上奔跑90分钟，跑动距离少则6 000米，多则10 000米以上，而且还要伴随完成上百个有球和无球的技术动作。若双方打成平局，需加时30分钟，决定比赛的胜负。若仍无结果，还需踢点球决定胜负。因此，运动员的能量消耗是很大的，一名运动员在一场激烈的比赛后体重可下降2.5千克。

5. 易行性

足球竞赛规则比较简练，器材设备要求也不高。一般性足球比赛的时间、参赛人数、场地和器材也不受严格限制，因而是全民健身中一项十分易于开展的群众性的体育运动项目。

（二）足球运动的作用

1. 有利于良好的心理品质及思想品德的形成

经常从事足球运动，不仅对自身良好性格的形成能产生巨大的影响，而且可以培养人的意志、自制力、责任感，以及勇敢顽强、机智果断、坚韧不拔、勇于克服困难、团结协作、密切配合、集体荣誉感、遵守纪律等思想品德。

2. 有利于增强体质、促进健康

足球运动是全面锻炼和健全体魄的良好手段，是全民健身活动中一项行之有效的体育运动项目。

3. 有利于精神文明建设

在改革开放的今天，足球已成为我国许多城市中人们生活的一部分。人们从踢足球中得到情绪体验、从看足球中得到艺术享受、从谈论足球中得到思想交流，足球运动丰富了人们的业余文化活动，提高了人们的生活质量。

4. 有利于振奋民族精神

在重大国际足球比赛中，能激发人民团结拼搏、进取向上的精神和爱国主义热情。

## 三、足球运动的场地、器材

（一）比赛场地

（1）场地面积。比赛场地应为长方形，其长度不得多于120米或少于90米，宽度不得多于90米或少于45米（国际比赛的场地长度为105米，宽度为68米）。

（2）球门。球门应设在每条球门线的中央，由两根相距7.32米、与两面角旗点距离相等的直立门柱和一根下沿离地面2.44米的水平横木连接组成。

（3）球门区。在比赛场地两端距球门柱内侧 5. 50 米处的球门线上，向场内各画一条长 5. 50 米与球门线垂直的线，一端与球门线相接，另一端画一条连接线与球门线平行，这三条线与球门线范围内的地区，叫球门区。

（4）罚球区。在比赛场地两端距球门柱内侧 16. 50 米处的球门线上，向场内各画一条长 16. 50 米与球门线垂直的线，一端与球门线相接，另一端画一条连接线与球门线平行，这三条线与球门线范围内的地区，叫罚球区。在两球门线中点垂直向场内量 11 米处做一个清晰的标记，叫罚球点。以罚球点为圆心，以 9. 15 米为半径，在罚球区外画一段弧线，叫罚球弧。

（5）角球区。以边线和球门线交叉点为圆心，以 1 米为半径，向场内各画一段四分之一的圆弧，这个弧内地区叫角球区。

（二）足球

比赛用球应为圆形，外表应由皮革或其他许可的材料制成。足球的周长为 68~71 厘米。球的质量在比赛开始时不得多于 453 克或少于 396 克。充气后其压力相当于 0. 6~1. 1 个大气压。

## 四、足球运动员的装备

足球运动员必需的装备有足球鞋、足球袜、护腿板和足球服（要求分体）。其中足球鞋和护腿板的材质必须符合赛事的有关规定。

# 锻炼方法与手段

## 一、足球运动基本技术

### （一）颠球

颠球是用人体有效击球部位，连续地触击球，并控制使球不落地的技术动作。大学生掌握脚背正面和大腿颠球的技术比较实用。

1. 脚背正面颠球

初学者用手抛球，当球落至膝盖下面时，支撑腿稍弯曲，击球脚向前上方轻摆，用脚背击球，击球时踝关节固定，击球的下部，双脚交替击球，也可以一只脚支撑，另一只击球脚连续击球。用力要均匀，将球始终控制在身体周围，如图 5-1 所示。

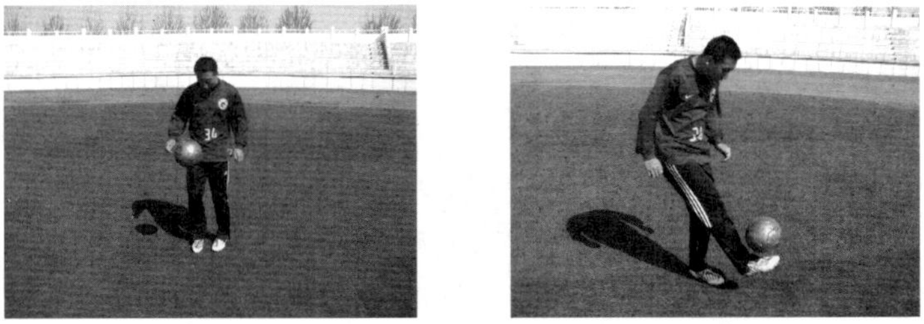

1　　2

图 5-1　脚背正面颠球分解动作

2. 大腿颠球

球落至胸部稍下部位时，抬腿屈膝，用大腿的中前部向上击球的下部，单腿连续或双腿交替击球，如图 5-2 所示。

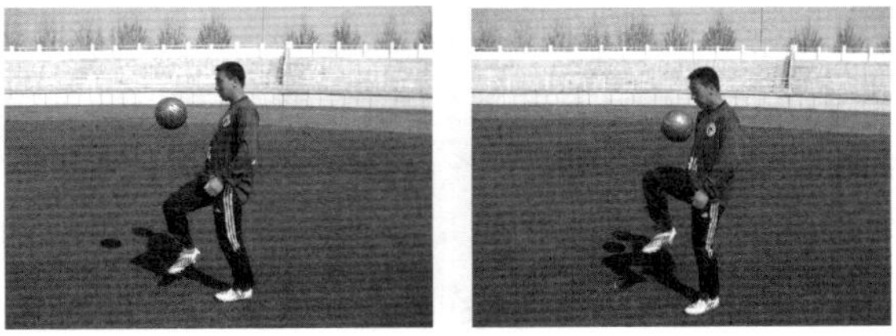

1　　　　2

图 5-2　大腿颠球分解动作

3. 易犯错误

（1）击球时，踝关节松弛，造成用力不稳定。

（2）击球时脚尖向下或向上勾，造成球受力后向前或向后、碰触或远离身体，使球脱离控制。

（3）颠球时身体其他部位不够放松，动作僵硬。

（4）一只脚击球时，支撑腿的膝关节僵直。

（5）击球部位不准确。

（二）踢球

1. 脚内侧踢球

踢定位球时，直线助跑，支撑脚踏在球的侧方 10～15 厘米左右处，膝关节微屈，在支撑脚着地的同时踢球腿以髋关节为轴由后向前摆动。在前摆过程中屈膝外转，踢球脚的内侧正对出球方向，小腿加速前摆，脚尖稍翘起，脚掌与地面平行，用脚内侧部位击球的后中部，如图 5-3 所示。

图 5-3　脚内侧踢球分解动作

2. 脚背正面踢球

踢定位球时，直线助跑，最后一步稍大并要积极着地，支撑脚在球的侧方约 10～12 厘米处，脚尖正对出球方向，膝关节微屈，踢球腿在支撑脚前跨和助跑的最后一步蹬离地面时，顺势向右摆起，小腿屈曲。在支撑脚着地的同时，以髋关节为轴，大腿带动小腿由后向前摆，当膝盖摆至接近球正上方的刹那，小腿做爆发式前摆，脚背绷直，脚趾扣紧，以脚背的正面击球的后中部。踢球腿随球继续提膝前摆。

（1）脚背正面踢反弹球：要准确判断球的落点、落地时间和反弹路线，身体正对来球反弹方向，支撑脚在球的侧方。当球要落地时，踢球腿的小腿急速前摆，在球刚反弹离地时，以脚背正面击球的后中部。该动作易犯错误在于：对球的落地时间判断不准，摆腿过晚，击球的后底部，击球偏高。

（2）脚背正面踢空中球（侧身踢空中球）：首先要判断好球的运行路线和确定好击球点，并使身体侧对出球方向，支撑脚跨上一步，脚尖指向出球方向，上体向支撑脚一侧倾斜，踢球脚的大腿带动小腿急速向出球方向挥摆，用脚背正面踢球的后中部，在摆腿踢球的过程中身体随之向出球方向扭转。在踢球的刹那，眼睛始终注视球，身体正对出球方向。踢球后，面对出球方向。该动作易犯错误在于：摆腿过早或过晚，造成漏踢。支撑脚尖没有对着出球方向，限制了身体的扭转。上体倾斜不够，造成踢球时腿朝斜上方挥摆，击在球的中下部，出球偏高。

（3）脚背正面踢倒勾球：支撑脚先向前跨一步，膝关节弯曲，上体后仰，踢球腿以髋关节为轴尽力向上方摆动。当球落到头的前上方时，用脚背正面向后勾踢。踢球后，两臂微屈，手掌向下撑地，手指指向出球的相反方向，屈肘。然后背部、臂部依次着地。该动作易犯错误在于：上体后仰不够，膝关节太直，造成踢出的球方向不是向背后而是向上运行。落地以手掌撑地时，手指方向不对，容易造成肘、腕挫伤。

（4）脚背正面搓过顶球：摆动腿的动作是由后向前下方用力，脚掌贴擦地面，脚尖插入球底，踢球的底部，使球由脚尖经脚面向前上方回旋而出。该动作易犯错误在于：踢球时，脚尖未插进球的底部，造成击球点不正确。

3. 脚背内侧踢球

脚背内侧踢球是用脚背内侧的几个楔骨、趾骨末端部位接触球的一种踢球方法。踢定位球时，斜线助跑，助跑方向与出球方向成45°。支撑脚以脚掌外沿积极着地，踏在球的侧后方20~25厘米处，屈膝，支撑脚脚尖指向出球方向，身体稍向支撑脚一侧倾斜。在支撑脚着地同时踢球腿以髋关节为轴，大腿带动小腿由后向前摆，当身体转向出球方向，膝盖摆到接近球的内侧正上方的刹那，小腿做爆发式前摆，脚尖稍向外转，脚面绷直，脚趾扣紧，脚尖指向斜下方，以脚背内侧踢球的后中部（踢高球时，击球的中下部），踢球腿随球继续前摆，如图5-4所示。

1　　2　　3

**图5-4　脚背内侧踢球分解动作**

（1）脚背内侧搓踢过顶球：其动作方法基本上与踢定位球相同。只是支撑脚踏在球的侧后方，踢球脚不要过于绷直，踢球的后下部，并稍有下切的动作，使球向前上方飞起并回旋。踢球脚不随球前摆。该动作易犯错误在于：踢球脚没有插进球底部，击球点不在球的后下部，使球不能产生回旋。

（2）脚背内侧踢弧线球：用脚背内侧踢球的后中部位。摆腿的方向不通过球心，在踢球的一刹那，踝关节用力向里转并上翘，使球成侧旋沿一定的弧线运行。该动作易犯错误在于：踝关节用力过大或过小。

4. 脚背外侧踢球

踢定位球（平直球）时，助跑、支撑脚的位置和踢球腿的摆动基本上与脚背正面踢球相同，只是用脚背外侧接触球。在踢球腿的膝盖摆到接近球的正上方的刹那，小腿做爆发式前摆，膝盖和脚尖内转，脚面绷直，脚趾扣紧，以脚背外侧部位踢球的后中部，踢球腿随球继续前摆。

5. 脚尖踢球

脚尖踢球与脚背正面踢球动作大致相同，支撑脚踏在球的侧后方。击球时，脚尖翘起，趾踝关节紧张用力并保持稳固，以脚尖击球的后中部。

6. 易犯错误

（1）脚内侧踢球时，踢球腿膝盖外转不够，脚尖没有翘起；摆腿动作太紧张，成直腿扫球动作；踢球脚脚掌内翻；踢球时没有抬头；脚触球的瞬间，踝关节放松。

（2）脚背正面踢球时，支撑脚的位置靠后，造成踢球时身体后仰，踢球的后下部，出球偏高；踢球腿前摆时，小腿过早前摆，造成直腿踢球，出球无力；摆腿方向不正；踢球时，因怕脚尖触地，脚背不敢绷直，造成脚趾触球。

（3）脚背内侧踢球时，支撑脚的位置偏后，踢球时上体后仰，易把球踢高；踢球脚尖外转不够，接触部位不正确；没有向出球方向摆腿，形成划弧动作，以致出球点偏外。

（4）脚背外侧踢球时，膝盖和脚尖内转不够，造成接触球部位不正确；支撑脚靠后，造成踢球时身体后仰，踢球的后下部，以致出球点偏高。

（三）接球

1. 接球技术动作结构

（1）观察和移动：为了更好地完成接球动作，事先要注意观察来球的情况。从球的运行路线、球的旋转与速度等迅速判断落点，及时移动，使自己处于做接球动作时所需要的最佳位置。

（2）选择接球的部位和接球方法：使用不同的部位接球和采用不同的方法，各有其不同的作用，因此，必须根据临场情况及下一步动作的需要，恰当地选择接球的部位与接球方法。

（3）改变来球的力量：根据来球力量大小和接球实际需要，可分别采取加力或减力（缓冲）方法。根据来球力量的方向和接球实际需要，还可按照反射定律调整入射角，获取理想的反射角。

（4）随球移动：接球动作一做完立即随球移动，紧密衔接下一个动作，在接球与处理球的动作之间不能有停顿。

2. 脚内侧接地滚球

支撑脚脚尖正对来球，膝关节微屈。接球腿提膝，大腿外展，脚尖微翘，脚底基本与地面平行，脚内侧正对来球并前迎，当脚内侧与球接触的一刹那迅速后撤，把球接在脚下。若需将球接在侧面时，支撑脚脚尖应向同侧斜指，脚内侧与来球方向成一定角度触球，同时支撑脚提踵，以前脚掌为轴做适当转动，身体移动。当来球力量不大时，只需将脚提到一定的高度，并使脚内侧与地面形成锐角轻触球。也可在触球时用下切动作使球前进之力部分转变为旋转力，而将球接在脚下，如图 5-5 所示。

1　　2　　3

图 5-5　脚内侧接地滚球分解动作

3. 脚内侧接反弹球

根据来球的落点，及时移动到位，支撑脚与球落点的相对位置在球的侧前方，支撑腿膝关节微屈，身体向接球后球运行的方向偏移。接球腿提起且放松，脚尖微翘，脚内侧对着接球后球运行的方向并与地面成一锐角，当球落地反弹刚离地面时，大腿向接球后球运行的方向摆动，用脚内侧部位轻推球的中上部。用这种方法接球时，也可在触球时使球产生旋转以达到接好球的目的，但应注意球的旋转并及时加以调整。

4. 脚内侧接空中球

根据来球的速度及运行轨迹，及时移动到位。若为抛物线较小的平空球，则应根据临场的实际情况选择适当高度的接球点，将接球腿抬起，使脚内侧部位对准来球的方向并前迎，脚在接触球的一瞬间后撤，并将球接在所需的位置上，如图 5-6 所示。

图 5-6　脚内侧接空中球动作

5. 脚背外侧接地滚球

将接球点放在接球腿一侧，支撑腿膝关节微屈。接球腿提起屈膝，脚内翻使小腿和脚背外侧与地面成一锐角，并对着接球后球运行的方向，脚离地面的高度应略等于球的半径，然后大腿向接球后球运行的方向推送，同时身体随球移动。

6. 脚背外侧接反弹球

根据来球的落点及时移动到位，支撑脚站在来球落点的侧后方，除触球部位外，其他环节均与脚背外侧接地滚球相同。

7. 脚背正面接球

根据球的落点，及时移动到位，脚背正面上迎下落的球，当球与脚面接触的一瞬间，接球脚与球同步下撤，此时大腿膝关节、踝关节、脚趾均保持适度紧张，脚尖微翘，将球接到需要的地方。脚背正面接高空落下的球时，也可以将脚微抬起，并适度背屈，当球接触脚背的瞬间，踝关节放松，将球接到身体附近。

8. 大腿接球

（1）大腿接抛物线较大的下落球：面对来球方向，根据球的落点迅速移动到位，接球腿大腿抬起，当球与大腿接触的瞬间大腿下撤，将球接到需要的位置上，如图 5-7 所示。

（2）大腿接低平球：面对来球方向，根据来球高度，接球腿大腿微屈，送髋前迎来球，当球与大腿接触瞬间，收撤大腿，使球落在所需要的位置上。

图 5-7　大腿接球动作

9. 腹部接球

（1）腹部接反弹球：接球者的身体正对来球方向跑动，判断好球的落点，身体前倾，腹部对准落地反弹的球，腹直肌保持紧张，推压球前进。也可在触球瞬间，身体侧转，将球接向所需要的侧面。

（2）腹部接平空球：当来球较突然且与腹部同高时，应先挺腹，在腹与球接触瞬间迅速含胸收腹，将球接下来。

10. 胸部接球

（1）挺胸式接球：面对来球站立（两脚左右或前后开立），两膝微屈，重心置于支撑面内，上体后仰，下颌微收，两臂自然张开，维持身体平衡。接触球瞬间，两脚蹬地，膝关节伸直，用胸部轻托球的下部，使球微微弹起于胸前上方。对于较高的平直球，也可采用这种方法将球接于胸前，但触球瞬间膝关节由直变曲，脚由提踵状态变全脚掌落地，整个身体保持接球时的姿势，下撤将球接在胸前，如图 5-8 所示。

图 5-8　挺胸式接球动作

（2）收胸式接球：多用于接齐胸高的平直球。面对来球，两脚左右或前后开立，两臂自然张开，挺胸迎球，触球瞬间收胸、收腹、臀部后移，将球接在体前。若需将球接在体侧，则触球瞬间转体，将球接在转体后相应的一侧。

11. 脚底接球

（1）脚底接地滚球：身体正对来球方向，移动前迎，支撑脚站在球的侧面（或前或后均可），脚尖正对来球方向，膝关节微屈。同时接球腿提起，膝关节微屈，脚略背屈，使脚底与地面约小于 45°（且脚跟离升地面），一般以前脚掌接触球的上部为宜。在触球瞬间接球脚可轻微跖屈（前脚掌下点），将球停住，也可根据需要在接球同时将球推向前方或拉向身后，如图 5-9 所示。

（2）脚底接反弹球：根据来球落点，及时前移迎球，支撑脚站在落点侧后方，脚尖正对来球方向，球落地瞬间，用前脚掌去触球的中上部，微仰膝，用脚掌将球接在体前。若需接在身后，则应在触球瞬间继续屈膝，将球后拉，并伴随支撑脚以前脚掌为轴旋转 90°以上。

图 5-9　脚底接地滚球动作

12. 易犯错误

（1）接地滚球时，球从脚下漏过。主要原因是未掌握好脚的触球部位距离地面的高度；接球时将球卡死在接球地点（本想接成活动球），触球的部位过高；接球后，球未能达到理想的位置，缓冲、加力或触球时所形成的反射角不当；接球后身体不能及时跟上，影响控制球。

（2）接反弹球时，球从脚下漏过，未能准确判断球的落点和从地面反弹的路线；接球时将球卡在触球点，影响下一个动作的衔接；未能将球接在理想的位置上。

（3）接空中球时，对球在空中运行的速度与轨迹判断不准确，或迟或早、或高或低而造成漏接；未能将球接到理想的位置。

（4）接旋转球时，对运行中旋转球的速度和轨迹判断不准确，造成接球时间和接球点选择失误；接触球时未考虑旋转球的特点，完全按不旋转球的技术处理，或者对旋转球的转速估计不准确，造成接球力量和方向错误，不能将球接到理想的位置上。

**二、足球运动基本战术**

足球运动基本战术就是比赛中为了战胜对手，根据主客观的实际所采取的个人和集体配合的手段的综合表现。足球比赛是由攻和守这对矛盾组成的，攻和守不断地变换组成了比赛的全过程。因此，足球战术可分为进攻和防守两大系统，其中又分别包含着个人和集体两类。比赛的实践已证明：成功地组织战术和巧妙地运用战术是夺取比赛胜利的重要因素，只有做到扬长避短，才能克敌制胜。

（一）进攻

1. 个人进攻

个人进攻战术包括传球、射门、运球过人、接球、掷球、摆脱、跑位等。

（1）传球。传球是集体配合的基础，它是完成战术配合、创造射门机会的主要手段。选择传球目标、掌握传球时机和控制传球力量是传球的主要战术内容。传球按距离可分为短传（15 米以内）、中长传（15～29 米）和长传（30 米以上）；按传球的高度可分为地滚球、低平球和高空球；按传球的方向可分为直传、斜传、横传和回传。

① 传球目标。一般可分为向脚下传和向空当传两种。比赛中向空当传，特别是向前方空当传，可以增加进攻速度，能有效地渗透防守线，对对方威胁最大。这是主要的传球形式。但比赛中也常需要向脚下传和横传、回传。这是为了更好地控制球，掌握比赛的节奏，为有效地向前、向空当传做好准备。过多的向脚下传和横传、回传虽能控制球，但对对方威胁甚小；而单一的向前、向空当传虽推进速度快，却易被对方识破而降低进攻成功率。所以两者必须有机结合、灵活应用，才能达到最佳战术效果。比赛中当控球者同时可向几个队员传球时，应传给对对方威胁最大的球员，一般向前、向空当跑的队员威胁较大，此时应及时、准确地将球传向这些空当。

② 传球力量。传球力量应既能不利于防守队员的抢截，又有利于接球队员处理球。当向被对手紧逼的同伴传脚下球时，传球力量要大些；当向空当传球时，由于要求球到人到，传球速度应与同伴到空当跑速相吻合；当向前方空当传球时，若突破队员速度快，防守的补位队员也较远，对方守门员不易出击截球的情况下，传球力量可大些，以利发挥突破队员的速度。

③ 传球时机。一般有两种情况：第一，传球在先，跑位接球在后，即传球指挥跑位。这种传球主要是控球者通过传球，指挥接应者按传球路线进行跑位接球来实施战术意图。如转移进攻，当一侧边路进攻时，能吸引对方大量队员在该区布防，这时控球者突然又将球转移到异侧边路，异侧队员及时插向该空当进行快速进攻。又如快速反击，控球队员截得球后，快速将球传向防守队员身后空当，接球队员快速插向空当接球，实施射门。这种传球一定要突然、快速，接球队员也应快速跑向传球点；否则易被对方识破，战术也难以奏效。第二，跑位在先，传球在后，即跑位引导传球。这种传球主要是指数个接

应者同时各自跑向空当，控球者应选择最有威胁空当处进行传球。如前卫队员在中场得球后，相邻前卫靠拢接应，边后卫从边路插上，中锋回撤接应，另一中锋插向该中锋拉出的身后空当，这时控球队员选择中后卫身后的空当进行传球。这种类型传球的最好时机是在同伴疾跑将要超越对手的刹那，若传早了，同伴还未靠近对手，则防守队员来得及转身先得球；若传晚了，则可能造成同伴等球，防守队员能及时转身截球，若该防守队员是倒数第2名对方队员，还会造成同伴越位。以上两种传球，一般来说，第一种传球虽属单点单线，隐蔽性较差，但只要传球突然、快速、准确，仍有一定的威胁；第二种传球属多点多线，传球者有充分选择的余地，有较大的隐蔽性，防守者不易防守，战术成功率较高，是主要传球形式。

④ 传球注意事项。传球前要注意观察，预见同队队员和防守队员的意图；传球时尽量快速、简练；传球时要隐蔽自己的意图，使对手出其不意，防不胜防；后场少做横传或回传，特别在雨天比赛更应谨慎。

（2）射门。足球比赛的最终目的是射门进球。任何进攻，不论组织得如何漂亮，但没有把球射进球门，也就失去了任何意义。

① 射门必须准确、突然、有力。准确是射门的前提，在准确的基础上，要射得突然。它往往能使对方守门员猝不及防。射门力量也是很重要的一个因素，尤其在远射时，力量更能显示其威力。

② 利用防守失误射门。比赛中，射门进球率一般是很低的，然而很多得分的球往往是从防守队员的失误中获得的。所以进攻队员需要随时注意利用对方的失误“捡漏”射门，同时还应尽量造成对方防守的失误，并抓住瞬时出现的射门机会。

③ 创造机会射门。射门机会的获得除了利用对方队员防守上的某些失误，或者依赖同伴的传球外，更重要的是应该通过积极主动地跑位，摆脱防守来制造射门机会。

④ 射门的应变能力。足球比赛是一项持续不断和变化无常的运动。虽然各队都有组织进攻的计划，但比赛中在很大程度上会受到对方的制约，这一点比之其他运动项目尤为明显。因此，运动员要善于应对射门时遇到的各种情况，这也就要求队员必须有良好的应变能力。第一，针对对方守门员的技术特点，攻其弱点。如该守门员接高球比接低球好，那么就多射低球。第二，针对守门员站位时出现的偏差，攻其漏洞，往往使守门员较难防守而易失误。第三，根据实际情况，选择合理的射门方法。例如，当转身射凌空球来不及时，就采用倒勾射门及鱼跃顶射等。

总之，当今足球比赛中，队员很少有机会在准备充分的情况下射门。因此，队员只有熟练地掌握各种射门技术，才能对临场出现的各种来球采取应变措施，以便捕捉射门机会。

（3）运球过人。运球技术动作通常由运球方法的选择与准备、跑动中间断触球、为下一个动作的连接做准备三个环节组成。

常用的运球过人技术主要有：

① 利用速度强行过人：持球者以突然的快速推拨球并与快速的跑动相结合越过对手的阻拦。

② 利用变速运球过人：对手在持球者的侧面，持球者用另一侧脚运球，利用运球速度的变化达到甩掉对手或越过对手的目的。

③ 利用穿裆过人：当运球者遇到对手从正面阻拦时，发现对手两脚间开立较大，而且重心在两脚之间，抓住时机，将球从对手两脚间推（拨）过，身体也随之从防守者侧面越过并控制球。

④ 人球分路过人：这种方法主要是利用防守者注意力集中在球上，并认为可以触到球的心理，以达到运球过人的目的。因此，当防守者出脚抢球时，运球者先将球从防守者身体一侧推或拨到前面，而自己则从防守者的另一侧越过并迅速控制球。

⑤ 运球假动作过人：这种方法是利用运球者的腿部、上体的晃动使对手产生错觉，让其重心产生错误移动，运球者运用这一时机越过对手。

运球过人的注意事项主要有注意观察对手所在的位置，把握好过人时机，掌握好过人的距离。

2. *局部配合*

局部配合战术包括掩护配合、传切配合、二过一配合及三人配合等。

局部配合是指在局部地域两个或三个队员通过传带球、跑位配合，突破一个或两个防守队员的方法。局部配合有二人进攻配合和三人进攻配合。比赛中经常采用的二人局部进攻配合有传切配合、掩护配合和“二过一”配合。局部二人配合是整体进攻战术的基础。在任何一个场区，任何两名同队队员（守门员除外）都可以采用。完成二人配合的能力强弱，直接反映球队的进攻战术的质量。常用的二人局部进攻配合方法有如下几种。

（1）传切配合。

① 斜传直插配合：进攻队员做斜传，直接插到对方的身后空当接球，突破对方的防守。

② 直传斜插配合：进攻队员直线传球，接球队员从对方防守队员的内线空当斜线插入其身后空当接球。

要求：控球队员用运球或其他动作诱使防守者上前阻截，这就为传球创造了条件。插入的队员用突然快速起动接球。但要注意起动时间，避免越位。

（2）交叉掩护配合。交叉掩护配合是指两名进攻队员通过运球与身体的掩护越过一名防守队员的配合方法。

对持球队员的要求：用远离防守者的脚带球，将身体置于球与对手之间保护球；与同伴交接球时可做运球假动作而不触球；完成配合后要继续跑位进攻。

对接应队员的要求：靠近运球同伴，以接应之势迷惑对手；选择有利时机突然起动，接带球越过对手。

（3）踢墙式“二过一”配合。踢墙式“二过一”配合是指进攻队员带球向前逼近后向另一队员脚下传球，该队员接球后直接将球传至防守队员背后空当，接应队员快速切入接球。

对控球队员的要求：带球逼近防守队员至2~4米处传球；最好传地滚球，力量要适度，球要到位；传球后立即快速切入，准备接球。

对做墙队员（即接应队员）的要求：控球同伴带球逼近防守队员时，做墙队员要突然向侧后方摆脱防守者，并侧对进攻方向，这样有利于传球、观察和应变；一次触球，力量适度，传球到位，尽量传地滚球；传球后立即跑位，寻找再次进攻的有利位置。

（4）回传反切“二过一”配合。进攻队员回撤迎球，防守队员紧逼，接应队员接球后再回传，之后立即返身切入防守队员身后空当接球。

对控球队员的要求：运球至与接球队员 8~10 米处传球；向接球队员脚下传球，传球力量稍大；接传球后立即将球传到防守队员身后空当。

对反切队员的要求：回撤接球要逼真，以引诱防守队员实施紧逼；回传的球应向脚下传球，传球力量稍大；回传后迅速转身插向防守队员身后空当。

（5）三人进攻配合。

① 第二空当。一名队员跑向一个有利的空当，牵制一名防守队员，使在该地域出现空当，第二名队员迅速插向该空当与控球队员利用传切配合战胜另一名防守队员。

② 连续“二过一”（即“三过二”配合）。进行“三过二”配合时，应做到：三名队员基本呈三角形，当一名队员控球时，另外两名队员应一拉一插或一接一插，不能重叠插和接，在时间上要有先后；控球者在接传球前应注意观察，便于选择最有威胁的进攻配合。

（二）防守

这里主要介绍定位球防守战术。

1. 角球防守

对方踢角球时，由一队员离球 8~9 米，封堵和限制对方角球的有效落点。

2. 界外球防守

（1）在掷球局部要紧逼，特别是有可能接球者，要死盯。

（2）对比较危险的地域和有可能出现的空当要重点防守和保护。

（3）对手在前场掷球时，应采取相应的防守对策，派人在掷球者前面，影响对手掷球的远度和准确性，对重点对象要盯紧，选择防守的有利位置。

3. 开球防守

全队思想要集中，选好位置，严防对方偷袭。当对手采用短传推进时，按防守原则行动，力争尽快地夺得控球权。

4. 球门球的防守

（1）对手大脚发球时要严密控制落点和紧逼盯人，并做好保护。

（2）本队进攻结束，对方踢球门球时，除前锋队员干扰对方配合、延缓进攻速度外，其他队员应回防到位。

5. 守门员的防守

（1）应有必胜的信心，应沉着冷静。

（2）可以采用故意放大一侧的方法，或者用假动作迷惑对手。

（3）掌握对手惯用的脚法和射门方位等特点，有针对性地防守。

（4）不论射向哪个方向，总是向某一底角扑出，因为单纯靠反应再扑救是来不及的。

## 篮球竞赛欣赏方法

### 一、上场球员

上场比赛的两个队，每队队员人数不得超过 11 人。每队必须有一名守门员。任何一队少于 7 名队员时，该场比赛应为无效。队员在比赛开始后被罚令出场者，不得替换。

### 二、比赛开始和重新开始

通过掷币来决定上半场比赛的进攻方向。下半场比赛，两队交换比赛场地。

开球是比赛开始和重新开始的一种方式，主要发生在以下情况时：在比赛开始时；在进球得分后；在下半场比赛开始时；在决胜期两个半场开始时。开球可以直接射门得分。

坠球是在比赛进行中因竞赛规则未提到的原因而需要暂停比赛之后，重新开始比赛的一种方法。

### 三、死球

下列情况比赛成死球：当球不论从地面或空中全部越过球门线或边线时；当比赛已被裁判员停止时。

### 四、比赛进行

其他所有时间均为比赛进行中，包括：球从球门柱、横梁或角旗杆弹回场内；球从比赛场地上的裁判员或助理裁判员身上弹回场内。

### 五、越位

（1）越位位置的基本概念。规则规定：凡进攻队员较球更接近于对方端线者，即处于越位位置。下列情况除外：该队员在本方半场内；至少有对方队员两人比该队员更接近于对方的端线。

由此可知，构成“越位位置”必须是：在对方半场；较球更接近对方端线；在该队员与对方端线之间，对方队员不足两人。

上述三条中缺少任何一条，队员均不处于越位位置。

如果队员处在与球平行的位置上，则该队员不处于越位位置。因为此时队员并未较球更接近于对方端线。如果队员处在与对方最后第二名队员平行的位置上，该队员也不处于越位位置。

判罚越位的时间，是同队队员踢或触及球的一瞬间，而不是该队员接获球的一瞬间。

（2）判罚越位的依据。当队员踢或触球的一瞬间，同队队员处于越位位置，裁判员认为该队员正在干扰比赛或干扰对方，或企图从越位位置获得利益，则应判罚越位。

### 六、将被判罚犯规或不正当行为的情形

（1）直接任意球。裁判员认为，如果队员草率地、鲁莽地或使用过分的力量违反下列九种犯规中的任何一种，将判给对方踢直接任意球：踢或企图踢对方队员；绊摔或企图绊摔对方队员；跳向对方队员；冲撞对方队员；打或企图打对方队员；推对方队员；拉扯对方队员；向对方队员吐唾沫；故意手球（不包括守门员在本方罚球区内）。

在比赛进行中无论球在什么位置，如果队员在本方罚球区内违反了上述九种犯规中的任何一种，应被判罚球点球。

（2）间接任意球。如果守门员在本方罚球区内违反下列四种犯规中的任何一种，将判给对方踢间接任意球：用手控制球后在发出球之前持球超过6秒；在发出球之后未经其他队员触及，再次用手触球；用手触及同队队员故意踢给他的球；用手触及同队队员直接掷入的界外球。

裁判员认为，队员在出现下列情况时，也将判给对方踢间接任意球：动作具有危险性；阻挡对方队员；阻挡对方守门员从其手中发球。

# 第二节 篮球运动

## 能力目标

站姿型职业人群经常参加篮球运动，可使速度、力量等身体素质得到发展，提高中枢神经系统的灵活性，增强心血管系统、呼吸系统和消化系统的功能，促进肌肉和骨骼的生长发育，使身体得到全面发展。

## 工具包

### 一、篮球运动简介

篮球运动是1891年由美国人詹姆斯·史密斯（James Smith）发明的。当时，他在马萨诸塞州斯普林菲尔德基督教青年会国际训练学校任教。由于当地盛产桃子，这里的儿童又非常喜欢做用球投入桃子筐的游戏。这使他从中得到启发，并博采足球、曲棍球等其他球类项目的特点，创编了篮球游戏。

最初篮球游戏比较简单，场地大小和参加游戏的人数没有限制。比赛队员分成人数相等的两队，分别站在球场的两端，在裁判员向球场中央抛球后，双方队员立即冲进场内抢球，并力争将球投进对方的篮筐。因为桃筐是有底的，球投中以后就留在篮子里，人必须登上专设的梯子才能将球从篮筐里取出。

随着场地设施的不断改进，篮筐取消了筐底，并改用铁圈代替桃篮，用木板制成篮板代替铁丝挡网，场地增设了中线、中圈和罚球线，比赛改由中场跳球开始。与此同时，场上比赛队员也通常改为每队5人，开始有后卫、守卫、中锋、前锋、留守等位置之分。此外，史密斯制定了一个不太完善的竞赛规则，共13个条款，其中规定不允许带球跑、抱人、推人、绊人、打人等。这大大提高了篮球游戏的趣味性，并且吸引了更多的人来参加这一游戏，从而使篮球运动很快普及到了全美国。

### 二、篮球运动的场地、器材

标准的篮球场为木质的地板场地，长28米、宽15米。

篮球为皮质或橡胶外壳，质量为567~1 651克，圆周长为74.9~78.0厘米。

## 锻炼方法与手段

### 一、篮球运动基本技术

（一）移动

1. 起动

起动是指队员在球场上由静止状态变为运动状态的一种脚步动作方法。

动作要领：以起动方向的异侧脚的前脚掌突然用力蹬地，同时上体迅速前倾或侧转，手臂协调摆动，充分利用蹬地的反作用力，使身体迅速移动。后脚或跑动方向的异侧脚蹬地，迅速跑出。

2. 滑步

滑步是篮球运动中防守移动技术中的基本脚步动作。

（1）侧滑步：向运动方向的异侧脚前脚掌内侧蹬地，同侧脚跨出，在落地的同时，异侧脚随同滑行，然后依次重复上述动作，如图 5-10 所示。

（2）前滑步：动作方法与侧滑步相同，只是滑行的方向是前侧方，如图 5-11 所示。

（3）后滑步：动作方法与侧滑步相同，只是滑行的方向是后侧方。

**图 5-10　侧滑步**

**图 5-11　前滑步**

3. 急停

急停是在篮球运动中突然制动、停止的一种脚步动作，常用的有跨步急停、跳步急停两种。

（1）跨步急停：急停时，一脚向前跨出一大步，重心跟上，屈膝下蹲，另一脚再上一步，脚掌内侧蹬地，重心调整在两脚之间，如图 5-12 所示。

（2）跳步急停：跑动中，用单脚或双脚起跳，上体后仰，落地后屈膝，双膝和足尖稍内扣，如图 5-13 所示。

**图 5-12　跨步急停**

**图 5-13　跳步急停**

4. 易犯错误及纠正方法

（1）易犯错误：两脚开立的距离近，重心高，上体前倾过大。

纠正方法：在练习中教师多提醒学生注意动作要领和关键，说明高重心的危害和低重心的好处，并以正确的示范动作带领学生们认真练习。

（2）易犯错误：开始起动时蹬地无力，腰腹力量差，跟不上动作速度。

纠正方法：可采用从原地到慢速跑的练习，体会起动时的蹬地动作。教师可在需要蹬地的时间，给学生以力量，帮助学生体会蹬地用力。

（3）易犯错误：急停时停不稳，重心移动。

纠正方法：在练习中应用慢动作示范，并强调动作的重点。如在教跨步急停时，要强调第一步以脚跟先着地，第二步以脚掌内侧着地（蹬地），同时降低身体重心。在教跳步急停时，要强调用单脚蹬地，双脚同时落地，随之降低身体重心。以上练习均可按教师的口令，从慢到快进行。

(4) 易犯错误：转身时未用中枢脚的前脚掌做轴，转动慢，重心不稳。

纠正方法：在练习中，应强调转身前保持正确的基本站立姿势，转身时可规定中枢脚，要求降低和转移重心，保持身体的平稳。在练习中可先采用听口令从慢到快做前或后转身练习，同时给以压、按、推、转的力量帮助。

(5) 易犯错误：练习脚步动作时低头，不注意观察。

纠正方法：可看教师手势的方向进行练习，或组织竞赛性的练习，帮助学生提高观察判断能力。

(二) 传、接球

1. 双手胸前传球

双手持球，两拇指位于球后侧且成八字形，其余四指分开置于球侧，掌心不要触球；传球时，迅速向传球方向伸臂，重心前移、翻腕、拨指，如图 5-14 所示。

1 2 3

图 5-14 双手胸前传球

2. 单手肩前传球

双手将球移至肩上或稍外，传球手手心向前，用手臂向前伸展和手腕向前扣的力量将球传出，如图 5-15 所示。

1 2 3 4 5

图 5-15 单手肩前传球

3. 反弹传球

传球时，动作同双手胸前或单手肩前传球，只是用力的方向是向传球者的前下方，是借助地面的反弹将球传给同伴，反弹点在传球者与接球者的 2/3 距离处。

4. 接球

手指自然分开，手心空出，双臂向前伸出；在手触球时，双臂顺势随球后引缓冲来球的力量，如图 5-16 所示。

1 2 3 4 5

图 5-16 接球

5. 易犯错误及纠正方法

(1) 易犯错误：接球时手形不正确，无缓冲动作。

纠正方法：以正确的手形迎球，要求臂、肘关节放松，接球时顺势后引。可组织两人一球，一人单手举球或轻轻抛球，另一人以正确的手形去接球，借以帮助体会动作。或者采用在慢速传球中练习接球。

（2）易犯错误：持球手形不正确，掌心触球，传出的球无力量。

纠正方法：组织学生观察教师的正确持球手形或看挂图。可采用两人持一球互相推传的练习（即传球的模仿练习），帮助体会正确的持球和出手用力方法。

（3）易犯错误：双手持球或传球时肘关节外张。

纠正方法：在练习中注意要求手形正确，手腕不要紧张，可多做模仿性练习，帮助体会正确的动作。

（4）易犯错误：双手传球时用力不一致，传出的球侧旋；单手传球时好似推铅球或甩球。

纠正方法：如果左右臂力量相差较大，应重点练力量小的那侧臂的力量，然后再看手持球的动作和站立姿势。可先采用二人一组做双手持球或不持球的传球模仿练习，体会传球动作的连贯性和上下肢动作配合的协调性；后采用二人一组的传球练习，或者采用持球对墙练习传球的方法，体会出手动作和上下肢协调配合。特别要注意两手同时翻腕和拨指的动作。

纠正单手传球的错误时，可采用徒手模仿传球动作的练习，体会蹬（地）、转（体）、挥（臂）、甩（腕）的协调动作。或者采用二人一组相对传球练习，体会正确的动作，然后拉大传球的距离，提高传球技术。

（5）易犯错误：行进间传、接球时，手与脚步动作配合不协调，有的球员跑动中传、接球时腾空较高，影响速度。

纠正方法：在练习中强调传、接固定球的练习，再强调跑动中传接球的练习，使之体会正确的动作，逐渐增加练习的难度，提高练习的速度。

（三）运球

运球的方式多种多样。例如，有比较常见的原地运球、行进间运球、运球急起急停、体前变向运球、运球转身、背后运球、胯下运球等，但运球技术的基本要领适用于各种运球，如图 5-17 所示。

**图 5-17　运球**

1. 运球

运球时应抬头，目视四周，屈膝，一只手运球，另一只手臂抬起以保护球。运球时用手指和手腕控球，要掌握、控制球弹起的高度和速度，并视具体情况将球向前推进。

当从站立姿势开始运球移动时，中枢脚离地前必须使球先落地。运球时，五指自然分开，尽可能多地接触球，并尽量避免手掌心触球。

2. 易犯错误及纠正方法

（1）易犯错误：运球时用手去打球，而不是用手腕、手指动作去拍按球。

纠正方法：讲解并示范运球时以肩（或肘）关节为轴，手腕随球的上下起伏柔和地触球的正确动作要领。然后在教师的指导下可先采用原地运球练习，体会动作；后进行行进间的练习。学生通过反复练习，逐步形成并掌握正确的运球技术。

（2）易犯错误：运球时低头，不能观察场上情况，往往会失去进攻机会。

纠正方法：可先采用看规定的目标或看教师指示的方向进行运球练习。或甲、乙二人一组，每人一球，甲做各种运球练习，乙跟随甲并看着他的动作进行练习。

（3）易犯错误：运球时手指并拢，不能很好地控制球。

纠正方法：组织学生观察运球时手指接触球的正确方法和手形，强调运球时五指自然张开，以增大控制球的面积。可采用从原地到慢速的运球练习，体会运球时手的动作，逐渐加快练习的速度。并可运用曲线运球练习，帮助提高控制球的能力。

（4）易犯错误：运球时不会用身体合理地保护球，致使球容易被对方打掉。

纠正方法：进一步讲解、示范运球时的身体姿势及手臂协调配合的方法，并说明保护球的重要性。可组织学生在一定范围内，边运球边打掉对方手中的球，帮助提高保护球的能力。

（5）易犯错误：在变向、变速运球或运球转身时，动作过大，形成明显的翻腕动作，造成两次运球的违例现象。

纠正方法：讲清运球时手应上下挥动，而不应左右挥动；变向、变速时是靠手作用力大小和作用点（即触球点）的改变达到变向、变速的目的，而不是用手带着球走，同时讲明规则要求。先在慢速中练习以体会动作，再逐渐加快练习的速度，提高运球水平。

（四）持球突破

持球突破就是进攻者运用脚步的灵活动作与运球技术结合起来，快速超越对手的一种攻击技术。

突破的方式、方法很多，其实质相同，都是在结合假动作的基础上，使对手改变防守方式，从而运用快速的步法和运球技术超过对手。

运球突破如图 5-18 所示。持球突破如图 5-19 所示。

图 5-18 运球突破

图 5-19 持球突破

（五）投篮

1. 原地定位投篮

双手持球，目视篮圈，屈膝，两腿蹬地，同时抬肘将球移至头前上方，手腕后屈；

开始投篮时，蹬伸双腿，手臂充分伸展，最后通过食指、中指指端将球投出，注意食指、中指用力；球投出后，手腕前翻、手指向下，整个动作的完成要一气呵成。双手胸前投篮如图 5-20 所示。单手肩上投篮如图 5-21 所示。

图 5-20　**双手胸前投篮**

图 5-21　**单手肩上投篮**

2. 跑动投篮

跑动投篮是在移动中接到传球或者向篮下运球时所适用的投篮技术，常用的有三步上篮技术，如图 5-22 所示。

图 5-22　**三步上篮**

当队员在投篮范围之内时，跃起腾空，与此同时，双手持球，向前摆右腿，右脚着地，步幅适当，此为第一步；左脚继续前摆，跨出第二步，也就是最后一步。左脚前摆着地时，抬头看篮筐，左脚为起跳支撑脚，此时开始将球从身前向上举起以开始投篮动作。在左脚准备起跳的同时，向前摆动右腿，右膝上抬，为向上跃起争取更长的腾空时间。投球手持球的后侧偏下位置，另一只手扶在球的一侧，手臂伸直，在球即将出手时，应尽量伸直身体，将球托至最高点。在右手将球送出之前，左手离球，投球手臂应尽量伸直。

3. 跳起投篮

跳投的准备动作是面对球篮，双脚与肩同宽，屈膝，双脚的脚尖朝向球篮，然后双脚蹬地向上跳起，与此同时，举球上引至额前，在这个持球位置上，可以从球的下面看到球篮。在接近最高点时，手臂上摆，抖腕拨球，球出手后保持手臂与手跟进投篮动作，如图 5-23 所示。

图 5-23　**跳起投篮**

4. 易犯错误及纠正方法

（1）易犯错误：持球时掌心触球，影响手腕、手指用力。

纠正方法：教师手沾水后持球，让学生看手触球的部位，并组织对墙做投篮的模仿练习，重点体会动作，或者组织二人相对做投篮练习，互相纠正练习，帮助掌握投篮技术。

（2）易犯错误：投篮持球时肘关节外展，投篮出手时手腕、手指僵硬，投出的球不是向后旋转，而是有些横转。

纠正方法：首先进行正确的示范，并讲清投篮持球时肘关节外展、球横向转动是因持球手形和触球部位不正确，手腕、手指紧张，出手时两手用力不一致造成的。可先采用面对墙站立，反复做投篮与回收的动作或自投自接练习，每做一次都要注意观察手腕、手指用力方法是否正确，身体是否协调。然后采用由近到远，再由远到近的多次重复投篮练习。

（3）易犯错误：投篮出手角度小，手臂只向前推，而没有向前上方伸出的动作，球飞行的抛物线过低。

纠正方法：在投篮练习者前站一人（或放挡板），双手高高举起，这样不仅可以帮助改变投篮角度和提高投篮抛物线，而且能帮助其改掉跳起投篮时身体前冲的错误。

（4）易犯错误：投篮出手时，过早地运用手臂、手腕、手指的力量，球刚出手，手臂就急速收回，没有建立“抬肘护送球”入篮的感觉。

纠正方法：在练习中教师应强调手臂向前上方伸展到将要伸直的一刹那才能运用手腕、手指的力量。球出手后应注意观察自己的手臂动作，要求送球入篮后臂在空中稍停，可给以“伸臂”“抬肘”“停止”的语言刺激，帮助学生改进动作。

（5）易犯错误：行进间投篮时步法乱，投篮时动作不协调。

纠正方法：教师站在篮下适当的位置持球，让学生先走动后跑动，以正确的步法去拿教师手中球投篮（行进间投篮或跳起投篮），逐渐加快跑动的速度，最后接教师从正前方或侧后方的传球进行投篮练习。

## 二、篮球运动基本战术

### （一）战术基本配合

篮球战术基础配合，是指在篮球比赛中，队员二三人之间有目的、有组织、协调行动的简单攻守配合方法，它是组成全队战术配合的基础。因此，熟练地掌握战术基础配合数量的多少与运用质量的好坏，直接决定着全队战术的实效性与灵活性，并与本队比赛的胜负有着密切的关系。战术基础配合包括进攻战术基础配合和防守战术基础配合两个部分。

1. 进攻战术基础配合

进攻战术基础配合，是指在篮球比赛中，进攻队员二三人之间有目的、有组织、相互协同行动的配合方法。进攻战术基础配合包括传切、掩护、策应和突分配合。

（1）传切配合。

① 一传一切配合：如图 5-24 所示，⑤传球给④后，立刻摆脱对手❺向篮下切入，接同伴④的回传球投篮。

② 空切配合：如图 5-25 所示，④传球给⑤时，⑥乘对手不备之机，突然横切或从底线切向篮下，接⑤的传球投篮。

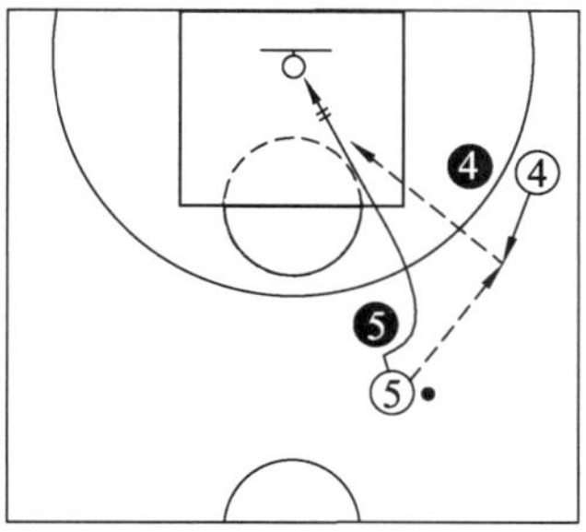


图 5-24　一传一切配合

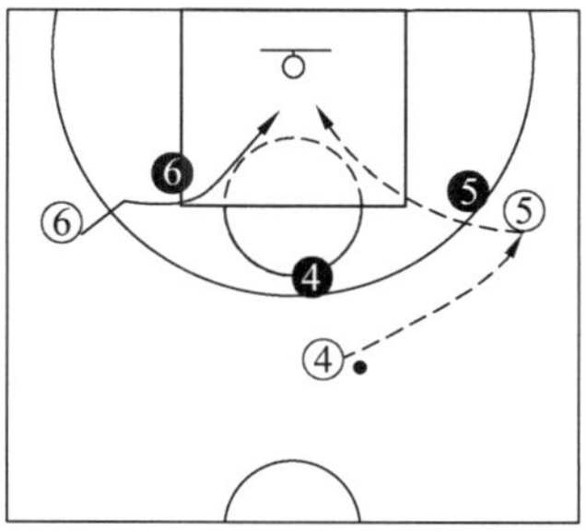


图 5-25　空切配合

（2）掩护配合。掩护配合是指掩护队员采用合理的行动，以自己的身体挡住同伴的防守者的移动路线，使同伴借以摆脱防守的一种配合方法。

掩护配合有多种形式和方法，根据掩护者做掩护时站位的不同，分为前掩护、侧掩护和后掩护三种形式。根据不同的运用情况，又可分为假掩护、定位掩护、行进间掩护和连续掩护等。

① 前掩护配合：掩护者跑到同伴防守者的身前，用身体挡住防守者向前移动的路线，使同伴借机摆脱防守、接球进行攻击的一种掩护方法，如图 5-26 所示。⑥跑到❺的前面给⑤做前掩护，⑤利用掩护拉出，接④传来的球投篮或做其他攻击动作。

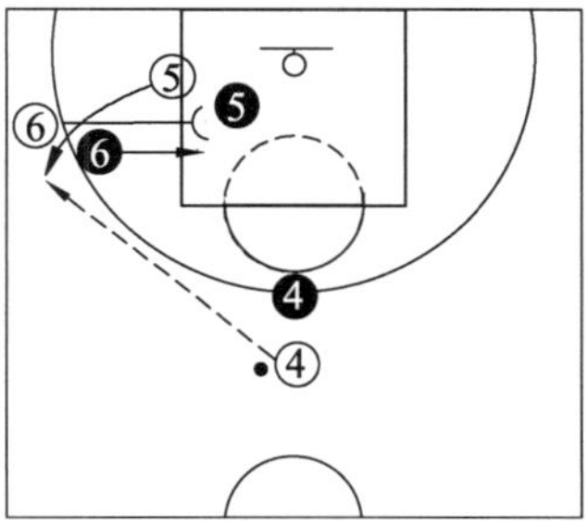


图 5-26　前掩护配合

② 侧掩护配合。

示例 1：给无球队员做侧掩护（反掩护），如图 5-27(a)所示。⑤传球给④后，即向相反方向跑动给⑥做侧掩护，当⑤跑到❻侧面掩护到位时，⑥摆脱防守切入篮下，接④的传球投篮。

示例 2：给持球队员做侧掩护，如图 5-27(b)所示。⑤传球给④后，跑到❹的侧面做掩护，④接球后做投篮或突破的动作，吸引❹的防守，当⑤掩护到位时，④持球从❹的右侧突破投篮。⑤掩护后及时移动到有利位置去接球或抢篮板球。

根据掩护者的移动路线、方向和变化，掩护后经常出现第二次机会，如图 5-27(c)所示。⑤做掩护后对方换防时，④就不向篮下突破而适当向外拉开运球，⑤则及时利用转身把❹挡在身后面向篮下切入，接④的传球投篮。

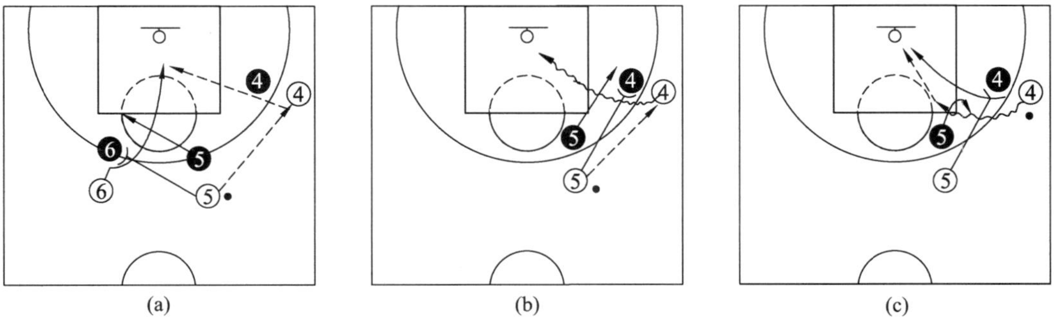


图 5-27　侧掩护配合

③ 后掩护配合：前锋为后卫做后掩护。⑤传球给⑥时，④跑到❺身后给⑤做后掩护，⑤传球后做向左切入假动作吸引❺的防守，当④掩护到位时，⑤突然向右侧切入篮下接⑥的传球投篮［图 5-28(a)］。又如图 5-28(b)所示，当④给⑤做后掩护时，❹与❺换防，④及时转身切入篮下，接⑥的传接投篮（掩护后出现的第二次机会）。

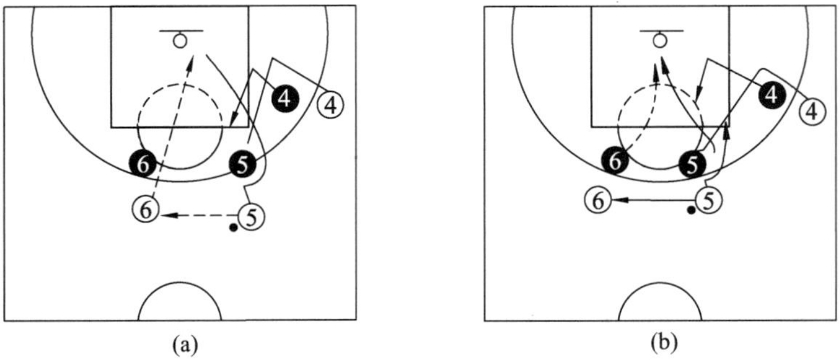

图 5-28　后掩护配合

2. 防守战术基础配合

防守战术基础配合，是指在篮球比赛中，二三人之间为了破坏对方进攻配合所组成的简单配合。防守战术基础配合包括抢过、穿过配合等。

（1）抢过配合。抢过配合是破坏掩护配合的积极、有效的方法之一。防守者在掩护队员临近自己时，要积极向前跨出一步，贴近自己的防守对手，从掩护者前面挤过去，继续防住自己的对手，防守掩护队员的同伴要及时呼应，并配合行动，以备补防。如图 5-29 所示，④传球给⑤后给⑥做掩护，❻在④靠近自己的一刹那，迅速抢前一步贴近⑥，并从⑥和④中间抢过去继续防守⑥。

（2）穿过配合。穿过配合是破坏掩护配合并及时防住自己对手的一种配合。当进攻队员进行掩护时，防守去做掩护的队员要及时提醒同伴并主动后撤一步，让同伴及时从自己和掩护队员之间穿过，以便继续防住各自的对手，如图 5-30 所示。⑤传球给⑥后立即给④做掩护。⑤要及时提醒同伴，❹当⑤掩护到位前一刹那主动后撤一步，从⑤和❺中间穿过去，继续防守④。

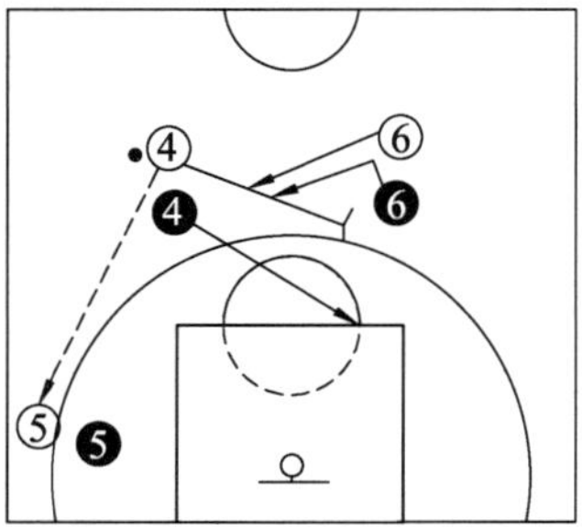

图 5-29　抢过配合

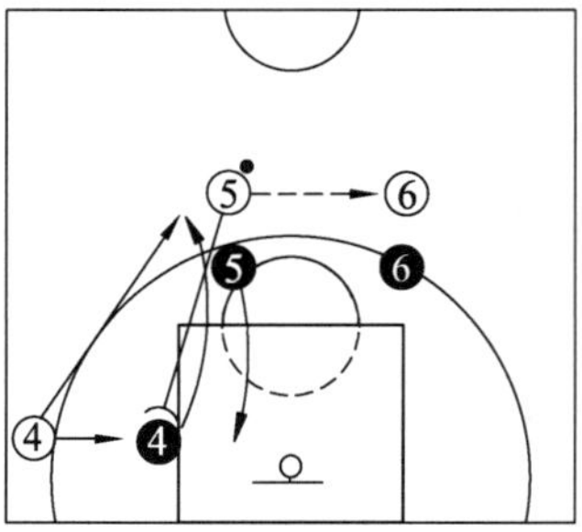

图 5-30　穿过配合

（二）快攻

快攻是由防守转入进攻时，全队以最快的速度、最短的时间，将球推进至前场，争取造成人数上和位置上的优势，以多打少，果断而合理地进行快速攻击的一种进攻战术。

快攻战术通常在下列情况下运用：抢后场篮板球快攻，掷界外球快攻，抢断球快攻，中、后场跳球快攻，等等。

快攻在组织形式上，分长传快攻和短传与运球结合快攻两种。

1. 长传快攻

长传快攻也称为长传偷袭快攻，是指队员在后场获球后，用一次或两次传球，将球传给快速向对方篮下跑动的同伴投篮的一种配合方法。其特点是突然性强、速度快、时间短、成功率高。长传快攻一般是由快攻的发动和结束两个阶段所组成的。

2. 短传与运球结合快攻

短传与运球结合快攻是指队员在后场获球后，利用快速的短距离传球、运球推进到前场进行攻击的配合方法，其特点是灵活多变、层次清楚、容易成功。短传与运球结合快攻是由发动与接应、推进和结束三个阶段所组成的。

（三）半场人盯人防守与进攻半场人盯人防守

半场人盯人防守与进攻半场人盯人防守战术是篮球比赛中运用最广泛的攻防战术。半场人盯人防守战术是在每名防守队员分别防守一名进攻队员的基础上相互协作的一种全队防守战术；而进攻半场人盯人防守战术是运用传切、掩护、策应及突分等基础配合组成的进攻战术。

（四）区域联防与进攻区域联防

1. 区域联防

区域联防是由攻转守时，防守队员迅速退回后场，每名队员按分工负责防守一定的区域，严密防守进入该区域的球和进攻队员，并以一定的形式把每个防守区域的同伴有机地联系起来的全队防守战术。这种战术的特点是防守队员随球的转移而积极地移动和协防，位置区域分工明确，比较集中在限制区周围，因此，有利于内线防守、组织抢篮板球和发动快攻，但由于各种形式的区域联防都存在一定的薄弱地区，容易被对方在局部区域形成以多打少的局面而陷于被动。

2. 进攻区域联防

不管进攻哪一种联防，最有效的办法就是利用快攻，趁对方尚未返回防守阵地时，以快攻得分，但是任何一个队都不会总是让对手打成快攻的，因此，就必须学会进攻各种联防。

在进攻联防时，要针对这种防守战术主要是每人防守一定区域的特点，集中优势兵力，在局部地区形成人数上的多数，并进行穿插、迂回、声东击西，调动和打乱对方的联防阵形，创造投篮机会。

## 篮球竞赛欣赏方法

### 一、违例

（一）违反时间规则的违例

1. 3 秒钟规则

控制球队的队员在对方限制区内停留时间不得超过 3 秒钟，否则为违例。

2. 24 秒钟规则

在活球状态下，控球进攻方必须在 24 秒钟内投篮出手，否则为违例。

（二）带球走、非法运球、脚踢球和拳击球违例

1. 带球走违例

持球队员超出持球移动的限制范围为带球走违例。

2. 非法运球违例

队员运球手有明显的翻腕动作或在手中有明显的停顿为非法运球违例。

3. 脚踢球和拳击球违例

为了防止危险和粗暴动作出现，凡在比赛中用拳头击球或主动踢球均属违例。

（三）队员出界和球出界违例

当队员身体的任何部分与界线、界线上方或界线外的地面，或除队员以外的任何物体接触时，即该队员出界。

当球触及界外的队员或任何其他人员；触及界线、界线上方或界线外的地面或任何物体，以及触及篮板的支柱或背面，即为球出界。

（四）球回后场违例

位于前场的控制球队的队员不得使球回后场，否则为违例，将球判给对方在违例地点最近的边线外掷界外球重新开始比赛。

**二、其他犯规与判罚**

（一）侵人犯规

侵人犯规是一种违反规则而与对方发生不合理的身体接触时的犯规。

罚则：登记该队员一次犯规，并由对方在犯规地点最近的界线外掷界外球，如果是对投篮队员犯规，则执行罚球。

（二）双方犯规

双方犯规是指两名对抗的队员大约同时互相犯规的情况。

罚则：双方各登记一次犯规，并由这两个队员在就近的圆圈内跳球。

（三）违反体育道德的犯规

队员蓄意地持球或不持球地对对方队员造成违反体育道德的犯规。

罚则：登记该队员一次犯规，并由被犯规的队员罚球，然后在记录台对面边线的中点处掷界外球。

（四）取消比赛资格的犯规

取消比赛资格的犯规是指恶劣的侵人犯规、技术犯规，违反体育道德的犯规，恶劣的不道德行为。

罚则：登记该队员一次犯规，并由被犯规的队员罚球，然后在记录台对面边线的中点处掷界外球。

（五）技术犯规

不一定构成身体接触，但是有意的、不道德的或有投机取巧性质的犯规为技术犯规。

罚则：登记一次该队员犯规，并由对方罚球两次。

（六）队员 5 次犯规或 6 次犯规

无论是侵人犯规，还是技术犯规，一名队员犯规共达 5 次（2×20 分钟的比赛）或 6 次（4×12 分钟的比赛），必须离开球场，不得再进行本场剩余的比赛。

(七) 全队犯规

当全队犯规累计4次(每一节里)或7次(每一半场里),该队处于全队处罚状态。

**三、球队的名次**

球队的名次要按胜负记录的积分来定,胜一场得2分,负一场得1分,弃权得0分。

(1) 如果排列中两个队积分相同,则以两个有关队之间比赛的成绩来确定名次,胜者在前。

(2) 如果两个以上的队积分相同,再次排列中考虑积分相同队之间的比赛成绩。

(3) 如果再次排列后仍相同,就只考虑仍相同的队之间比赛的得失分率,并以此来确定名次。

(4) 如果排列仍相同,则用这些队在组内所有比赛成绩的得失分率来确定名次。

## 第三节 游泳运动

### 能力目标

站姿型职业人群经常参加游泳运动,可促进骨骼和身高发育,使骨密质增厚,骨径变粗,骨周围的血液循环得到改善;增强呼吸系统的功能,扩大胸部活动幅度,增大肺活量;促使全身肌肉力量增加、耐力增强。

### 工具包

**一、游泳运动简介**

游泳是凭借自身肢体运动与水的作用力,在水中活动或前进的技能。在现代奥运会游泳比赛和世界游泳锦标赛中,有游泳、跳水、水球和花样游泳四个大项的竞技项目比赛。本书所介绍的游泳(或游泳运动)是指单纯的游泳,不包括跳水、水球和花样游泳。

根据目的和功能来分,游泳运动可分成竞技游泳、实用游泳和大众游泳。

(一) 竞技游泳

竞技游泳分为游泳池比赛和公开水域比赛两大类别。在游泳池比赛的竞技游泳包括自由泳、仰泳、蛙泳、蝶泳四种泳式和由这四种泳式组成的个人混合泳及接力比赛。

(二) 实用游泳

实用游泳是指直接为生产、军事、生活服务的游泳活动,包括踩水、侧泳、反蛙泳、潜泳、水上救护、着装泅渡等非竞技游泳。

(三) 大众游泳

大众游泳与竞技游泳不同,它是以增强体质为宗旨,以丰富人们生活为目的的大众游泳活动,如娱乐游泳、水中游戏、康复游泳、健身游泳等,都已在世界各地蓬勃地发展,并成为现代游泳运动的重要组成部分。

**二、游泳运动装备**

游泳是一项只需要很少的装备,投入较少的资金便能享受运动乐趣的体育运动。其必需品包括泳装、泳帽、泳镜、洗浴用品等。

（一）泳镜

1. 泳镜的选择

镜片光洁平整，佩戴舒适；近视族选镜要放低度数，一般应该根据自己的实际度数减去 50°~100°来考虑选购。

2. 泳镜的保养方法

每次使用泳镜之前，先用清水浸湿泳镜，充分发挥其防雾功能；不要用手指触摸镜片，以免手上的油脂污染镜片；泳镜使用后要用清水洗净晾干，放在泳镜盒内；切勿将泳镜放在阳光下、暖气片等高温环境中。

（二）泳装

1. 泳装的选择

男士选择泳装比较简单，只要合体就好；女士泳装有连体和分体，在试穿过程中要全身伸展并向各个方向移动手臂，看是否合体。

2. 泳装的保养方法

下水游泳前用清水把泳衣淋湿，可避免泳衣直接受池中氯的伤害；回家之后立即用清水清洗泳衣，洗后要将其放在阴凉通风处自然风干，不要使用烘干机或吹风机吹干，否则泳衣容易变形。

（三）泳帽

1. 泳帽的选择

氨纶泳帽手感比较柔软，戴在头上不容易脱落；硅胶泳帽则弹力更强。

2. 泳装的保养方法

游泳后一定要用温的清水把泳帽冲洗干净，放在阴凉处自然晾干，不要将泳帽放在阳光下暴晒；头发冲湿后再戴泳帽，会比较容易戴；若泳帽外表结上了污垢，可以用软布沾沐浴液或者洗发水轻轻揉洗。

## 锻炼方法与手段

### 一、蛙泳技术动作要点

（一）身体姿势

蛙泳时，身体几乎呈水平姿势俯卧水中，游进时，身体位置随着上体的上抬、前压及两腿的后蹬动作而不断变化。

（二）腿部动作

蛙泳的腿部动作是产生身体游动推进力的主要动力来源。腿部动作的好坏是掌握蛙泳技术的基础。蛙泳的腿部动作由收腿、翻腿、蹬夹和滑行四个部分组成。

（1）收腿：屈膝、屈髋，同时两膝慢慢分开，当大腿前收与躯干成 130°~140°时开始翻腿，如图 5-31 所示。

（2）翻脚：翻脚时，两脚外翻，脚尖朝外，脚掌朝上，两膝关节靠拢，其距离应小于两脚间距离，如图 5-32 所示。

（3）蹬夹：蹬腿时，两脚用力向两侧、向后做快速弧形蹬夹水动作，如图 5-33 所示。

（4）滑行：蹬腿结束后，两脚并拢伸直，身体借助惯性向前滑行，如图 5-34 所示。

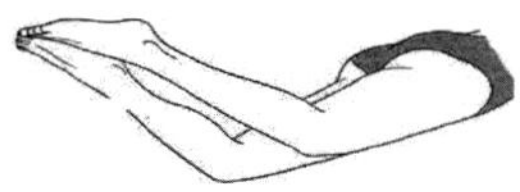
图 5-31　收腿

图 5-32　翻脚

图 5-33　蹬夹

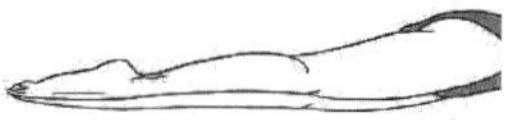
图 5-34　滑行

（三）臂部动作

蛙泳划臂动作也可产生较大的推进力。蛙泳臂部动作可分成外划、内划和伸臂三个部分。

（1）外划：两臂前伸，掌心向外，两臂对称向后外方划水至肩宽处，如图 5-35 所示。

（2）内划：两手继续高肘外分，掌心、前臂和上臂同时向外、向下、向后运动；当臂划至肩下方时，手臂向外旋转，两手同时向胸前、向内快速运动，如图 5-36 所示。

（3）移臂：蛙泳移臂是四种泳姿中唯一在水下完成的。移臂时，两臂自然前伸，掌心由相对逐渐转为向下，如图 5-37 所示。

图 5-35　外划

(a)　(b)

图 5-36　内划

图 5-37　移臂

（四）蛙泳配合技术

蛙泳臂、腿、呼吸的配合采用 1∶1∶1 的配合形式，在这种配合模式下，蛙泳臂腿配合又有三种不同的配合方式，即连接式、滑行式和重叠式。

**二、自由泳技术动作要点**

（一）身体姿势

自由泳时身体俯卧在水面成流线型，背部和臀部的肌肉保持适当的紧张度。

（二）腿部动作

自由泳腿部动作虽有一定的推进力，但主要起平衡作用。自由泳腿由向下打水和向上打水两个环节组成（图 5-38）。

（1）向上打水：向上打水时，大腿带动小腿成伸直姿势；当整个腿部移至与水面基本平行时，向上打水动作结束。

（2）向下打水：向下打水时，要求大腿带动小腿、脚做鞭状下压，打水幅度约 30~40 厘米。

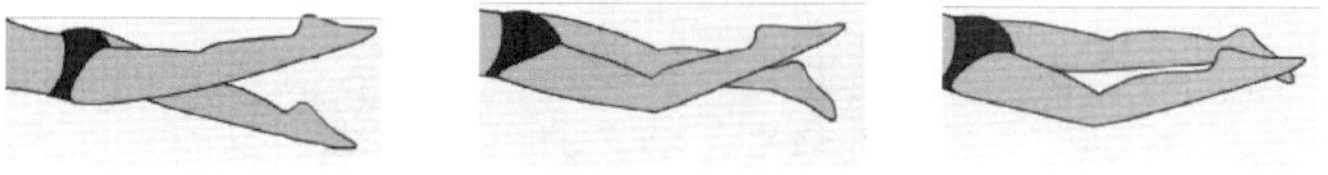
1　2　3

图 5-38　自由泳的腿部动作

（三）臂部动作

自由泳时臂部动作是推动身体前进的主要动力，自由泳的臂部动作分为入水、划水、出水和空中移臂四个阶段。

（1）入水：手的入水点一般在身体纵轴和肩关节延长线之间，入水先后顺序依次为手指、小臂、大臂；入水后手臂继续向前下方伸展，如图 5-39 所示。

图 5-39 入水

（2）划水：划水是产生推进力最大的阶段，根据手臂对水攻角的不同，自由泳划水分为下划阶段、内划阶段和上划阶段。

① 下划阶段：入水后，手臂向外下方插入，手掌从向斜外下方转向斜内后方并开始屈腕、屈肘，肘高于手，整个手臂像抱着一个圆球为内划做准备，如图 5-40(a)所示。

② 内划阶段：内划时继续保持高肘姿势，手臂加速向内、向上、向后加速划水；内划结束时，手臂与水平面基本垂直，如图 5-40(b)所示。

③ 上划阶段：内划时手领先于肘关节沿螺旋曲线向上、向外、向后加速划水，动作连贯，如图 5-40(c)所示。

（a）下划 （b）内划 （c）上划
图 5-40 划水

（3）出水：划水结束时，在肩的带动下将手臂提出水面，出水的顺序为肩、上臂、前臂和手。出水动作快速连贯，小拇指朝上，如图 5-41 所示。

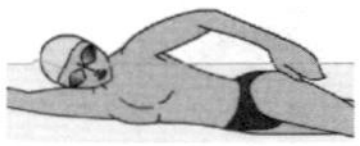
图 5-41 出水

（4）空中移臂：空中移臂是出水的继续，要求动作快速连贯，手臂自然放松；移臂一般采用曲臂移臂（肘高于手）和直臂移臂两种方式，如图 5-42 所示。

图 5-42 空中移臂

（四）自由泳配合技术

一般采用6：2：1 的方法，即呼吸 1 次、臂划 2 次、腿打 6 次，这种配合方法易保持平衡和协调掌握自由泳技术，如图 5-43 所示。

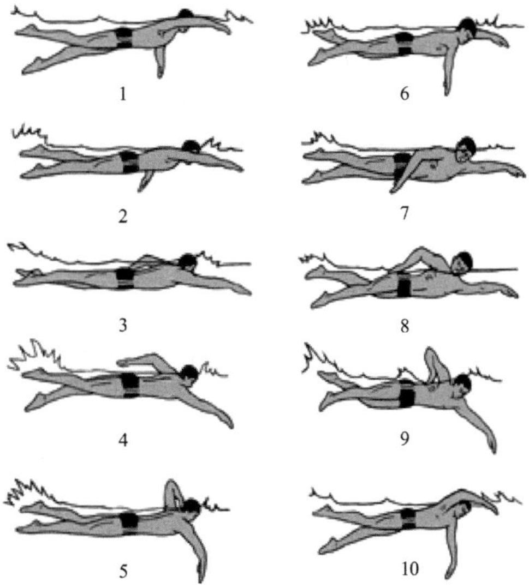

图 5-43 自由泳配合

## 三、仰泳技术动作要点

（一）身体姿势

仰泳时，身体要平、直仰卧在水面，头和肩部稍高于腰部和腿部，身体纵轴在水平面上构成约10°的迎角。水位在耳际附近，两眼看腿部的上方。

（二）腿部动作

在仰泳技术中，打腿除了保持身体平衡外，还能产生一定的推进力。仰泳的腿部动作由下压动作和上踢动作组成，即直腿下压、屈腿上踢，如图5-44所示。

（1）下压动作：下压过程要求伸髋，大腿带动小腿，膝关节和踝关节自然放松；大腿、小腿和脚一次结束向下的“鞭打”的动作。

（2）上踢动作：上踢过程要求足内收，大腿带动小腿和脚屈膝向上踢水，在踢水的过程中逐渐伸膝，小腿和脚在惯性作用下加速鞭状踢水。

（三）臂部动作

仰泳臂划水是推动身体前进的主要动力。一个完整的手臂动作分为入水、划水、推水、出水和空中移臂四个阶段，形成一个“S”形的划水路线。

（1）入水：手臂入水点在头前、同侧肩的延长线上，保持直臂，肘部不要弯曲，小拇指领先，掌心朝外，干净利落地切入水中，如图5-45所示。

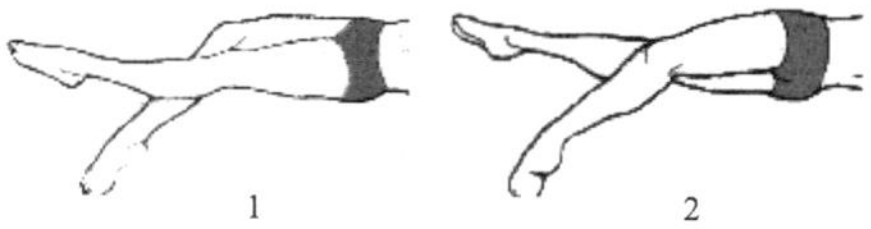

1　2

图5-44　仰泳打腿

图5-45　入水

（2）划水：仰泳的划水动作与自由泳相似，也是一个三维的螺旋曲线，根据手臂对水攻角的不同，依次分为下划抓水、上划、下划三个阶段。

① 下划抓水阶段：臂入水后伸肩、屈肘，上臂内旋和屈腕，手掌用力方向为向下、向外、向后；动作完成后，手掌和前臂对准水并有压力感，如图5-46(a)所示。

② 上划阶段：下划完成后，肘关节下降，手臂同时向上、向后、向内划动；动作完成后，肘关节位于最低处（称为高肘姿势），如图5-46(b)所示。

③ 下划阶段：下划阶段时产生的推进力最大，手臂沿向下、向内、向后的方向加速鞭状划水，手臂完全伸直并划至大腿下后结束，如图5-46(c)所示。

（3）出水：出水时手臂伸直，压水伸肩，肩部首先出水，然后依次为上臂、前臂和手，如图5-47所示。

（4）空中移臂：移臂要求直臂向前，上臂贴耳，手臂尽量放松，如图5-48所示。

（a）下滑抓水　（b）上划　（c）下划

图5-46　划水

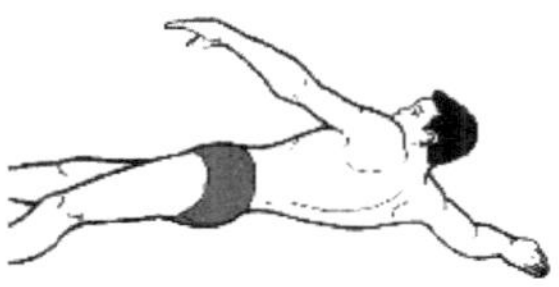

图5-47　出水

图5-48　移臂

（四）仰泳配合技术

现代仰泳技术中一般都采用6次打腿、2次划水、1次呼吸的配合技术，也有少数人采用 4 次打腿的技术，如图 5-49 所示。

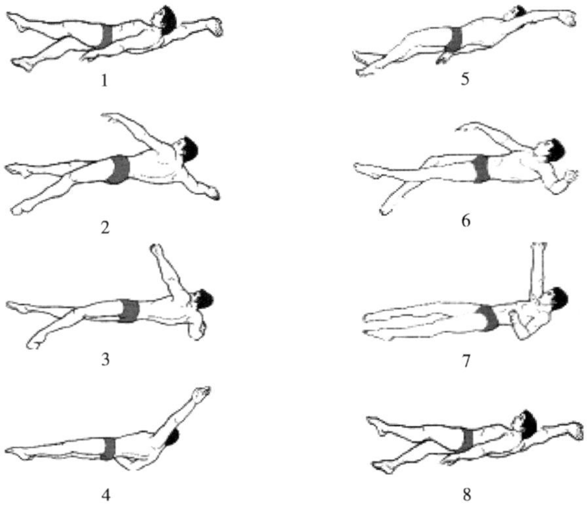


图 5-49 仰泳配合

## 四、蝶泳技术动作要点

### （一）身体姿势

蝶泳时身体姿势不固定，成蜿蜒的曲线，呈上下起伏的波浪形前进。头部保持较稳定的姿势，基本上一直目视下方，即使在吸气阶段也略收下颌。

### （二）腿部动作

蝶泳打水应从躯干部开始发力，带动大腿、小腿和脚做鞭状打水动作。

（1）向上打水：腿在躯干的带动下直腿上移，脚接近水面时屈腿向下打水，如图 5-50 所示。

（2）向下打水：不能勾脚，脚尖朝后，不能朝下，踝关节要灵活，如图 5-51 所示。

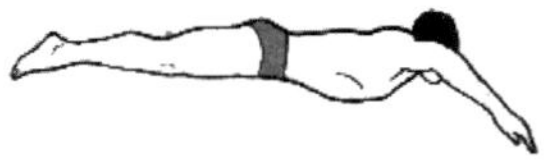

图 5-50 向上打水

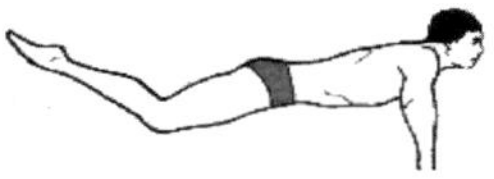

图 5-51 向下打水

### （三）臂部动作

蝶泳手臂动作产生的推进力是推进身体前进的主要因素。蝶泳的手臂要求两臂同时对称划水，包括入水、划水、出水和空中移臂四个部分。

（1）入水：正确的入水位置应该在两肩的延长线或略宽于肩的延长线。入水的先后顺序是大拇指领先斜插入水中，然后依次为前臂和上臂，如图 5-52 所示。

图 5-52 入水

（2）划水：蝶泳划水根据角度和用力方向的不同又分为外划抓水、内划、上划三个阶段，如图 5-53 所示。

① 外划阶段：手臂入水后，肘和肩关节继续前伸，手掌内旋外分至超过肩宽时，屈腕，手掌由向外、向后变成向外、向下、向后抓水。如图 5-53(a)所示。

② 内划阶段：两手抓水后，继续屈肘，并保持高肘姿势，手臂继续向外旋转，手的运动方向由向外、向下、向后转为向内、向上、向后划水，如图 5-53(b)所示。

③ 上划阶段：两手距离最近时，手臂内旋，由原来的向内、向上、向后方转为向外、向上、向后方加速划水，如图 5-53(c)所示。

（3）出水：手划水到大腿两侧时应从旋内转为旋外，掌心朝向大腿外侧；在划水尚未结束时，肘开始离开水面；划水结束时，利用水的惯性，肘和肩带动手臂提拉出水，出水时小拇指领先，如图 5-54 所示。

(a) 外划抓水　(b) 内划　(c) 上划

图 5-53　划水

图 5-54　出水

（4）空中移臂：手臂出水后，在肩的带动下采用低平的直臂姿势从两侧前移；移臂过程中大拇指朝下；在接近入水点时肘要微屈，以便入水后抓水，如图 5-55 所示。

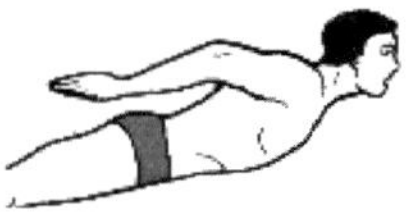

图 5-55　空中移臂

（四）蝶泳配合技术

蝶泳一般采用 2 次打腿、1 次划臂、1 次呼吸的配合技术，如图 5-56 所示。

图 5-56　蝶泳配合

## 五、游泳教学及练习方法

### （一）熟悉水性教学及练习方法

1. 水中行走、跳跃

注意事项：水深至腰部、胸部位置；身体直立，不可倾倒；集体拉手或扶水线练习。

（1）扶边行走：手扶池边或池槽向前、向后和向侧方向行走。

（2）拉手行走：3~5 人一组，集体拉手向前、向后和向侧方向行走。

（3）划水行走：手掌与水面垂直，通过划水向前、向后和向侧方向行走。

（4）扶边跳跃：手扶池边或池槽，两脚蹬地，向上跳跃。

（5）徒手跳跃：站立齐腰深水中，手掌朝下，手臂压水，双脚蹬地，向上跳跃。

（6）浅水游戏：通过水中吹乒乓球或水球游戏，练习水中行走、跳跃的能力。

2. 呼吸

注意事项：要求学生必须用嘴吸气，用嘴或鼻呼气；做到快吸气→稍憋气→猛吐气。

（1）陆上发声：陆上发声练习要求学生先吸气，然后张大嘴喊一个“啪”字。

（2）陆上换气：学生按照吸气→憋气→吐气的过程集体陆上练习。例如，教师可用口令控制：1→快吸气，2（长音）→憋气，3→快吐气（大喊“啪”）。

（3）扶边憋气：手扶池边或池槽，深吸一口气，水中憋气3~5秒后头出水换气。

（4）扶边换气：手扶池边或池槽，抬头吸气→水中憋气→水中慢吐气→出水猛吐气。

（5）连续换气：学生先吸气、头入水，再呼气、头出水。反复进行该动作的练习。

（6）游戏练习：通过“水中过障碍”和“钻山洞”等游戏，巩固水中呼吸技术。

3. 浮体与站立

注意事项：使学生了解呼吸与身体沉浮的关系。

（1）抱膝浮体：深吸气，低头含胸，双脚轻点池底，提膝，收腹，团身，抱腿，使身体抱成一团漂浮在水中；站立时，两臂前伸，手掌向下压水，同时两腿前伸站立。

（2）展体浮体：两脚开立，两臂放松前伸。吸气后，身体前倾低头，屈膝下蹲，两脚蹬池底，两腿放松上浮成俯卧姿势漂浮在水中，站立时姿势与抱膝浮体相同。

4. 滑行

注意事项：让学生熟悉其他水性练习后进行。

（1）蹬底滑行：两脚前后开立，两臂前伸并拢。吸气后上体前倾并屈膝，当头和肩没入水中后前脚掌用力向后下蹬离池底，随后双脚并拢，身体呈流线型滑行。

（2）蹬壁滑行：背对池壁，一手拉池槽子或扶池边，一臂前伸，同时一脚站立，一脚蹬在池壁上；深吸一口气后，上体前倾，提臀，向上收支撑腿，两脚紧贴池壁，臀部后移，两臂前伸并拢，头夹在两臂之间，两脚用力蹬壁，身体呈流线型滑行。

（二）蛙泳教学及练习方法

1. 蛙泳的腿部动作

（1）跪撑翻脚压腿：两脚勾脚外翻，用小腿和脚内侧跪在垫子上，两手后撑，身体缓慢向下振压。此练习既可以体会翻脚动作，又可增强膝踝柔韧性。

（2）坐撑模仿：坐于池边或凳子上，两手后撑，上体后仰，模仿蛙泳时的腿部动作。练习时，按照蛙泳腿部收→翻→蹬→夹的顺序，听教师口令分解练习。

（3）俯卧模仿：俯卧在凳子或出发台上，模仿蛙泳时的腿部动作；先分解练习，再过渡到完整练习；先由同学辅助练习，再过渡到独立练习。

（4）池边俯卧模仿练习：动作与俯卧模仿练习相同。但在此练习中要注意，蹬夹水的过程中体会水的反作用力，蹬水后双脚立即并拢夹紧。

（5）扶边蹬腿：一手抓池槽或池边，另一手反撑池壁，身体悬浮在水中模仿蛙泳时的腿部动作。

（6）助力蹬腿：俯卧水中，双手在同伴的牵引下，进行蛙泳时的腿部动作练习。

（7）滑行蹬腿：蹬边或池底滑行，双手前伸不动，做蛙泳时的腿部动作练习。

2. 蛙泳的手臂动作与呼吸

（1）站立模仿：两脚开立，上体前倾，手臂前伸并拢，掌心向下。先做外划→下划→内划→伸臂四拍分解动作；再过渡到外划→内划→伸臂三拍分解动作；最后进行完整动作练习。

（2）手臂与呼吸配合模仿：动作要领同上，要求学生先练习早呼吸，后练习晚呼吸。

（3）行进划臂：水中行进，手臂做蛙泳手臂动作；熟练后配合呼吸进行练习。

3. 蛙泳完整配合

（1）站立臂腿模仿：身体直立，两臂上举并拢伸直。一腿支撑，一腿配合手臂模仿练习。两臂外划、腿不动→两臂内划，收腿翻脚→两臂伸直时蹬腿→臂腿伸直稍停。

（2）俯卧臂腿模仿：俯卧出发台或凳子上，练习要领同上。

（3）闭气臂腿配合：滑行后闭气，做几个连续的动作周期后，站立吸气。

（4）完整配合：滑行后做完整配合，先做多次腿部动作、一次手臂动作、一次呼吸，过渡到一次腿部动作、一次手臂动作、一次呼吸的蛙泳完整动作。

（三）自由泳教学及练习方法

1. 自由泳的腿部动作

（1）坐撑打腿：坐于池边或岸边，上体后倾，两手后撑做自由泳时的腿部打水动作。

（2）俯卧打腿：俯卧在池边或岸边，下肢放入水中，做自由泳时的腿部打水动作。

（3）扶边打腿：一手抓池槽或池边，另一手反撑池壁，身体平卧水中做自由泳时的腿部打水动作。

（4）滑行打腿：蹬边或池底滑行，双手前伸不动，做自由泳的腿部打水动作。

2. 自由泳的手臂动作与呼吸

（1）站立模仿：两脚前后开立，上体前倾，一臂前伸，一臂置于膝部。先按入水→下划抓水→内划→上划→出水→移臂的环节做分解练习，熟练后过渡到入水→划水→出水移臂的环节做分解练习。要求学生先做单臂划水，再做双臂配合划水。

（2）臂与呼吸配合：动作要领同上，要求先练习单臂划水配合呼吸，再到双臂划水并配合呼吸。

3. 自由泳完整配合

（1）行进间臂腿配合：两脚开立，上体前倾，两臂交替划水，两脚碎步前行。

（2）行进间臂腿动作、呼吸配合：练习要领同上，要求加上呼吸配合。

（3）臂腿配合：滑行后闭气，先打腿，后做划臂配合；要求打腿快速。

（4）多次腿部动作、一次臂部动作、一次呼吸配合：蹬壁滑行，两臂并拢前伸。快速打腿，一臂划水并配合同侧呼吸，另一臂不动；三次划臂后，换另一侧划臂并配合呼吸。

（5）完整配合：滑行后先打腿，后接自由泳完整技术配合。

（四）仰泳教学及练习方法

1. 仰泳的腿部动作

（1）坐撑打腿：坐于台阶或地上，上体后倾，两手后撑，做仰泳的腿部打水动作。

（2）池边坐撑打腿：动作要领同上，双脚放入水中，要求上踢时水花向前上方。

（3）握槽打腿：两手反握池槽或后撑池底，身体仰浮于水面，髋关节展开，做仰泳打腿；要求踢出水花，但膝关节和脚不得露出水面。

（4）仰卧漂浮：水中站立，头和上体后仰，身体平卧于水中，两臂在体侧。重点体会身体仰浮水中的姿势。开始先由同伴拖住练习者的腰、头辅助其仰浮。

（5）助力打腿：练习者仰卧水中，两臂置于体侧或头前，由同伴拖住练习者的腰、头助力，进行仰泳腿练习；熟练后逐步减轻助力，令其自行打腿练习。

（6）滑行打腿：滑行后做仰泳打腿，手臂可在体侧做摇橹式划水；动作熟练后，可做单臂前伸的打腿练习。

（7）徒手打腿：仰卧水中，两臂伸直并拢，头夹在两臂中间，两腿连续鞭状打水。

2. 仰泳的手臂动作与呼吸

（1）站立模仿：两脚开立，身体直立，两臂并拢上举，掌心相对。先练习一臂模仿练习，另一臂不动；熟练后练习两臂交替划水；头要固定不动，体会转肩。

（2）仰卧模仿：动作要领同上，要求练习者仰卧，体会手臂划水路线。

（3）呼吸与臂的配合：站立或仰卧，先单臂划，后双臂划，并配合仰泳呼吸技术。

（4）助力练习：仰卧水中，同伴抱住练习者的双腿或握住双踝，做单臂或双臂划水练习，两次划臂、一次呼吸；练习者体会划水路线，划水过程要求转肩，头固定。

（5）挂线划臂：仰卧水中，双脚屈膝挂于水线上，两臂配合呼吸做仰泳划臂练习。

3. 仰泳的完整配合

（1）臂腿配合：两脚开立，上体直立，两臂上举交替划水，两脚踏步或碎步后腿。

（2）行进间臂腿动作、呼吸配合：练习要领同上，要求加上呼吸配合。

（3）单臂划水、打腿配合：仰卧水中，一臂前伸不动，另一臂做划水动作，两脚连续做打水动作；连续几次划水后，两臂交换练习。

（4）完整配合：仰卧滑行后先打腿，后接仰泳完整技术配合：两次划臂、一次呼吸。

（五）蝶泳教学及练习方法

1. 蝶泳的腿部动作

（1）站立模仿：并腿站立，两臂并拢伸直上举，模仿蝶泳的躯干与腿的动作。先做三拍分解练习：挺髋→屈髋、屈膝→提臀、伸膝；熟练后做连贯动作。

（2）单腿站立模仿：一腿站立于池边或台阶上，另一腿与躯干配合模仿蝶泳躯干与腿的动作。要求学生体会腰部发力及带动大小腿前后摆动的鞭状打水动作。

（3）鱼跃潜水练习：浅水中并腿站立，两臂前举，膝部半蹲；向前上方鱼跃，当上体跃出水面后低头、收腹、提臀、屈体，身体潜入水中后逐渐展髋，呈反弓形滑行出水后站立。要求学生先跃水线练习，再做无水线的练习。

（4）滑行打腿：蹬壁或蹬地滑行后，在水下做蝶泳打腿。要求学生先屈腿打水，只要求腰部放松，然后过渡到腰带腿的波浪动作。

2. 蝶泳的手臂动作与呼吸

（1）站立模仿：两脚平行或前后开立，上体前屈，模仿蝶泳划臂动作，重点体会划臂路线和转腰、移臂动作；可在地面画出划水路线，手臂沿路线模仿练习。

（2）手臂动作与呼吸配合模仿：动作要领同上，只是在划臂的过程中配合呼吸动作。要求学生先做“早呼吸”，再做“晚呼吸”练习。

（3）行进划水：站在浅水中，要求体会划水方向、路线及划水对身体的推进作用；先站在原地，然后行进，最后配合呼吸。

（4）跳跃划水：站在浅水中，身体前倾，屈膝后两脚蹬离池底，身体向前上方跃起，两臂同时向后划水，身体跃出水面时抬头吸气；落下时，两臂迅速摆动前移，身体前扑，低头入水；水中滑行时呼气，减速后收腹屈腿，手臂压水站立。

3. 蝶泳的完整配合

（1）臂腿配合模仿：一腿站立，另一腿后伸，脚尖点地，身体前倾，两臂后伸于大腿侧。由后向前移臂时腰部放松，后腿上抬；臂入水时，后腿做第一次向下打水；抓水、抱水时，后腿上抬；推水时做第二次打水。

（2）完整配合的模仿：练习同上，臂腿配合时，加上呼吸。

（3）多次打腿划臂配合：腿打水三四次，然后划臂一次。

（4）2∶1 配合练习：同上练习，逐渐减少打腿次数，减少至每一次划臂周期打腿两次，进行 2∶1 的臂腿配合。

（5）完整配合：动作同上，加上呼吸。

**六、易犯错误及纠正方法**

（一）蛙泳常见错误动作与纠正方法

1. 腿部动作

（1）错误动作：蹬腿时不翻脚。

纠正方法：① 明确概念及要领。② 陆上强化翻脚动作，强调翻脚时的肌肉感觉。③ 勾脚蹬水或由同伴帮助体会正确蹬水动作。

（2）错误动作：平收腿，蹬得过宽；蹬夹脱节或只蹬不夹。

纠正方法：① 明确概念，陆上模仿，加深体会。② 用矫枉过正法，要求收腿时两膝内扣，或用绳圈限制其外张。

（3）错误动作：收、蹬腿时脚的部位太低。

纠正方法：① 低头、提臀，腰腹肌肉适当紧张，使身体平浮。② 大腿少收，与躯干角要大于 90°，积极收小腿，脚有意识地向臀部移。③ 腰、腹肌适当紧张，蹬时先伸髋。

（4）错误动作：收、蹬时，臀部上起下浮。

纠正方法：① 头、肩稍抬起，腰、腹肌适当紧张，使身体展平，收时大腿带动小腿慢收。② 蹬腿时，躯干不动，用大腿带动小腿向后走。

（5）错误动作：收腿太快。

纠正方法：① 明确概念要领。② 强调慢收腿，肌肉放松。③ 强调慢收，蹬时相对要快些。

2. 臂部动作

（1）错误动作：划水时手掌平摸水（划不到水）。

纠正方法：① 明确要领。② 划水时，要求掌心向外侧下，高肘曲臂，小幅度划水。③ 加强手臂力量训练。

（2）错误动作：划水路线太宽，超过肩的延长线。

纠正方法：① 明确要领。② 要求小幅度划臂或在腋下放一限制杆。

3. 配合动作

（1）错误动作：划臂同时蹬腿。

纠正方法：① 明确概念，先划臂后蹬腿。② 划手时腿伸直，蹬腿时手臂伸直，逐渐过渡到正确配合。严格地按伸、蹬、漂的节奏练习。

（2）错误动作：伸臂、蹬腿同时进行。

纠正方法：① 先伸臂再蹬腿。② 强调先伸、再蹬，蹬后两腿多漂一会儿。③ 小幅度划臂，伸臂后稍停一会儿。

（3）错误动作：吸不到气。

纠正方法：① 强调在水中吐气。② 可先抬头再划臂或开始划臂时抬头深吸气。

（二）自由泳常见错误动作与纠正方法

1. 腿部动作

（1）错误动作：小腿打水。

纠正方法：① 明确概念及要领。② 先直腿打水，体会大腿带动小腿打水。③ 直腿上抬。

（2）错误动作：屈髋打水。

纠正方法：① 陆上俯卧打腿，要求髋部放松。② 水中练习要求背部肌肉适度紧张。

（3）错误动作：勾脚打水。

纠正方法：① 多做踝关节柔韧性练习。② 踝关节尽量放松。

2. 臂部动作

（1）错误动作：臂入水后向下压水。

纠正方法：① 入水时屈臂，抬高肘，拇指领先入水。② 入水后先伸臂抓水，后划水。

（2）错误动作：划水时手掌摸水。

纠正方法：① 强调屈肘、高臂划水。② 增强手臂力量练习。

（3）错误动作：划水路线短。

纠正方法：① 入水后充分向前方伸臂。② 要求推水结束后手触到大腿。

（4）错误动作：手在肩外侧划水。

纠正方法：① 入水点尽量靠近中线。② 采用校枉过正法，超中线划水。

（5）错误动作：划水结束时身体下沉或手出水难。

纠正方法：① 陆地模仿掌心向后推水。② 水中要求后段伸臂推水。

（6）错误动作：两臂配合不连贯。

纠正方法：多做“后交叉”动作，少做“前交叉”动作。

3. 配合动作

（1）错误动作：抬头吸气。

纠正方法：① 加强呼吸练习，消除不良心理。② 强调推水结束后转头吸气。

（2）错误动作：吸不进气。

纠正方法：① 练习加速式吸气。② 加大吸气深度。③ 适当提早吸气时间。

（3）错误动作：配合动作不协调。

纠正方法：① 多做放松漫游。② 加强打腿动作练习。

（三）仰泳常见错误动作与纠正方法

1. 腿部动作

（1）错误动作：小腿打水。

纠正方法：① 强调以髋为轴的打水动作。② 体会大腿带动小腿打水。

（2）错误动作：踢水时膝部出水。

纠正方法：① 要求髋部充分展开。② 加大大腿下压深度。③ 强调踢水时膝部上提。

（3）错误动作：踢不出水花。

纠正方法：① 保持身体正确的仰卧姿势，加强呼吸练习。② 加强腰腹力量练习。

2. 臂部动作

（1）错误动作：入水点过宽或过窄，不在肩的延长线上。

纠正方法：① 反复进行垂直面的移臂模仿练习。② 加强肩关节柔韧性练习。

（2）错误动作：手背拍水面入水。

纠正方法：① 反复模仿移臂后半程的手臂内旋动作。② 加强肩关节的柔韧性。

（3）错误动作：臂划水用力过猛。

纠正方法：① 入水下滑做深抓水动作后再划水。② 划水时需加速划水，不能爆发式划水。

（4）错误动作：拖肘划水或直臂划水。

纠正方法：① 靠近池边，单臂划水，强调屈臂。② 手臂入水，抓水成倒高肘后划水。

（5）错误动作：两臂配合不连贯。

纠正方法：① 多做“后交叉”动作配合。② 加速推水和下压后，利用反作用力加速提臂。

3. 配合动作

（1）错误动作：头高脚低“坐”着游。

纠正方法：① 加强呼吸练习，敢于将头后部没入水中。② 多做仰卧打水练习，提高身体保持平衡姿势的能力。③ 加强腿部力量练习，提高下压动作效果。

（2）错误动作：侧向摇摆，蛇形前进。

纠正方法：① 多做水、陆正确移臂模仿练习。② 强调深抓水后划水，水上多做慢速划水练习。③ 加强腿部力量练习。④ 强调身体绕纵轴转动。⑤ 改直臂为屈臂划水。

（3）错误动作：配合不协调。

纠正方法：① 加强腿部打水练习，进行快打腿、慢划臂练习。② 配合手臂动作做呼吸练习。③ 多做“后交叉”动作练习，手臂推水后迅速提臂。

（四）蝶泳常见错误动作与纠正方法

1. 腿部动作

（1）错误动作：屈伸小腿打水。

纠正方法：① 明确打腿动作要领。② 多做腰带腿的模仿练习，强调腰部发力。

（2）错误动作：直腿打水，无波浪。

纠正方法：① 小腿和脚放松。② 强调腰发力带动大腿、小腿和脚的鞭打动作。③ 注意提臀、收髋与展腹、沉髋动作的交替进行。④ 多做潜水徒手海豚腿练习。

（3）错误动作：上体波动大。

纠正方法：① 陆上做上体不动的腰腿模仿练习。② 加强腰腹发力，头、肩相对稳定。

2. 臂部动作

（1）错误动作：手臂出水困难。

纠正方法：① 推水和出水动作要连贯，边推水边提肘。② 加大推水力量和速度。③ 推水时掌心向后，出水稍转向内侧。④ 先低头后移臂，多做低头憋气划手练习。

（2）错误动作：直臂划水。

纠正方法：① 明确划水动作要领。② 多做陆上和水上屈臂划水练习。

（3）错误动作：划水路线短。

纠正方法：① 陆上反复模仿后推动作，要求手推至大腿。② 强调推水后段抬头吸气。③ 加强手臂力量练习。

3. 配合动作

（1）错误动作：臂腿配合脱节。

纠正方法：① 强调推水时打第二次腿。② 臂入水后立即开始抓水。

（2）错误动作：上体无波浪动作或波浪动作过小。

纠正方法：① 反复进行陆上模仿，强调低头带臂入水。② 强调积极打腿提臀。

## 游泳竞赛欣赏方法

### 一、游泳竞赛规则简介

#### （一）游泳竞赛项目

游泳竞赛项目如表 5-1 所示。

**表 5-1 游泳竞赛项目表**

| 泳式 | 比赛距离/米 | |
|---|---|---|
| | 50 米池 | 25 米池 |
| 自由泳 | 50、100、200、400、800、1 500 | 50、100、200、400、800、1 500 |
| 仰泳 | 50、100、200 | 50、100、200 |
| 蛙泳 | 50、100、200 | 50、100、200 |
| 蝶泳 | 50、100、200 | 50、100、200 |
| 个人混合泳 | 200、400 | 100、200、400 |
| 自由泳接力 | 4×100、4×200 | 4×50、4×100、4×200 |
| 混合泳接力 | 4×100 | 4×50、4×100 |

备注：1. 奥运会比赛在 50 米池中进行。
2. 奥运会比赛男女均不设 50 米仰泳、蛙泳、蝶泳。

（二）游泳竞赛规则

1. 出发

（1）自由泳、蛙泳、蝶泳及个人混合泳的各项比赛必须从出发台起跳出发。当总裁判发出长哨音信号后，运动员应站到出发台上；当发令员发出“各就位”的口令后，运动员应至少有一只脚在出发台的前缘做好出发准备，手臂位置不限。当所有运动员都处于静止状态时，发令员发出“出发信号”。

（2）仰泳和混合泳接力项目应在水中出发，当总裁判发出第一声长哨音时，运动员应立即入水；当听到第二声长哨音时，运动员应立即返回池端的出发位置。当所有运动员做好出发准备时，发令员发出“各就位”的口令；当所有运动员都处于静止状态时，发令员发出“出发信号”。

（3）在奥运会、世界锦标赛及其他国际泳联的比赛中，“各就位”的口令必须用英语，出发信号必须使用多个扩音器，在每个出发台设置一个。

（4）任何运动员如在“出发信号”发出前出发，应取消其比赛资格或录取资格。如果在“出发信号”发出后发现运动员抢码犯规，比赛应继续进行，在该组比赛结束后取消犯规运动员的录取资格。如果在“出发信号”发出前发现运动员抢码犯规，则不再发“出发信号”，但要将其他运动员召集回来，再次组织出发。

2. 自由泳

（1）自由泳意味着比赛中可采用任何泳式。但在个人混合泳及混合泳接力赛中，自由泳是指除蝶泳、仰泳、蛙泳以外的泳式。

（2）转身和到达终点时，必须用身体某一部位触池壁。

（3）在整个游程中运动员身体的一部分必须露出水面，在转身过程中允许运动员完全潜入水中，但在出发和每次转身后潜泳距离不得超过 15 米，在 15 米时运动员的头必须已经露出水面。

3. 仰泳

（1）在出发信号发出前，运动员在水中，面对出发端，两手抓住握手器。禁止站在水槽里或水槽上，或脚趾勾在水槽沿上。

（2）出发和转身后，运动员应蹬离池壁，除在做转身动作外，运动员在整个游进过程中应始终呈仰卧姿势。仰卧时允许身体做转动动作，但必须保持与水平面小于 90°的仰卧姿势。头部位置不受此限。

（3）在整个游进过程中，运动员身体的某一部分必须露出水面。在转身过程中，允许运动员完全潜入水中。但在出发和每次转身后，运动员潜泳距离不得超过 15 米，在 15 米时运动员的头必须已经露出水面。

（4）在转身过程中，运动员身体的某部分必须触壁。转身过程中允许肩的转动超过垂直面，之后可进行一次单臂划水或双臂同时划水动作，并以此划水动作作为转身的开始。运动员必须呈仰卧姿势蹬离池壁。

（5）运动员在到达终点时，必须以仰卧姿势触壁。触壁时允许身体潜入水中。

4. 蛙泳

（1）出发和每次转身后，从第一次手臂动作开始，身体应保持俯卧姿势，任何时候不允许呈仰卧姿势。比赛全程中每个动作周期应按照一次划水和一次蹬腿的顺序进行。

（2）两臂的所有动作应在同一水平面上同时进行，不得有交替动作。

（3）两手应同时在水面、水下或水上由胸前伸出。除转身前最后一个动作、转身过程中和终点触壁前的最后一个动作外，两肘不得露出水面。除出发和每次转身后的第一次划水动作外，两手向后划水不得超过臂线。

（4）在每个完整动作周期内，运动员头的某一部分应露出水面。只有在出发和每次转身后，运动员可做一次手臂充分的向后划至腿部的动作，但在第二次划臂至最宽点并在两手向内划水前，头必须露出水面。当身体完全没入水中时，允许做一次海豚式打水动作，之后接蛙泳蹬水动作。在此之后腿部的所有动作应同时并在同一水平面内进行，不得有交替动作。

（5）在蹬腿产生推进力的过程中，两脚必须做外翻动作，除第（4）条所规定的条件外，不允许做剪夹、上下交替打水或向下的海豚式打水动作。只要不接着做向下的海豚式打水动作，允许两脚露出水面。

（6）在每次转身和达到终点时，两手应在水面、水上或水下同时触壁，触壁前的最后一次划水动作结束后，头可以潜入水中，但在触壁前的一个完整或不完整的配合动作中，头的某一部分应露出水面。

5. 蝶泳

（1）从出发和每次转身后的第一次手臂动作开始，身体应保持俯卧姿势，允许水下侧打腿，但任何时候都不允许转成仰卧姿势。

（2）两臂必须在水面上同时向前摆动，并同时在水下向后划水。

（3）腿部所有的上下打水动作必须同时进行。两腿和两脚可不在同一水平面上，但不允许有交替动作。不允许蹬蛙泳腿。

（4）在每次转身和到达终点时，两手应在水面、水上或水下同时触壁。

（5）在出发和每次转身后，允许运动员在水下做一次或多次打水动作和一次划水动作，这次划水动作必须使身体升到水面。允许在出发和每次转身后潜泳，距离不得超过15米，在到达15米前运动员的头必须露出水面。运动员必须使身体保持在水面上，直至下次转身或到达终点。

6. 混合泳

（1）个人混合泳须按照下列顺序进行比赛：蝶泳、仰泳、蛙泳、自由泳。

（2）混合泳接力须按照下列顺序进行比赛：仰泳、蛙泳、蝶泳、自由泳。

（3）每一泳式必须按照竞赛规则的有关规定完成。

## 二、游泳观赛礼仪

（1）观众进出场地要有序，要在比赛前到达赛场，这是对运动员、教练员和裁判员最起码的尊重。

（2）不允许将玻璃瓶、易拉罐饮料带进场地，只允许带软包装饮料进入赛场。垃圾要用方便袋或者纸袋自行带出。

（3）衣着要整洁、大方，不可太随便。

（4）在比赛开始时，特别是运动员准备出发时一定要保持安静，不要吃东西或互相聊天、喧哗。在比赛中，最好不要走动。

（5）一定要记住不允许在游泳馆内使用闪光灯。

（6）手机要关机或设置在振动、静音状态。

（7）严禁在场馆内吸烟。

（8）看比赛可以高喊自己喜欢运动员的名字，可以在啦啦队的统一指挥下高喊口号，但不能喊出不文明语言。

（9）运动员发挥得好，观众要鼓掌。介绍各国运动员时也要给予运动员支持和鼓励，不可喝倒彩。

（10）比赛结束后，为优胜者发奖牌、演奏其国歌时，观众应全体起立并肃静。

## 第四节　滑雪运动

### 能力目标

站姿型职业人群经常参加滑雪运动，可促进身体血液循环，增强心血管系统、呼吸系统等内脏器官的功能，发展灵敏性和协调性，提高机体抗寒能力，培养勇敢顽强、机智灵活、沉着果断等优良品质。

### 工具包

**一、滑雪运动的起源**

据资料记载，滑雪运动始于北欧的挪威，滑雪一词始于挪威语“skith”（雪鞋）。早在四千多年前，在挪威的路易多附近发现岩洞的岩石上刻画着石器时代的男子乘滑雪器具打猎的图案。

**二、滑雪运动的锻炼价值**

滑雪运动对参与者的意志、体能有着明显的锻炼价值，特别是对人体的平衡能力、协调性、判断能力及各感觉器官敏感性的提高有着突出的作用，是一项能使参与者身体机能全面得到提高的运动项目。滑雪运动极具刺激性、创造性和挑战性，以下从身体、精神、社会三方面列举单板滑雪运动的价值。

1. 身体

由于滑雪是全身性运动，需要神经和全身肌肉互相配合，能够提高身体的协调性及判断能力，增强身体的耐力和抗寒能力。在保持体温及运动的双重刺激下，会促使人体新陈代谢加快，使人体内多余的脂肪大量消耗，起到塑造形体的作用。

2. 精神

从事滑雪运动，可加深对大自然的认识和理解，在置身于崇山峻岭、林海雪原中滑雪的同时，不仅可以体会到滑雪的乐趣，还能够消除日常生活中的精神压力。

3. 社会

滑雪运动可以充分挖掘人类的潜能，挑战自我极限，而这与年龄、性别、职业无关。

### 三、滑雪运动的场地、器材

（一）场地

1. 高山滑雪场地

（1）初级滑雪道：坡面与滚落线一致；雪道变相处的角度大于135°；宽度大于20米；坡度小于8°

（2）中级滑雪道：坡面与滚落线一致；雪道变相处的角度大于150°；宽度大于25米；坡度在9°~25°之间。

（3）高级滑雪道：坡面与滚落线一致；雪道变相处的角度大于160°；宽度大于30米；坡度在16°~30°之间。

2. 单板滑雪场地

单板滑雪场地分回转场地和U型场地，单板回转场地与高山滑雪场地基本相同，而U型场地有专门规定。

（1）U型场地坡度不得大于15°。

（2）U型场地双侧不能形成“陡壁”。

（3）U型场地周围5米之内不得有障碍物。

（4）U型场地终止区应足够开阔、安全。

（二）器材

滑雪器材、装备包括：滑雪板、雪鞋、固定器、雪杖、滑雪镜、滑雪服、手套、帽子、护具等。

## 锻炼方法与手段

滑雪运动基本技术包括双板技术和单板技术。

### 一、双板技术

1. 站立姿势

（1）穿雪板平地站立。

① 自然站立，身体呈放松状态。

② 双雪板平行，间距不超过胯宽，重心在两板间，双雪板压力均匀，共承体重。

③ 双雪杖起立插于雪板两侧，目视前方。

（2）穿雪板斜坡站立。

① 双雪板平行横在山坡上，与滚落线垂直，山上板较山下板位置略高，山上侧腿微曲，可稍前于山下侧腿半脚距离。

② 双膝微微向山上侧倾斜，山下板立内刃承担主要体重，刻住雪面；山上板立外刃刻住雪面，重心向山下侧偏移。

③ 上体微微向山下侧与立刃的雪板对应横倾和转向，形成微小的反弓反向姿势，如图5-57所示。

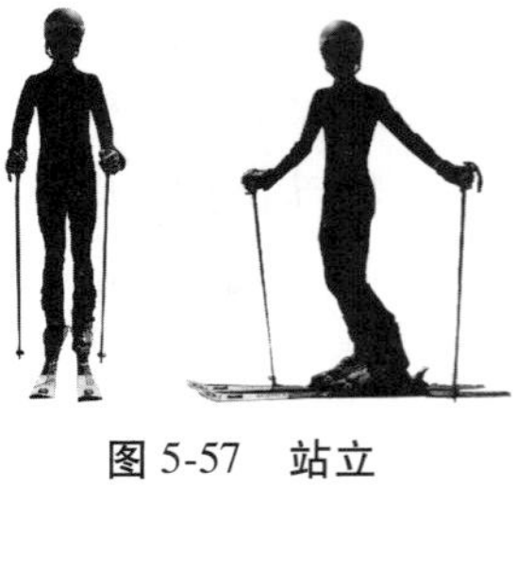

图5-57 站立

2. 原地变向

（1）板尾、板尖展开变向。

动作要领：无论板尖展开变向还是板尾展开变向，都要注意雪杖的位置，板尖展开变向时雪杖支撑位置应在体前。初练时雪板一次展开距离不宜过大，随着对雪板的适应，再逐渐加大雪板展开的角度与距离。在展开雪板时，身体重心要明显地放在支撑腿上，移动要快。展开雪板时，要保持身体的平稳站立姿态，如图 5-58 所示。

（2）180°变向（向前转）。

这种变向除用于平地外，还多用于中、陡坡，其特点是变向速度快。其变向动作还可分为前转 180°变向和后转 180°变向，将前转 180°变向动作由结束部分依次向开始部分相反进行，即为后转 180°变向。

前转 180°动作要领（图 5-59）：

① 呈穿板站立姿势，雪板与滚落线垂直。

② 双雪杖稍前移至体前两侧支撑，左板后部提起向后预摆。

③ 右板承重，左板向前上踢成起立状态。

④ 将直立的左板以板尾为轴心向左侧下方转动约 180°，在右板内侧着地并承重，左雪板转动的同时，上体跟着左转约 90°。

⑤ 体重移至左腿，右板抬起从左腿后侧通过并力争也转动 180°，放到左板同一方向并平行的位置上，上体随同右板再左转约 90°。

⑥ 双板同时承重，完成了向后转体的目的。

⑦ 两雪杖在体侧根据转向情况顺势支撑，维持平衡、协助后转。

图 5-58　板尾、板尖展开变向

图 5-59　前转 180°变向

3. *移动*

（1）平地走滑。

① 在平整的雪面上呈穿板站立姿势。

② 如同在陆地上行走一样，左右雪板交替向前迈动，左右雪杖在体侧交替撑动。

③ 身体微前倾，落地的前雪板承重，后雪板起到蹬踏的作用。

④ 移动步伐逐渐由小变大。

⑤ 前雪板逐渐由走动变为滑动，此时上体应跟上。

⑥ 平地走滑也可以只穿一只滑雪板，不穿板的脚在雪面连续蹬动，推动滑行。

（2）平地侧向移动（图 5-60）。

① 在平整的雪面上呈穿板站立姿势。

② 双雪杖垂直插于体侧远一点的地方。

③ 左（右）板承重，提起右（左）板向右（左）平行横移，然后落地并承重。

④ 再平提起左（右）板向右（左）板平行并排落地，双板平均承重。

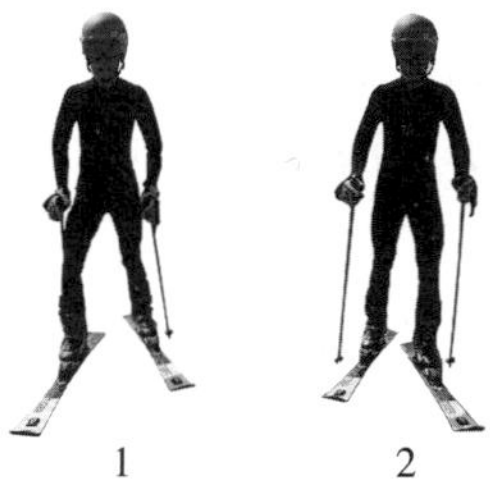


图 5-60　平地侧向移动

⑤ 双雪杖提起侧移，为下一个移板动作留出空间，不能影响雪板的移动。

⑥ 以上动作反复练习，左右变换，移动的动作应不断加大。

⑦ 如果站立在坡面上，要增加雪板刃的刻雪面，双膝向山上侧顶推。

（3）不跨步同时推进滑行。

不跨步同时推进滑行（图 5-61）是双雪杖同时向后撑动，推进滑雪板同时向前滑行。

图 5-61　不跨步同时推进滑行

动作要领：在平整的雪面上呈穿雪板站立姿势；双膝前顶，上体微前倾，双臂带动雪杖伸直前送；双雪杖尖插到固定器前部外侧后同时撑动，直至双臂向后撑直，上体及两肩同时下压，加大撑杖力度，以相对静态向前滑行；雪杖收回直接再向前摆送，上体直起，重心升高，再进行第二次推进滑行。

4. 滑降

滑降又称快速降下，通常只靠重力自动加速滑行，其主要以竞速为目的，时速一般在每小时 100 千米以上。滑降的基本技术主要包括直滑降、斜滑降和横滑降。

（1）直滑降。

直滑降是指双板平行，面对垂直落下线垂直滑下。通过直滑降的练习主要掌握基本滑行姿势，体会速度及滑行感觉、重心位置，提高对坡度的适应能力及对雪板的控制能力。直滑降的技术重点是用腿部的屈伸来调节以保持正确的滑行姿势。

① 平行直降（图 5-62）。

动作要领：双板平行稍分开，体重均匀放在两腿上，两脚全脚用力；上体稍前倾，髋、膝、踝关节稍屈，呈稳定的稍蹲姿势，保持随时可以进行腿部屈伸状态；两臂自然垂放于体侧，肘稍屈以协助身体平衡，肩部应一直处于非常放松状态；目视前方，观察场地及前方情况，防止低头看雪板。

图 5-62　平行直降

② 犁式直降（图 5-63）。

犁式滑降是雪板呈八字形从山上直线滑下的技术动作。

动作要领：双膝稍屈并略内扣，重心在两板中间。两脚跟同时向外展，推开板尾，使雪板呈八字形；上体稍前倾，上体、双臂及肩部放松，两手握杖自然置于体侧，杖尖朝后方；目视前方，不要低头看板。

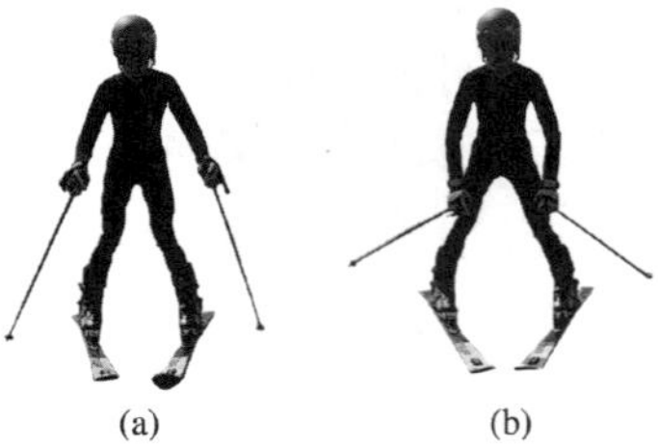

图 5-63　犁式直降

（2）斜滑降。

斜滑降是指在坡面上不是沿着垂直落下线下滑，而是沿直线斜着滑过坡面。

动作要领：在坡面上斜对山下站立时肩、髋稍向山下侧转形成外向姿势。上体稍向山下侧倾而膝向山上侧倾，用双板山上侧刃刻住雪面；在下滑过程中时时把握从上向下踩住雪板的感觉，山上侧板比山下侧板向前一些；在滑行时，保持上述姿势并注意两肩的连线和两膝的连线与山的坡面几乎平行；斜滑降时“<”字姿势与用刃是协调一致的，共同进行用刃强弱及速度的控制；两臂自然放松，目视前方8~10米处，如图5-64所示。

（3）横滑降。

横滑降是指雪板横着沿垂直落下线方向直线或斜线的滑进。通过该技术的练习，掌握通过调节整个板刃对速度进行控制的能力、对整个雪板方向的控制水平及相对应的身体姿势。

动作要领：双板平行，山上侧板稍向前约半脚；与斜滑降相比，上体有更大的向山下侧扭转的感觉；通过调节两雪板底面的负重比例及双杖在山上侧的撑动滑进；双腿微屈，眼睛向山下侧看，如图5-65所示。

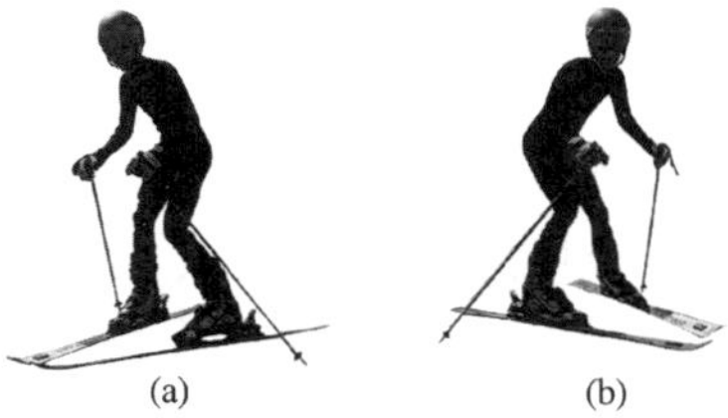


图5-64　斜滑降

图5-65　横滑降

5. 转弯

（1）犁式转弯。

动作要领：以犁式直滑降的姿势为前提，左右腿与雪面仍然保持三角形，注意不要后坐；逐渐向左侧雪板移动重心（加大左雪板重力），此时右雪板减轻负重或不负重；左雪板必然开始向右自然转弯，成为转弯的主动板，同时右雪板被动地跟随着左雪板向右转动，成为从动板，上体尽量保持面向山下；向右转弯完成之后，延续一段向右的犁式斜滑降。向左转弯之前可进行“引伸”；逐渐向右侧雪板移动重心（加大右雪板重力），此时左板负重减轻或不负重；右雪板必然开始向左自然转弯，成为转弯的主动板；同时左雪板被动地跟随着右雪板向左转动，成为从动板，上体尽量保持面向山下；向左转弯完成之后，延续一段向左的犁式斜滑降；视线要与转弯方向大致相同；始终要保持住双雪板的基本犁式状态及身体的犁式滑降姿势。

（2）平行式转弯。

动作要领：保持一定的速度进入转弯的准备阶段，提高重心，并使之向转弯内侧移动；一板内收、一板外刃蹬雪，滑入垂直落下线；继续向前屈膝、屈踝，重心移动结束后，点杖开始，外板、内板承担的体重比例为7∶3；上一个转弯动作结束阶段和下一个转弯点杖时，踝关节应有蹬实的感觉，身体处于直立状态；利用蹬踏的反作用力与向内倾倒，向斜上方提起重心；然后再次滑入垂直落下线的方向。

6. 停止

滑降中在停止之前必有一个制动减速的过程，初级滑雪者常用大犁式滑降技术停止。中高级滑雪者则多采用双板平行转弯技术进行减速和停止，这种技术可在速度很快时使用。停止的方式主要有犁式停止[图5-66(a)]、双板平行式停止[图5-66(b)]、急剧停止[图5-66(c)]等。

(a) (b) (c)

图 5-66 停止

## 二、单板技术

1. 滑行姿势

单板的滑行姿势主要包括高姿势、低姿势和基本滑行姿势。本篇主要介绍基本滑行姿势。

图 5-67 单板基本滑行姿势

动作要领：面向滑行方向，目光前视；前臂自然微屈，手指向前方，后臂微屈置于体侧；两腿弯曲，身体垂直于板面，身体重心在两腿之间，如图 5-67 所示。

2. 原地变刃

（1）前刃变后刃。前刃刻住雪面，身体面向山体并俯卧在山坡上，两腿提拽雪板与身体同向扭转 180°，使身体仰卧于雪山坡上，用后刃刻住雪面，手撑雪面站起，如图 5-68 所示。

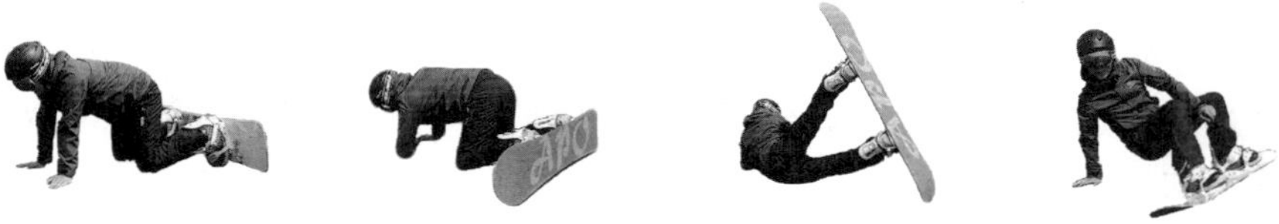

1 2 3 4

图 5-68 前刃变后刃

（2）后刃变前刃。后刃刻住雪面，身体背向山体并仰躺在山坡上，两腿提拽雪板与身体同向扭转 180°，使身体俯卧于雪山坡上，用前刃刻住雪面，手撑雪面站起，如图 5-69 所示。

1 2 3 4

图 5-69 后刃变前刃

3. 滑降

（1）横滑降。

① 后刃横滑降。

动作要领：面向山下，在保持基本滑行姿势的前提下，臀部稍后坐，上体微前倾，雪板横对山下，两臂前举，平刃着雪；两脚控制立刃的角度应一致，上体要稳定，利用立刃的强弱来控制速度，如图 5-70 所示。

② 前刃横滑降。

动作要领：面向山上，在保持基本滑行姿势的前提下，身体微前倾，头部后转，平刃着雪；脚跟提起，前刃刮雪开始下滑，双膝加大前屈，两脚均等用力，通过立刃角度的大小来控制速度，如图 5-71 所示。

（2）斜滑降。

无论是前刃斜滑降或后刃斜滑降，都要让身体保持基本滑行姿势，视线与引导滑行的手臂尽量保持一致；依靠髋、膝、踝关节适度的弯曲来保持姿势的稳定，如图 5-72 所示。

**图 5-70　后刃横滑降**

**图 5-71　前刃横滑降**

**图 5-72　斜滑降**

（3）直滑降。

动作要领：保持基本滑行姿势，滑降过程中保持身体重心并平刃着雪，转动双臂与上体，使上体与雪板运行方向大致相同，前脚主要承担身体重量，当准备停止时先提高重心，然后前移重心，在提高重心的同时进行转体，平刃变后刃，后脚向前推出，同时身体向下坐，如图 5-73 所示。

**图 5-73　直滑降**

4. 减速、停止

（1）减速。单板滑降过程中的减速主要通过身体连续左右的转弯，或由前后刃的横滑进行控制。

（2）停止。单板滑降过程中的停止是在减速后进行的，在减速技术基础上加大对雪板前后刃的压力后便会停止。

## 滑雪竞赛欣赏方法

### 一、双板项目

（一）滑降

比赛在覆雪的高山上进行，坡度 5°~35°，线路长 2 000 米左右，宽至少 30 米。起点与终点高差，男子为 800~1 100 米，女子为 500~800 米。线路两旁设置一定数量的小旗，旗幅一般为 100 厘米×75 厘米，组成门形，一个旗门由 4 根回转标杆和两面门旗组成。旗门间距至少 8 米，上下旗门相距 30 米左右。参赛运动员从山顶以最高速度沿线路通过旗门下滑。

（二）回转

回转也称回转滑雪或回转障碍。雪道线路坡度为 20°~27°，部分很短的坡度可以小于 20°和超过 30°。比赛线路长度，男子一般为 600~700 米，女子一般为 400~500 米，宽度至少为 40 米。起点与终点高差，男子为 180~220 米，女子为 140~180 米。线路上设置多种形式的旗门，组成障碍。运动员从山顶沿线路连续转弯穿越旗门障碍下滑。

（三）大回转

比赛场地起点与终点的高度差，男子为350~400米，女子为260~350米。两个上下连续门的旗门杆最小距离不得少于10米。旗门宽4~8米。大回转比赛一般须进行两轮滑行。第二轮滑行可在同一场地上进行，但旗门必须重新设置，两轮滑行成绩相加得到最终成绩。

（四）超级大回转

场地起点与终点高差，男子为500~650米，女子为350~500米。旗门宽度，开口旗门最少为6米，闭口旗门为8~12米。旗门数，男子不得少于35个，女子不得少于30个。

**二、单板项目**

（一）雪上技巧

雪上技巧与高山滑雪类似，属竞速性质的项目，包括回转、大回转、平行回转、平行大回转及多人雪道障碍赛5个项目。

回转和平行回转比赛旗门的距离较近，线路较短，对运动员回转和绕过旗门的技术要求较高。大回转和平行大回转线路较长，旗门的设置相对较远，滑降的速度较快。每个旗门是由不同长度的旗门柱和一面旗子组成的。旗门柱应沿斜坡外形水平地成行排列。线路设计要求对称，以保证运动员无论是采用常规姿势（左脚在前）还是采用特殊姿势（右脚在前），都能获得平均机会。大回转和平行大回转线路的长度为800~1 000米，垂直高差为280~300米，平均坡度为18°±1°。

平行回转和平行大回转，两人一组，同时出发，滑行两次，第二次滑行交换线路。

比赛采用淘汰法，两次滑行成绩相加，胜者参加下一轮比赛。资格赛前16名参加决赛。决赛同样采用淘汰法，编排的方法是9~16名由后向前同1~8名相对，两人一组，蛇形排列。

多人雪道障碍赛为4~6人，在规定的设有障碍的线路上同时快速滑降并绕过障碍和完成一系列跳跃动作。

（二）空中技巧

空中技巧是在滑行过程中借助雪包或跳台腾起在空中完成各类技巧性动作，包括单板空中技巧和U形场地技巧两个项目。

单板空中技巧是由助滑、起跳、空中动作和着陆四部分组成的，裁判员根据运动员起跳的高度、距离、动作姿势、难度及着陆的稳定性等评分。U形场地技巧是在特设的长100~120米、U形口宽13~17米、U形深度3~4米、坡度15°~20°的半圆形场地内进行的。比赛中运动员要求在场内不停地从一侧滑向另一侧，并在到达U形口上方完成各种空翻、转体等高难动作，裁判员根据高度、动作难度及质量进行评分。

比赛分资格赛和决赛。资格赛每名运动员试滑两次，取其中最好成绩，前12名运动员参加决赛。决赛每名运动员同样滑行两次，以其中最好成绩作为最终成绩。决赛出场顺序按资格赛名次由后向前，最后一名运动员最先出场。

# 第六章 变姿型职业人群适应性运动

## 第一节 网球运动

### 能力目标

变姿型职业人群经常参加网球运动，可增强体质，增进健康，培养人们良好的意志品质和作风，同时，通过网球运动，可交流球艺，增进友谊。

### 工具包

网球运动由产生、演化到兴起已经有逾千年的历史，在西方，网球与高尔夫球、台球和保龄球曾并称为“绅士运动”。网球运动既是世界体育竞技项目之一，也是优雅健身的群众体育活动，而后者更具有广泛性。

**一、网球运动的起源与发展**

网球是一项优美而剧烈的运动，网球运动的起源和发展可以用四句话来概括：孕育在法国，诞生在英国，开始普及和形成高潮在美国，现在盛行于全世界。关于网球运动的起源，运动史学家并没有一个确切的观点，我们倾向于网球运动最早起源于12至13世纪法国传教士在教堂回廊里用手掌击球的一种游戏的说法。到了14世纪中叶，法国的一位诗人把这种球类游戏介绍到法国宫廷中，作为皇室贵族男女的消遣活动。当时玩这种游戏，场地是宫廷内的大厅，没有网，也没有球拍，球是用布卷成圆形后用绳子绑成的。场地中间架起一条绳子为界，利用两手作球拍，把球从绳上丢来丢去。现代网球运动的历史是从1873年开始的。那年，英国人沃尔特·克洛普顿·温菲尔德（Walter Clopton Wingfield）将早期的网球打法加以改进，使之成为夏天在草坪上进行的一种体育活动，并取名“草地网球”。同年还出版了一本以《草地网球》为题的小册子，对这种活动进行宣传和推广。所以温菲尔德被称为近代网球运动的创始人。此后网球便成为一项室内、户外都能进行的体育项目。1874年，在百慕大度假的美国女士玛丽·奥特布里奇在观看了英国军官的网球比赛后，对这项体育运动颇感兴趣，于是将网球规则、球拍和网球带到纽约。此时网球运动已经由草地上演变到可以在沙土上、水泥地上、柏油地上进行比赛，于是“网球（Tennis）”的名称就慢慢替代了“草地网球（Lawn Tennis）”的名称，这就是我们今天的网球。

**二、网球运动的特点**

网球运动是技术、战术与体能并重的项目，网球比赛对体能要求很高，由于比赛时间长，以有氧代谢供能为主、无氧代谢为辅，随着比赛的日益激烈，无氧供能比例有增长的趋势。网球运动有以下特点：

(一) 比赛时间长

一场实力相当的女子三盘、男子五盘的单打比赛，可持续3~5小时。

(二) 比赛跑动量大

跑动量和场地性能有关，据统计，女子单打实力相当的高水平比赛可达到5 000米，男子五盘可达到6 000米以上，随着快速场的广泛使用和网前战术的发展，比赛的跑动量有减少的趋势，但跑动的强度在增加，前后快速跑动、跨扑、跳跃动作在增加。

(三) 击球次数多

与慢速场地上底线战术型的对手比赛总攻击次数可达千次以上，而在快速场地上两名网前进攻型的选手比赛总的击球数也有数百次。

(四) 心理素质要求高

网球比赛要求运动员具备良好的心理素质。优秀网球选手的心理素质特别好，一般表现为对完成所建立的训练及比赛目标有很强的责任感，有克服所遇到种种困难的非凡勇气，情绪稳定，在大赛中不畏强手、敢于拼搏。

**三、网球运动的场地、器材**

(一) 场地

标准网球场是长方形的，双打标准场地长23.77米，宽10.97米；单打标准场地长23.77米，宽8.23米。

(二) 球

球的直径为6.540~6.858厘米，质量为56.7~58.5克，从2.54米的高度自由下落时，能在硬地平面弹起1.35~1.47米高。

## 锻炼方法与手段

**一、网球运动基本技术**

(一) 握拍

正确的握拍方法是打好网球的关键，既要稳稳地握住球拍，又要保持适当的灵活性，最重要的一点就是一定要舒适，以下介绍击球时最有效的握拍方法。

1. 东方式正手握拍法

东方式正手握拍法也称“握手式”握拍法［图6-1(a)］。拍面与地面垂直，手握拍柄好像与人握手一样。准确地说，用握拍手的虎口对正拍柄上平面（球拍垂直于地面）右侧棱，手掌根与拍柄右斜面紧贴，拇指垫握住拍柄的左垂直面，食指稍离中指，食指下关节压住拍柄右垂直面，五指紧握拍柄。这种握拍法能增大正手击球的力量。

2. 半西方式正手握拍法

半西方式握拍方法主要用于正手进攻［图6-1(b)］。整个手掌握拍的位置在球拍手柄的下方虎口所对准的拍柄上的棱为东方式正手握拍所对棱的右侧棱。这种方法很容易回击腰部以上的来球，并发动正手进攻。

3. 大陆式握拍法

大陆式握拍法主要用于发球、上网截击球和处理网前球［图6-1(c)］。这种握拍法介于东方式正手握拍法和东方式反手握拍法之间，虎口所对的棱为东方式正手握拍所对棱的左侧棱，握拍时手掌根部压在拍子的上平面，就好像握锤子一样。

4. 东方式反手握拍法

东方式反手握拍法可以增大反手击球的力量，用手掌根压住拍柄的左上斜面，拇指直贴在拍柄的左垂直面上，食指下关节压住拍柄右上斜面，虎口所对的棱为大陆式握拍虎口所对棱的左侧棱［图 6-1(d)］。这种握拍法非常灵活，也是一种强有力的握拍方法。

5. 双手反手握拍法

双手反手握拍法对于初学者来说可以增加力量和对球的控制［图 6-1(e)］。双手靠近但是不要重叠，一起握住拍柄。初学者双手均应采用东方式正手握拍法。当初学者已经能够很好地控制球的力量和方向后，可以改变双手的握法。拍柄下方的手采用大陆式握拍法，如果学习者的力量非常好，也可以采用东方式反手握拍法，拍柄上方的手采用东方式正手握拍法。

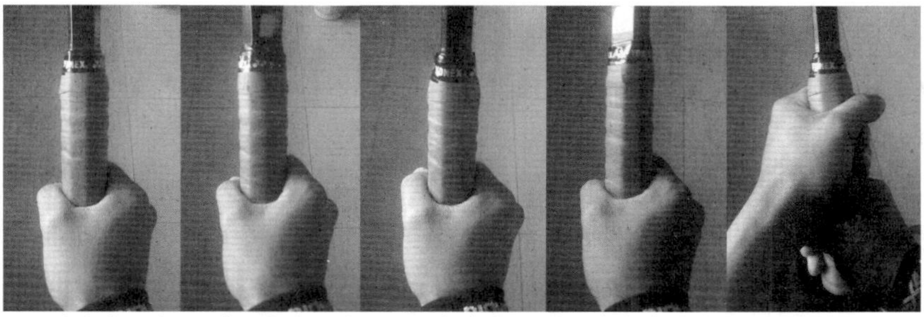

(a) 东方式正手　(b) 半西方式正手　(c) 大陆式　(d) 东方式反手　(e) 双手反手

图 6-1　握拍法

（二）发球

发球时应使用大陆式握拍法。有威胁的发球需要全身配合，动作协调，用大陆式握拍法可以促进整个身体的连锁反应，如图 6-2 所示。

1　2　3　4　5

图 6-2　发球

发球对站位只有一个要求，那就是身体转向一侧，以便挥拍时转肩。双脚沿底线的站位依据个人习惯而定，无论选择怎样的站位，都要保持身体的放松与平衡。在击球之前多深呼吸几遍，有助于放松，并集中注意力。

抛球前，球拍和抛球手都要放在身体前。球拿在手上，手掌向上。要想简化初始动作，就要尽量使双臂同起同落。

球从手中抛出，膝盖开始弯曲，抛球手完全伸直在头部一侧。挥拍的手臂在肘部弯曲，并将球拍放在脑后位置。同时弓背，并尽量转肩，这样在挥拍时便有了发力的最大空间。

抛出的球到达最高点后，随着球从顶点下落，蹬地伸展身体。发球球员左臂下垂，胸和肩完全舒展。但是右肩一定要到最后一刻才能展开，只有这样，才能在转肩时产生最大的加速度，这一点非常关键。

接着，手腕前扣发力，将所有的力量传递到球拍顶端，并注意用球拍控制住球。

（三）击球

1. 正手底线击球

准备姿势：上身正对球网，膝关节稍稍弯曲，身体重心落在双脚前脚掌上，球拍顶端对准球网，左手托住球拍的拍颈，右手放松，注意观察并预先判断对方来球（图 6-3 之 1）。

引拍阶段：上身充分向右后方转体，身体重心下降，向后引拍，前臂放松，左手离开球拍，并且保持在身体前面，使用正手握拍法，左脚向击球方向大步迈出，身体重心转移，眼睛盯住来球（图 6-3 之 2）。

击球阶段：压低球拍，膝关节伸展，身体重心移至左腿上，手腕关节稍稍打开，向前转肩，球拍从后下方向前上方挥拍，击球点在右侧体前，拍面垂直（图 6-3 之 3）。

随挥阶段：击球手臂和球拍顶端应尽可能长地向前、向上随挥，前臂向前、向上挥，大腿继续伸展，重新做好击球的准备（图 6-3 之 4）。

1　　2　　3　　4

图 6-3　正手底线击球

2. 反手底线击球

（1）单手握拍反手击球。

准备姿势：上身正对球网，膝关节稍稍弯曲，身体重心落在双脚前脚掌上，球拍顶端对准球网，左手托住球拍的拍颈，右手放松，注意观察并预先判断对方来球（图 6-4 之 1）。

引拍阶段：上身充分向左后方转体，同时左腿侧跨一步，此时向后、向下转肩，左手向后引拍，拍面打开，然后右脚向击球方向大步迈出，右腿承受大部分身体重量，左手一直托住球拍的拍颈，眼睛盯住来球（图 6-4 之 2）。

击球阶段：击球手臂向后、向下伸展，球拍从后下方向前上方挥拍，为了避免上身转动，左手相对于击球手臂做相反运动，右腿伸展，击球点在左侧体前，拍面垂直（图 6-4 之 3）。

随挥阶段：击球手臂和球拍顶端放松伸展，向前、向上朝击球方向随挥，右腿伸展、协助完成击球动作，左手向后、向下做相反的运动，重新做好击球的准备（图 6-4 之 4）。

1　　2　　3　　4

**图 6-4　单手握拍反手击球**

（2）双手握拍反手击球。

准备姿势：上身正对球网，膝关节稍稍弯曲，身体重心落在双脚前脚掌上，球拍顶端对准球网，左手托住球拍的拍颈，右手放松，注意观察并预先判断对方来球（图 6-5 之 1）。

引拍阶段：右手使用大陆式握拍法，左手使用正手握拍法，上身充分向后转体，球拍以平坦的弧线向后引拍，通过膝关节弯曲，身体重心降低，右腿向前斜跨一步，眼睛盯住来球（图 6-5 之 2）。

击球阶段：身体重心移至前面的腿上，上身向前转体，朝向击球方向，拍头低于预期的击球点高度，然后向前并且稍稍向上，向击球点加速挥拍，击球点在右侧髋关节前面，拍面垂直（图 6-5 之 3）。

随挥阶段：朝击球方向尽可能长地继续随挥，双腿继续伸展，球拍放低，重新做好击球的准备（图 6-5 之 4）。

1　　2　　3　　4

**图 6-5　双手握拍反手击球**

3. 正、反手截击球

（1）正手截击球。

准备姿势：双腿明显弯曲，拍头较高，上身前倾，双肘关节移至体前，身体重心落在双脚前脚掌上，注意观察，并且预先判断对方来球。

引拍阶段：为便于较好地用力和更早地击球，选择正手握拍法，上身向右侧转体，同时右脚转向右侧，拍头高于预期的击球点，左手离开球拍（保持身体的平衡），抬起左脚，拍面打开，眼睛盯住来球（图 6-6 之 1）。

1　2

图 6-6　正手截击球

击球阶段：前臂向来球伸展，击球动作从后上方向前下方运动，左手保持在身体前面（以减少身体的转动），在手臂快速伸展前击球，击球点在身体一侧的前面，手腕关节通过手指弯曲肌肉群固定，击球后左脚迈向击球方向（图 6-6 之 2）。

随挥阶段：没有有意识地发力，击球结束时，拍面指向击球方向。

（2）反手截击球。

准备姿势：双腿明显弯曲，拍头较高，上身前倾，双肘关节移至体前，身体重心落在双脚前脚掌上，注意观察，并且预先判断对方来球。

引拍阶段：使用反手握拍法，上身向左侧转体，同时左脚转向左侧，左手向后上方引拍至击球点的上面，左腿是支撑腿，它应弯曲并且向前伸展，眼睛盯住来球（图 6-7 之 1）。

1　2

图 6-7　反手截击球

击球阶段：在前臂向前下方伸展的同时，左手向后上方运动（保持平衡），在离加速挥拍点前很近处，上臂延长线（隔着肘关节关节头）指向目标的方向，击球点在身体一侧前面，并且由于击球时肩膀的姿势，反手截击球的击球点比正手截击球的击球点更靠前，击球后右脚迈向击球方向（图 6-7 之 2）。

随挥阶段：没有有意识地发力，击球结束时，拍面指向击球方向。

4. 高压球

准备姿势：同截击球准备击球姿势，双腿比在端线接球时更加弯曲，拍头更高，上身更前倾，双肘关节更加远离身体，身体重心落在双脚的前脚掌上，注意观察并且预先判断对方来球。

引拍阶段：使用发球握拍法，开始动作较短，球拍直接从身体前面向后、向上引拍至加速点，左手向上指，以产生向前张力并且更加协调地瞄准球（眼睛盯住来球），上身向右、向后转体，右腿向后转向，身体重心也随之向下移至右腿上（支撑腿）。

击球阶段：身体重心向前移至左脚上，球拍加速向击球点挥拍，击球时前臂旋转（旋内），击球手臂向上伸展，左手的方向指向胃的位置。在击球点，拍面从垂直方向变为对准击球方向，击球点在球网后、身体前的头部上方的空间。

随挥阶段：随挥动作很短，大约在左侧髋关节前结束，做好截击球准备击球姿势。

5. 击反弹球

反弹球是落地球的一种，是一种比较难打而微妙的击球技术，它的特点是在来球刚刚弹起离地面很近时就迅速将球反击回对方场区，这种打法适用于上网的途中回击落在脚下的既不能用截击球打法，也不能用落地球打法的近身球。这种球的落点一般是在发球线和端线间的无人区内，这种击球法适用于处理中前场球及过渡球。正、反手击反弹球的技术动作与击上旋球基本相似，但其后摆和前挥的幅度都比击上旋球小。当决定以反弹球回击落至脚前的来球时，要迅速侧身转体，使臂膀与来球路线平行。同时使重心移至后脚并降低重心，上身前倾，后膝盖可以触及地面，使球拍靠近地面，以交叉步抢点击球。击球时手腕要绷紧，拍柄和地面约成平行状态，拍面和地面保持一个合适的角度，尽量将击球点抢在前脚之前，球拍尽量靠近地面将来球击回对方场区。球拍继续向前上方挥出，将球提拉过网。身体重心随之前移，充分利用随挥动作，送球过网，眼睛要始终盯住球，要避免向上舀球或回球过高。

6. 放小球

放小球是一项要求打得稳、打得准的技术。小球放好了，常常可以直接得分；放不好，则会落网；放得太远，给对方提供有利时机。放小球的最有利时机是当对方从后场把球打到自己的前场或发球区内，也可以处理网前球时，或对方被打得远离球场，难以回到正确防守位置时才酌情放小球。放小球的准备动作要尽量隐蔽，向前移动中抚摸击球，击球随挥后要尽快回位准备。

7. 挑高球

挑高球是网球运动中一项重要的技术，挑高球就是把来球高高挑起来，使球能飞越对方头顶。挑高球可以分为防守性挑高球和进攻性挑高球，又可以分为平击挑高球和上旋挑高球。挑高球主要用于对方占领了网前位置，或者击球后上网，以及自身处于不利的位置和形势下，以挑高球迫使对方退守底线，为自己回到正确的站位或有利的形势赢得时间。

8. 反手削球

反手削球是一种很常用的击球方式，也很容易掌握。这种击球方法可以抵消球的回旋和下旋。反手削球通常不会作为进攻性的击球法，但只要取位恰当，控制球的旋转，也能给对手构成威胁。

## 二、网球运动基本战术

### （一）发球及发球上网

发球战术中除了要攻击对方的弱点外，还要适当变换发球法，如发平击球、侧旋球或强烈旋转球等。变换发球时，要尽量增加发球动作的隐蔽性，使对方抓不到规律，一般来说，为了使对手摸不准自己的发球，可以在一盘比赛中发两三次大角度球后上网，并在以后的发球时给对方造成上网的“假象”。实际上是留在中场或稍后的位置上，集中精力回击对方的接发球，并调动对方从这一边奔跑到另一边去救球。

在加强第二发球时，不要因为怕“双失误”就推球过网，可以发快速的切削侧旋球，准确的中速度发球往往要比凶猛而不稳定的发球得分多。当第二发球有了足够的把握后，就能够减少自己第一发球的紧张和顾虑，从而增加了第一发球的成功率，由此赢得大量的发球权。

（1）右区发球。站在右区发球时，一般情况下第一发球可以采用手击大力发球，站位应靠近中点，将球发向对方右发球区中线附近，迫使对方用反手接球。如果第一发球失误，第二发球一般则应该采用侧旋球，并将球发向对方右发球区边线附近，利用球的运动方向，迫使对方离开场区接球，而自己则占据场中有利位置等待回击来球。

（2）左区发球。站在左区发球，一般情况下，第一发球可以有 90%左右的球发到对方左边线附近，即对方的反手一边，同时可以根据对方回球的类型和质量，随时调整自己发球的技术，以打乱对方的回球节奏，第一发球的第二个目标是发向对方左区场内的中心线附近。

（二）接发球及接发球上网

（1）接一区外角的第二发球时，可以采用正拍抽击或推切球，回击直线上网。

（2）接一区内角的第二发球时，可以采用反拍抽击或推切球，回击对方反拍上网。

在对角线战术中，可以先把球击向对方的反手底角，紧接着再把球斜线击向对方的右发球区边线附近。然后，再次把球击向对方的反手底角，迫使对方来回奔跑而造成失误。

（三）双打

1. 发球局

发球局战术是直接向对方实施进攻，并以发球技术带动网前及抢球战术的运用。发球局战术一般可以采用发球上网战术、发球上网抢球战术等。

2. 接发球

接发球的质量是接发球战术运用的关键，接发球时要尽量改变在底线被动挨打的局面，要积极主动地采取接发球上网的进攻战术，接发球上网时既要根据对方发球及网前的攻势，提高己方接发球的质量，又要做到灵活机动，防止瞎打瞎冲而让对方有机所乘。接发球战术主要包括接发球双上网战术、接发球双底线战术及接发球网前抢网战术等。

## 网球竞赛欣赏方法

### 一、单打规则

比赛开始前，双方用掷钱币或旋转球拍的方法进行抢先，得胜者有选择发球权或场地权；选择发球或接发球者，应让对方选择场区；选择场地者，应让对方选择发球或接发球。

（一）发球动作

发球员在发球前，应先站在底线后中点和边线的假定延长线之间的区域里，然后用手将球向空中任何方向抛起，在球接触地面以前用球拍击球。只要球拍与球接触，就算完成了球的发送。

发球时，发球员不得向上抛起两个或两个以上的球，否则判重发。如果是故意的，应判失分。

（二）发球时间

发球员须待接发球员准备后，才能发球（接发球员做还击姿势就算已做好准备，如接发球员在发球员做出击球动作后又表示尚未准备好，这时即使发球员所发的球没有落到发球区内，也不判发球失误）。

（三）发球位置

每局比赛开始发球时，发球员应先从右区端线后发球。得或失 1 分后，应换到左区发球。如果发球位置出现错误而未被察觉，比分仍然有效。一旦察觉，应立即纠正。

（四）发球次序

第一局比赛终了，接发球员成为发球员，发球员成为接发球员。以后每局终了，均依次互相交换，直到比赛结束。如发球顺序发生错误，发觉后应立即纠正，由此轮发球的球员发球，发觉错误前双方所得的分数都有效。如果发觉前已有一次发球失误，则不予计算。如一局终了才发觉次序错误，则以后的发球顺序就以该局为始，按规定轮换。

（五）交换场地

双方应在每盘的第一、三、五等单数局结束后，以及每盘结束双方局数之和为单数时交换场地（如果一盘结束时，双方局数之和为双数，则不交换场地，须等下一盘第一局结束后再进行交换）。如果发生未按正常顺序交换场地的错误，一经发现，应立即纠正，按原来顺序进行比赛。

（六）发球失误

发球时如果出现发球脚误、未击中球、发出的球在落地前触及固定物等现象时，均判失误。

1. 脚误

发球员在发球动作中，两只脚只准站在端线后中点和边线的假定延长线之间，不能触及其他区域，不得通过行走或跑动改变原站的位置（发球员发球时如两脚轻微移动而未变更原位，不算行走或跑动）；否则，就会被判为脚误。

2. 击球未中

发球员在发球时由于用力过猛、动作不协调等原因而未击中抛出的球称为击球未中。如果发球员在向上抛球准备发球时，又决定不击球而将球接住，这不算失误，判重发。

3. 固定物

单打比赛在双打场地上进行时，使用了单打支柱。发出的球如果触及单打支柱后落入了规定的发球区内，应判失误，因为单打支柱、双打支柱及其间的球网、网边白布均系固定物。

（七）发球无效

当合法的发球触及球网、中心带、网边白布后，仍落到对方发球区内时，当合法的发球触及球网、中心带、网边白布后，在落地前又触及接发球员的身体或其正在做准备时，无论发出的球成功还是失败，均判发球无效。重发球时，前次发球不予计算，但原先的第一次发球失误不予取消。

（八）失分

在网球规则中，如果出现以下情况均判失分：在球第二次着地前未能还击过网；还击的球触及对方场区界线以外的地面、固定物或其他物件；还击空中球失败；在比赛进行中，运动员故意用球拍拖带或接住球，或故意用球拍触球超过一次球；“活球”期，运动员的身体、球拍（不论是否握在手中）或穿戴的其他物件触及球网、网柱、单打支柱、绳或银丝绳、中心带、网边白布或对方场区以内的地面；来球尚未过网即在空中还击（算过网击球）；除握在手中的球拍外，运动员的身体或穿戴的物件触球；抛出手中的球拍去击球；比赛进行中，运动员故意改变其球拍形状。

1. “活球”期

自球发出时起（除失误或重发外），至该分胜负判定时止，为“活球”期。

2. 触网

例如，在双打比赛中甲乙一队、丙丁一队，甲发球给丁，丙在球着地前触网，而后球落在发球区外。这时应判丙与丁失分，因为球落在发球区外之前丙先触网了。

在比赛中造成失分的情况还有很多：发球时，球拍从发球员手中飞出，在球触地面前触网，应判发球员失分（因为在“活球”期间球拍触网）；发球时，球拍从发球员手中飞出，在球接触发球区以外地面后触网，应判发球失误（因为当球拍触网时，已成“死球”）；运动员在“活球”期间跳过球网到对方场地，应判该运动员失分；站在发球区外的运动员，在对方发来的球落地前被击中，应判他失分；运动员站在场区外还击界外的空中球或用手接住球（除非他还击空中球为有效还击，比赛继续进行），判他失分。

（九）第二发球

网球比赛规则规定，发球员有两次发球权。第一次发球失误后，应在原发球位置进行第二次发球。如第一次发球失误后，发觉发球位置错误，则应按规定改在另一区发球，但只能再发一次球。

（十）压线球

压线球是指落在比赛线上的球，算界内球。

**二、双打规则**

单打规则均适用于双打，但双打规则也有其特殊的规定。

（一）发球次序

应在每盘开始之前决定发球次序，即每盘第一局开始时，由发球方决定由何人首先发球，对方则同样地在第二局开始时决定由何人首先发球，第三局时由第一局未发球方的球员发球，第四局由第二局未发球的球员发球。以下各局均按此次序轮换发球。

（二）接发球次序

与发球次序一样，在每盘开始之前要决定接发球次序，即先接发球的一方应在第一局开始时，决定何人先接发球，并在这盘单数局继续先接发球。对方同样应在第二局开始时决定何人先接发球，并在这盘双数局继续先接发球。他们的同伴应在每局中轮流接发球。

（三）发球次序错误与接发球次序错误

发球次序错误应在发觉时立即纠正，但已得的分数或已成的失误都有效。如发觉时全局已经终了，此后发球次序就以该局为准轮流发球。

发觉接发球次序错误后仍按已错误的次序进行，等到下一接发球局再行纠正。

**三、网球比赛计分方法**

（一）盘数

正式比赛时，男子单打和男子双打采取五盘三胜制。女子单打、女子双打和混合双打采取三盘两胜制。

（二）局与盘

1. 局

运动员每胜一球得 1 分，先得 4 分者胜一局。但遇双方各得 3 分时，则为“平分”。“平分”后，一方先得 1 分时，为“接球占先”或“发球占先”。“占先”后再得 1 分，才算胜一局；如一方“占先”后，对方又得 1 分，则仍为“平分”。依此类推，直到一方“平分”后净胜 2 分才能结束该局。

2. 盘

一方先胜六局为胜一盘。但遇双方各得五局时，一方必须净胜两局才算胜一盘。

（三）决胜局计分制

决胜局计分制用于每盘的双方局数为六平时（但三盘两胜制的第三盘和五盘三胜制的第五盘不得使用此制度）。

1. 单打的决胜局计分制

先得七分者为胜该局及该盘。若分数成六平时，比赛须到某方净胜两分时止。决胜局应全部采用数字计分。

发球员在右区发第一分球后，即改由对方依次在左区和右区发第二、三分球。此后双方轮流交替发球，每人连发两分球，其中第一分球均应在左区发球。如果出现从错误的场区发球，发觉后应立即纠正错误的站位，但发觉前已得的分数仍有效。此后，双方轮流交替发球，直到决出该局与该盘的胜负为止。运动员应在每六分及决胜局结束时交换场地。

2. 双打的决胜局计分制

双打决胜局规则与单打决胜局规则基本相同，只是在发球时双方要轮换发球。另外，对待几种特殊情况要特殊处理。

（1）在比赛前已决定并宣布采用长盘制而不采用决胜局计分制，但在局数战成六平时却忘了比赛前的决定，而仍采用决胜局计分制。如果第二分球尚未开始比赛前发现此错误，则第一分有效，但应立即纠正错误；如果在第二分已开始比赛后才发现此错误，则继续按决胜局计分制比赛。

（2）在比赛前已决定并宣布采用决胜局计分制，但是在局数战成六平时忘了赛前的决定，而采用长盘制比赛。

如果在第二分球尚未开始比赛前发现此错误，则第一分有效，但应立即纠正错误；如果在第二分球已开始比赛后才发现此错误，则继续按长盘制比赛。

如果刚赛完一分球，则应立即纠正接发球次序，已得的 1 分有效；如果在第二分球已开始比赛后才发现此错误，则仍按错误的接发球次序轮流交替进行。

（3）在单打或双打比赛决胜局，某方运动员的发球次序错误。

如果刚赛完一分球就发现错误，则应立即纠正发球次序，已得的 1 分有效；如果在第二分球已开始比赛后才发现错误，则仍按错误的发球次序轮流交替进行。

## 第二节　轮滑运动

### 能力目标

变姿型职业人群经常参加轮滑运动，可增强心肺及血液循环系统的功能，提高平衡能力、下肢力量及耐力，为适应本职工作提供身体及心理基础。

### 工具包

#### 一、轮滑运动的锻炼价值

轮滑运动是一项集休闲、健身、竞技于一体的全身性运动项目，从 20 世纪 80 年代开始风靡世界。轮滑运动要求练习者有较强的平衡能力及下肢力量。长期练习可提高练习者的平衡能力、协调性，促进心肺功能，改善和加强代谢系统，对增强臂、腿、腰、腹的肌肉力量及耐力有显著效果。

## 二、轮滑运动装备

### （一）轮滑鞋

根据轮滑运动的种类不同，轮滑鞋的种类也有所不同，可分竞速轮滑鞋、休闲轮滑鞋、轮滑球鞋、平地花式轮滑鞋、极限轮滑鞋等（图 6-8）。

(a) 竞速轮滑鞋

(b) 休闲轮滑鞋

(c) 轮滑球鞋

(d) 平地花式轮滑鞋

(e) 极限轮滑鞋

图 6-8　**轮滑鞋**

### （二）护具

护具包括头盔、护肘、护手、护膝（图 6-9）。佩戴护具不仅能保护身体避免运动损伤，而且给练习者提供了良好的练习心态，有利于提高学习效率。

(a) 头盔

(b) 护手、护肘、护膝

图 6-9　**护具**

### （三）轮滑运动安全措施

（1）选择适合运动的场地，检查运动装备，并正确佩戴。

（2）充分做好准备活动。

（3）初学者尽可能不要单独练习，最好有人指导或辅助。

（4）禁止在人多或公共场合嬉戏、打闹，上街滑行注意遵守交通规则。

（5）增强自我安全意识，学会摔倒时的自我保护。

# 锻炼方法与手段

## 一、站立、平衡和移动

### （一）基本动作要领

1. 平行站立

穿好轮滑鞋，两脚平行站立，与肩同宽，两腿微屈，两脚尖稍内扣，上体稍前倾，双膝微曲，重心放在两腿之间，保持身体平衡，如图 6-10(a)所示。

2. 八字形站立

双脚呈八字形自然分开，脚跟靠拢，双膝微屈，上体略前倾，重心放在两脚间，抬头，目视前方［图 6-10(b)］，两臂在体侧自然打开，保持平衡。

3. 移动重心

上体向一侧移动，将身体重心完全移至一支撑腿上，待平稳后，上体再向另一侧腿移动，如图 6-10(c)所示。

4. 向前八字走

在平行八字形站立基础上，一脚向前迈出一小步，脚尖外展成八字形落地，重心迅速跟上，落在前面支撑脚上，双脚交替进行，如图 6-10(d)所示。

(a)　(b)　(c)　(d)

图 6-10　轮滑的基本动作要领

（二）教学及练习方法

（1）原地站立。

（2）原地蹲起练习。

（3）原地两足交替前后滑动（图 6-11）。

（4）原地踏步。

（5）向前八字走。

（6）单足平衡、单足跳、连续蛙跳练习。

图 6-11　原地两足交替前后滑动

（三）动作要领及要求

（1）做各种站立练习时，注意重心放在两脚之间，腿要直、轮要正。

（2）原地蹲起时两臂自然打开，保持平衡。节奏由慢到快。

（3）原地两足交替前后滑动时，重心不要移动，两臂协调摆动。

（4）原地踏步注意重心转换，抬腿高度由低到高。

（5）八字走时注意脚尖外展，重心略向前倾，尽量保持轮子不要滑动。

（四）易犯错误及纠正方法

（1）易犯错误：原地踏步步幅过大，重心不稳。

纠正方法：应在重心完全移到支撑腿时再交换抬腿，并且抬腿应从低到高逐渐过渡。

（2）易犯错误：原地蹲起时身体过分前倾。

纠正方法：应使腰部挺直。

（3）易犯错误：两足交替滑动时，重心落在一条腿上，身体不能保持平衡。

纠正方法：应保持重心在两腿之间不动。

（4）易犯错误：向前八字走时，先迈脚，后移重心，步幅过大导致失去平衡。

纠正方法：应在迈脚的同时移重心至迈出的脚。步幅由小到大，节奏由慢到快。

## 二、滑行

### （一）基本动作要领

1. 双脚滑行

在八字形行走基础上，连续走几步，获得一定速度后，双脚迅速并拢成平行站立，借助惯性向前滑动。

2. 前葫芦步滑行

双脚呈八字形站立，两脚微压，内轮向左右两旁滑出外弧，两脚距离要比肩宽一些。然后脚尖朝内，外轮变为内轮滑行。

3. 双脚交替滑行

双脚呈八字形站立，上体直立稍前倾，膝关节、踝关节微屈。开始时，右脚用内侧轮蹬地，重心迅速移向左腿成左腿支撑滑行，右脚蹬地后迅速收回向左腿靠拢，脚尖稍微偏向外侧，落地自然成八字步，同时重心向右腿移动，左脚开始向侧蹬地，成右腿支撑滑行，周而复始，如图 6-12 所示。

图 6-12　双脚交替滑行

4. 走步转弯滑行

在向前做八字走时，在每一次脚落地时脚尖都向左转动一点，身体也随之向左转动一点，逐渐成弧形的走滑路线。

5. 左脚支撑，右脚连续蹬地滑行

右脚用内侧轮蹬地后迅速与左脚靠拢，接着右脚再做一次蹬地动作，左脚继续做前外曲线滑行。

6. 连续向前交叉步滑行

当左脚稳定平衡时，右脚向左脚左侧前方迈一小步。在右脚有短暂滑行之后，左脚迅速从右脚后方收回继续向左脚左侧迈出，持续反复，如图 6-13 所示。

7. 向后葫芦步滑行

两脚稍分开，平行站立，脚尖稍向内，两腿弯曲，用两脚内侧轮向前蹬地，同时两脚跟向两边分开，向后外滑至最大限时，两脚跟收拢，两膝用力伸直回收。

8. 向后双脚交替滑行

站立开始，两脚分开，两腿弯曲，脚尖稍后内转，用右脚内侧轮蹬地，身体重心移向左侧，成左脚向后滑行，右腿在体前伸直，随后右脚放在左脚侧面，恢复开始的姿势，再用左脚蹬地，身体重心移向左侧，成右腿向后滑行，如图 6-14 所示。

图 6-13　连续向前交叉步滑行

图 6-14　向后双脚交替滑行

（二）教学及练习方法

（1）单脚蹬地双脚滑行。

（2）前葫芦步滑行。

（3）向前双曲线滑行。

（4）由慢到快，连续滑行。

（5）原地走步转弯练习。

（6）左脚支撑，右脚连续蹬地练习。

（7）连续交叉步滑行（同学在内侧保护）。

（8）在同学面对面拉手协助下，体会两脚用力和扭转协调配合。

（9）在原地两脚平行站立，两臂侧举，上体稍前倾，做后葫芦步滑行。

（10）后葫芦滑行接蛇形滑。

（11）左右脚各滑行一次后，接蛇形滑。

（三）动作要领及要求

（1）各种滑行均应注意身体重心的转换。

（2）当重心移动时，注意三点一线的标准（鼻尖、膝盖、脚尖在一条直线上），使身体重心完全在单脚上。

（3）学习转弯技术时，不要害怕，按照技术动作循序渐进地完成。

（4）向后滑行时，注意控制好身体重心，速度相对慢一些，用眼睛余光注意地面及后面情况，避免意外发生。

（四）易犯错误及纠正方法

（1）易犯错误：向前双脚交替滑行时重心在两脚之间，不能形成单脚支撑；蹬伸腿没有迅速收回到支撑腿旁；只用轮内侧滑行。

纠正方法：单脚支撑身体重心，蹬伸腿迅速回收，用平轮滑行。

（2）易犯错误：弯道滑行时，重心在两脚之间，不能形成左脚外侧轮单脚支撑；蹬伸腿没有迅速收回到支撑腿旁；有恐惧心理，重心不敢向左侧倾倒。

纠正方法：应大胆地将重心放在左脚上，并大胆用左脚外轮支撑地面，右侧脚蹬伸后迅速收回，放在左脚脚尖外侧一小步的地方。

（3）易犯错误：向后滑行时，身体直立或后仰，不能形成单脚支撑重心。

纠正方法：身体应略向前倾，由臀部带动重心移动。

**三、刹车**

（一）基本动作要领

1. 内八字刹车

获得一定的向前滑行速度后，两脚平行分开站立，随后脚尖内转，两脚一内侧轮柔和压紧地面。两膝弯曲，上体稍前倾，臀部下蹲，两臂前伸，维持身体平衡，如图 6-15(a)所示。

2. T 字刹车

左脚向前滑行开始，右脚在左脚后跟处呈 T 字形放好后，将右脚慢慢放在地面上，以内侧轮柔和压紧地面，减缓向前滑行速度，直到停下来，如图 6-15(b)所示。

3. 双脚急停刹车

在向前滑行时，两脚同时做顺时针（或逆时针）方向急转，左脚以内侧轮、右脚以外侧轮与滑行方向成90°角压紧地面，同时身体向右急转，重心移到右腿上，两膝弯曲，两臂向前侧伸，维持身体平衡，如图6-15(c)所示。

4. 倒滑T字形刹车

在向后滑行基础上，重心放在左脚，右脚向后方伸出呈T字形，用右脚内侧轮缓慢着地，进行制动，身体重心逐渐转移到两腿之间，如图6-15(d)所示。

(a) (b) (c) (d)

图6-15 刹车动作要领

（二）教学及练习方法

（1）内八字形刹车练习时，先慢速滑行，一侧脚脚尖先内扣，身体重心稍向一侧移，反复练习；然后速度由慢到快，过渡到双脚。

（2）T字形刹车时，原地左脚在前、右脚在后呈T字形站好，右脚蹬地一步后，迅速在地面拖动，跟上左脚，反复练习。当重心能完全转移到左脚时，按照T字形刹车的动作方法来完成。

（3）双脚急停刹车时，先慢速滑行、慢速完成停止，然后由慢到快，多次练习，随意使用双脚急停。

（三）动作要领及要求

（1）内八字形刹车时要求身体重心降低，内轮着地，两腿向外用力。

（2）T字形刹车时，身体重心在前面支撑脚上，后脚垂直滑行方向，轮滑鞋四轮内轮同时着地，轻刷地面。

（3）双脚急停刹车时，重心降低，两脚跟同时向一侧扭转，身体重心向内。

（四）易犯错误及纠正方法

（1）易犯错误：内八字形刹车时，重心过高，造成向前倒；两腿用力方向错误，没用内轮着地，造成刹车效果不理想。

纠正方法：重心降低，内轮着地，两腿用力向外侧。

（2）易犯错误：T字形刹车时，重心没有放在前支撑脚上，造成摔倒；后脚轮鞋没有四轮同时着地，造成旋转或摔倒。

纠正方法：重心置于前脚，后脚四轮内侧同时着地。

（3）易犯错误：急停刹车时，脚跟转动不充分，造成刹车效果不理想；重心偏外，造成摔倒。

纠正方法：重心置于内侧，两脚跟同时转动，与刹车方向垂直。

## 轮滑竞赛欣赏方法

### 一、竞赛项目

（一）全国场地速度轮滑锦标赛比赛项目

男子：300 米、500 米、1 500 米、5 000 米、10 000 米、20 000 米等。

女子：300 米、500 米、1 500 米、3 000 米、5 000 米、10 000 米等。

（二）全国公路速度轮滑锦标（公开）赛比赛项目

男子：300 米、500 米、1 500 米、5 000 米、10 000 米、20 000 米和 42 000 米马拉松。

女子：300 米、500 米、1 500 米、3 000 米、5 000 米、10 000 米和 21 000 米马拉松。

### 二、竞赛类型

（一）计时赛

计时赛在场地或公路上进行。计时赛是指一定数量的队数或人数在固定的滑跑距离上进行的竞速计时性比赛。

（二）淘汰赛

淘汰赛在场地或公路上进行。比赛过程中在一个或多个固定地点直接淘汰一个或多个运动员，具体淘汰办法赛前由裁判长决定。

（三）群滑赛

群滑赛在场地或公路上进行。参赛人数不限，是一次性集体出发的比赛。如果参赛人数太多，比赛跑道受限，可分预赛和决赛。

（四）定时赛

定时赛在场地或公路上进行。比赛限定滑跑时间，运动员的名次根据在限定的时间内所滑距离的长短决定。

（五）计分赛

计分赛可在场地或公路上进行。赛前确定运动员或队的得分标准，在比赛路线上固定计分地点，比赛时运动员通过此地点时计取分数，运动员到达终点，以获得分数的多少决定名次，获得最高分数的运动员或队为优胜。

（六）接力赛

接力赛在场地或公路上进行。每队由两名以上运动员组成，比赛途中在固定的地点可随时换人，换人时必须接触到本队同伴，最后一次换人必须在倒数第一圈以前完成。

（七）分段赛

分段赛只在公路上进行。这是根据一定的规则，长、中、短距离混合排列在一起，总名次根据运动员在各个固定的距离所得成绩和分数决定。每一分段的成绩根据分段时间，其分配方法可事先商定。如果几名运动员成绩相等，根据每段比赛所得最好成绩决定名次。

（八）追逐赛

追逐赛可在场地或“封闭环形式”公路跑道上进行。两名运动员或两个队在等距离的地点出发，在规定的距离上互相追逐，如其中一名运动员或一个队超过对手时，比赛即告结束。每个队有 3~4 名运动员的团体赛中，由倒数第二名运动员决定该队名次。

### 三、比赛器材、场地的规定

（一）比赛器材

运动员的器材须适合轮滑运动的特点。参赛运动员要戴保护头盔、护膝、护腕、护肘；轮滑鞋轮轴不得超出轮子以外，不得使用制动器。鼓励使用单排轮轮滑器材（具体要求按竞赛规程执行）。

（二）比赛场地

（1）比赛路线分为场地跑道和公路跑道。公路比赛路线有起点和终点不衔接的直线开放式以及起点和终点相衔接的封闭环形式两种。

（2）测量场地的跑道或公路上比赛路线应以距跑道或公路边界线内侧 30 厘米为准。此测量线称为“边界绳索”。

（3）每条比赛路线在弯道处应有清晰易见的自然界线或设有可移动的标志。这些标志不要放在内侧，以免运动员发生危险。

（4）公路比赛路线沿左右方向均可设弯道。

（5）场地跑道。

① 比赛场地的跑道是指设在露天的或有覆盖设施的比赛路线，它有两条长度相等的直线跑道段和两个对称的具有相同直径的弯道相连接的竞赛跑道。

② 比赛场地跑道的标准长度为 200 米，宽度为 6 米以上（但根据情况长度最短不少于 125 米，最长不超过 400 米，宽度最短不少于 5 米）。

③ 比赛场地跑道的地面可用任何材料铺成，但要求完全平坦，有一定的光滑度，不易摔倒，适合举办轮滑竞赛。

④ 场地弯道可有一定的倾斜度。有倾斜度的部分要从内侧边缘逐渐均匀平稳地升高，直到外侧边缘。直线跑道为了与弯道倾斜跑道相衔接，也可以有向内侧倾斜的衔接部分，但直线赛道的平坦部分不应少于跑道总长的 33%。

⑤ 终点要用白色线标出，宽为 5 厘米，一直标到跑道外侧边线。终点线不能设在弯道处（一般以设在直道中线前伸 10 米处为宜）。

⑥ 跑道外缘应设有保护设施。

（6）公路跑道。

① 在开放式公路比赛路线进行的比赛，其终点和起点不衔接。封闭式公路比赛路线其终点和起点相衔接，它有两条对称路线。运动员必须根据比赛的距离在此路线上滑行一圈或几圈。

② 封闭式环形公路，路线最短不少于 250 米，最长不超过 1 000 米。

③ 公路的宽度全程不得少于 5 米。

④ 公路的路面应平坦而光滑，没有断裂。路面不平坦部分不应超过其宽度的 3%。

⑤ 公路跑道斜坡部分不得超过 5%，即使在特殊情况下，其倾斜部分也不得超过全部路线的 25%。

⑥ 终点线与起点线均应以 5 厘米宽的白色线标出，起点线和终点线不能设在弯道处，当无法避开时，起点线应设在距离弯道 50 米以外的地方，终点线应设在距最后一个弯道的直弯道分界线前 50 米处。

# 第三节　跆拳道

## 能力目标

变姿型职业人群通过跆拳道练习，可提高身体力量、速度、耐力、柔韧性、灵敏性及快速反应的能力，达到健身、修身、防身和磨炼意志的目的。

## 工具包

### 一、跆拳道运动简介

跆拳道是一项运用拳和脚进行搏击的对抗性运动，实用性高，以脚法为主（占技法的70%左右）。跆，意为用脚踢、腾跃；拳，意为用拳击打、防御；道，意为技艺、跆拳道精神、人生道理。现今跆拳道主要有两个官方组织：ITF 和 WTF。

（一）ITF（International Taekwon-Do Federation）

跆拳道起源于朝鲜半岛，被韩国视为国技。现在人们称其为“自由搏击跆拳道”，也就是“防卫跆拳道”“传统跆拳道”，即国际跆拳道联合会所倡导和推广的跆拳道，要求不穿护具，只带拳套。

（二）WTF（World Taekwon-Do Federation）

世界跆拳道联盟，即世界跆拳道联盟所推广的跆拳道，也就是现在奥运会的跆拳道项目，要求穿护具，不戴拳套。

### 二、跆拳道运动的场地、服装

（一）跆拳道运动的场地

比赛场地为 10 米×10 米的水平、无障碍物、正方形场地。场地上铺有弹性的垫子。红色及蓝色区域均为比赛区，宽为 1 米的红色区域为警告区，用以提醒运动员不要越出边界线。

（二）跆拳道运动的服装及段位级别

跆拳道的服装称作道服，其款式、颜色都是特定的。系扎道服用的腰带颜色各异，根据颜色区分运动员的段位级别，一般分法如下：

（1）十级为白带：表示根本没有跆拳道知识，意味着入门阶段。

（2）九极为白带加黄杠：意味着初级入门阶段。

（3）八级为黄带：黄色代表大地，草木在大地生根发芽，意味着学习基础阶段。

（4）七级为黄带加绿杠：技术强化阶段。

（5）六级为绿带：绿色代表草木，成长中的绿色草木意味着技术的进步阶段。

（6）五级为绿带加蓝杠：技术过渡阶段。

（7）四级为蓝带：蓝色代表蓝天，草木向着蓝天茁壮成长，意味着进度达到相当高的阶段。

（8）三级为蓝带加红杠：技术提升阶段。

（9）二级为红带：红色代表危险，已具备相当威力，意味着克己和警告对手不要接近。

（10）一级为红带加黑杠：表示经过长时间的系统训练，练习者已经修完1级以前的全部课程，开始由红带向黑带过渡。

（11）黑带：与白色对立，表示技术已经熟练，意味着黑暗中也能发挥自身能力。黑带分为一至九段，一段至三段的道服衣边有黑色带条，四段以上道服的衣袖和裤腿两边有黑色带条。

（三）跆拳道训练前的基本拉伸动作

跆拳道训练前的基本拉伸动作如图6-16所示。

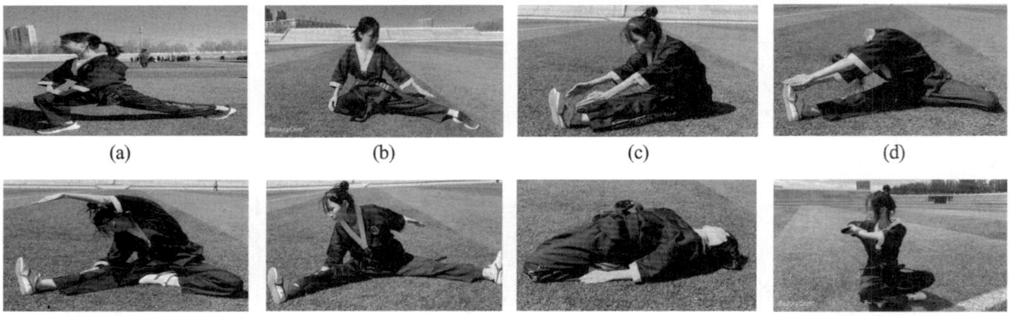

(a) (b) (c) (d)

(e) (f) (g) (h)

图6-16　基本拉伸动作

（四）跆拳道运动的注意事项

1. 行礼

并步直体站立，上体、头部前屈鞠躬行礼，礼毕后上体还原成立正姿势，如图6-17所示。

(a) 立正　(b) 敬礼

图6-17　行礼

2. 发声

跆拳道的发声可以激励精神，提高个人自信，同时起到震慑对手的作用。

## 锻炼方法与手段

### 一、实战姿势

（一）标准实战姿势

两脚开立，约为本人肩宽的1.5倍，脚尖斜向前方45°，前脚掌支撑，脚跟抬起，两膝弯曲，重心落在两脚之间；两手握拳置于胸前，上体直立，目视前方，如图6-18（a）所示。

（二）侧向实战姿势

身体完全侧向，两脚距离约为肩宽的1.5~2倍，两脚在一条直线，其他同标准实战姿势，如图6-18（b）所示。

（三）低位实战姿势

两腿屈膝角度加大，身体重心降低，两脚距离约为肩宽的1.5~2倍，其他同标准实战姿势，如图6-18（c）所示。

(a) 标准实战姿势　(b) 侧向实战姿势　(a) 低位实战姿势

图 6-18　**实战姿势**

## 二、步法

（一）前进步与后撤步

（1）动作要领：由实战姿势开始，以前（后）脚为轴，后（前）脚蹬地向前（后）迈步，身体呈另一侧实战姿势，此步法称为前进（后撤）步，如图 6-19 所示。

（2）易犯错误：上步时身体重心不稳。

（3）纠正方法：由慢到快反复进行练习，通过转腰带动转体。

1　2

图 6-19　**前进步与后撤步**

（二）前（后）滑步

（1）动作要领：由实战姿势开始，后（前）脚掌蹬地后，前（后）脚沿地向前（后）滑行上（撤）步，后（前）脚随即同样向前（后）一步，如图 6-20 所示。

（2）易犯错误：两脚滑步移动过程中距离过大。

（3）纠正方法：在移动过程的前后，有意识地检查步幅长度，反复练习。

1　2

图 6-20　**前（后）滑步**

（三）原地跳换步

（1）动作要领：由实战姿势开始，两脚同时蹬地使身体腾空，空中两脚前后交换，同时转体，落地时身体姿势呈另一侧的实战姿势，如图 6-21 所示。

（2）易犯错误：动作僵硬，弹跳过高。

（3）纠正方法：身体放松，弹跳过程中要求脚尖贴地面滑动。

（四）前（后）垫步

（1）动作要领：由实战姿势开始，后（前）脚向前（后）脚并拢的同时，前（后）脚蹬地向前（后）迈（退）步，仍成原来的实战姿势，如图 6-22 所示。

1　2

图 6-21　**原地跳换步**

1　2

图 6-22　**前（后）垫步**

（2）易犯错误：动作僵硬，步法不连贯。

（3）纠正方法：两膝要处于弯曲状态，两脚要保持弹性。

## 三、腿法

跆拳道以其变幻莫测、优美潇洒的腿法闻名于世，被世人称为踢的艺术，这是跆拳道区别于其他格斗术的一个重要特点。

### （一）前踢

（1）动作要领：由实战姿势开始，后脚蹬地，身体重心移至前脚；后腿以髋关节为轴屈膝上提，小腿以膝关节为轴快速向前上方踢出，力达脚掌，如图 6-23 所示。

图 6-23　前踢分解动作

（2）易犯错误：上体后仰过大；动作僵硬形成直腿撩踢。

（3）纠正方法：手扶支撑物或同伴，对镜体会提膝与踢腿两个动作的路线。

### （二）侧踢

（1）动作要领：由实战姿势开始，后脚蹬地，身体重心前移；后脚以髋关节为轴屈膝上提，随即前脚以前脚掌为轴外旋 180°，髋关节向右旋转，后脚快速向左前上方直线踢出，力点在脚外侧或整个脚掌，如图 6-24 所示。

（2）易犯错误：髋关节没有展开，导致身体的肩、髋、踝不在一个平面。

（3）纠正方法：手扶支撑物或同伴，反复分解练习转体、收腿、提膝和蹬击动作。

图 6-24　侧踢分解动作

### （三）后踢

（1）动作要领：由实战姿势开始，重心移至前脚，后脚蹬地屈膝提起，后脚贴近前大腿；随即后脚向后方直线踢出，力达脚跟，如图 6-25 所示。

（2）易犯错误：后踢路线不直，动作不连贯。

（3）纠正方法：先做提膝后踢，熟练后再配合转体做完整动作。

1　　2　　3　　4

图 6-25　后踢分解动作

（四）下劈

（1）动作要领：由实战姿势开始，右脚蹬地，重心前移至左脚；右腿以髋关节为轴屈膝上提，当右脚上伸过头后，迅速向下以脚跟或脚掌为力点劈击，如图 6-26 所示。

1　　2　　3　　4

图 6-26　下劈分解动作

（2）易犯错误：脚跟不离地，身体过分后仰。

（3）纠正方法：先做低位下劈，体会路线；熟练后，练习高位下劈完整动作。

（五）推踢

（1）动作要领：由实战姿势开始，后脚蹬地，重心前移至前脚，后脚以髋关节为轴提膝前蹬，用脚掌向前蹬推，力点在脚掌，如图 6-27 所示。

（2）易犯错误：提膝不充分，上体后仰。

（3）纠正方法：做提膝和蹬腿的分解练习，熟练后做完整动作。

1　　2　　3

图 6-27　推踢分解动作

（六）横踢

（1）动作要领：由实战姿势开始，后脚蹬地，重心前移至前脚，后脚屈膝上提；前脚内旋，后腿抬至水平后，小腿快速向右前横向踢出，如图 6-28 所示。

（2）易犯错误：大小腿折叠不够，无鞭打效果。

（3）纠正方法：先练习提膝、转体和弹腿分解动作，熟练后进行完整动作练习。

1 2 3 4

图 6-28 横踢分解动作

（七）勾踢

（1）动作要领：由实战姿势开始，后脚蹬地，重心前移，后腿屈膝上提并向前上方直线伸出，顺势后脚掌用力向左侧屈膝鞭打，如图 6-29 所示。

1 2 3 4

图 6-29 勾踢分解动作

（2）易犯错误：身体紧张，勾踢时小腿没有内扣鞭打。

（3）纠正方法：先练习低位小腿内扣鞭打练习，熟练后再进行完整动作练习。

（八）后旋踢

（1）动作要领：由实战姿势开始，身体重心移至前脚；同时以前脚为轴，后腿蹬地向左上方屈膝提起，后脚掌自右向左弧线踢出，力达脚掌，如图 6-30 所示。

（2）易犯错误：身体重心不稳，动作不连贯。

（3）纠正方法：手扶支撑物练习，先做转体、摆腿分解练习，强调摆腿的发力点。

1 2 3 4

图 6-30 后旋踢分解动作

**四、拳法**

（一）左冲拳

（1）动作要领：由实战姿势开始，右脚蹬地，左脚以前脚掌为轴外转，重心移至左脚，合髋转腰送肩，上体催动左肩、左臂，将左拳以胸前准备姿势向前旋臂直线冲出，拳心向下，如图 6-31（a）所示。

（2）易犯错误：无蹬地、转腰、旋臂的力量，只是手臂在做动作。

（3）纠正方法：对镜练习，体会冲拳进攻路线。

（二）右冲拳

（1）动作要领：同左冲拳，如图 6-31（b）所示。

（2）易犯错误：同左冲拳。

（3）纠正方法：同左冲拳。

(a) 左冲拳　(b) 右冲拳

图 6-31　冲拳

### 五、防守技术

（一）上格挡

（1）动作要领：由实战姿势开始，握拳由下至上，用前臂上架格挡，如图 6-32 所示。

（2）易犯错误：上格挡时手臂距离头部位置太近，影响防守效果。

（3）纠正方法：对镜练习，注意保护头部不被攻击。

1　2

图 6-32　上格挡

（二）下格挡

（1）动作要领：由实战姿势开始，用前臂向下或向斜外侧格挡，如图 6-33 所示。

（2）易犯错误：格挡动作幅度过大。

（3）纠正方法：认真领会动作要领，要善于化解对手进攻的力量。

（三）内格挡

（1）动作要领：实战姿势开始，用前臂向内格挡对方的攻击，如图 6-34 所示。

（2）易犯错误：格挡动作幅度过大。

（3）纠正方法：由慢到快体会动作原理，正确把握格挡的时机和路线。

1　2

图 6-33　下格挡

1　2

图 6-34　内格挡

## 跆拳道竞赛欣赏方法

### 一、跆拳道竞赛规则

跆拳道的比赛场地为正方形平地。边长为 12 米，中间边长为 8 米的正方形平地是比赛区，以外区域为警戒区。场地内画有双方运动员、教练员、1 名主裁判、3 名副裁判的站立位置。

（一）护具

比赛时运动员必须穿戴护身、护头、护裆、护臂、护腿、白色跆拳道道服。护裆、护臂、护腿应穿在跆拳道道服内。

（二）级别

比赛按体重划分级别：男子分 54 千克以下、58 千克、62 千克、67 千克、72 千克、78 千克、84 千克、84 千克以上 8 个级别；女子分 47 千克以下、51 千克、55 千克、59 千克、63 千克、67 千克、72 千克、72 千克以上 8 个级别。

（三）时间

跆拳道的比赛时间：每场比赛分 3 局，每局 3 分钟，局间休息 1 分钟。

（四）击打部位

跆拳道比赛只准许用拳的正面和腿的踝关节以下部分击踢。击踢部位限于躯干的髋骨以上至锁骨以下，两肋部、背部没有被护具保护的部分不准踢击。面部从耳朵向前的部分，只准许用脚的技术攻击。

（五）得分

凡准确有力击中有效得分部位的，或不是以犯规的动作击倒对方时，均得 1 分，得分次数累计。比赛结束，双方成绩以三局累计分计算。

（六）犯规

用手抓握对方、搂抱对方、推挤对方、转身背向对方逃避、故意倒地、用膝攻击、用腿踢击对方裆部、用手打击对方头部等，都视为犯规。跆拳道比赛的犯规根据后果分轻微犯规与严重犯规。严重犯规者判罚 1 分。累计 3 分即中止比赛，判为败方。

（七）胜负

三局总得分多者为胜方，如果得分相同，以积极进攻者为胜方。

**二、跆拳道观赛礼仪**

（1）观众的衣着要整洁、大方，不可太随便。

（2）运动员向观众敬礼以示尊重，此时观众应给予掌声回应。

（3）在观看跆拳道比赛中禁止吸烟；手机要关机或设置在振动、静音状态。

（4）严禁向场内投掷杂物或发出嘘声、吹口哨等不文明行为。

（5）看比赛时可以高喊自己喜欢运动员的名字，但不能喊出不文明语言。

（6）在跆拳道比赛中，看到漂亮的击打，观众都可以大声地喝彩；但不可以喝倒彩，以示对运动员的尊敬。

（7）比赛结束后，为优胜者发奖牌并演奏其国歌，观众应全体起立并肃静。

（8）离场时，要把软饮料的包装袋、口香糖的包装纸等废弃品带离场外。

## 第四节　武术长拳

### 能力目标

武术长拳是一种动作舒展、迅猛，既能技击防身，又能增强体质的武术项目。通过练习，变姿型职业人群可以增强体质，提高身体力量、速度、耐力、柔韧素质，达到健身、修身、防身和磨炼意志的目的。

## 工具包

### 一、武术长拳简介

长拳是武术的主要拳种之一。所谓长是相对短而言的，长拳则是相对短打而立名，这正如明代唐顺之《武编》所言：“逼近用短打，若远开则用长拳。”

现代武术运动中的长拳沿用了明代长拳的称谓，将具有广泛群众基础的查拳、华拳、炮拳、红拳、少林拳等具有拳势舒展、快速有力、节奏鲜明等共同特点的拳术统称为长拳。以这些拳种的动作素材和基本技法为基础创编的现代长拳，以及由此衍发的长拳类器械，如刀、枪、剑、棍套路，是中华人民共和国成立后武术教学训练与竞赛的主要内容。

五步拳、少年拳（第二套）是学习武术入门的基本拳术组合套路，是中国青少年学习武术的初级必学套路；它包含了武术中最基本的弓、马、仆、虚、歇五种步型和拳、掌、勾三种手型及上步、退步、跃步等步法和搂手、冲拳、撩拳、按掌、穿掌、挑掌、推掌、劈掌、搂手、缠腕、架打、盖打等手法。通过五步拳、少年拳（第二套）的练习，可以增进身体的协调能力，掌握动作与动作之间的衔接要点，提高动作质量，为进一步学习武术打下基础。

青年长拳第三路（以下简称三路长拳）是 1957 年国家体委融合查拳、华拳、炮拳、洪拳、弹腿拳、少林拳等拳种所编创。整套拳术的特点有：姿势舒展、动作灵活、快速有力、节奏鲜明，并多起伏转折、蹿蹦跳跃、跌扑滚翻等。三路长拳分为四段，共 32 式（预备动作和结束动作除外）。该套路内容充实、编排合理，套路包括拳、掌、勾三种手型；弓、马、虚、仆、歇五种步型；手法有冲、劈、抡、砸、栽等拳法，推、挑、穿、摆、亮等掌法，盘、顶等肘法；腿法有弹、踹、踢、拍等；还有跳跃和平衡动作；等等。经常进行此套拳的锻炼，能有效地增强体质，提高身体素质。

### 二、武德与武礼

#### （一）武德

武德，即指在从事武术活动群体中形成的对习武者行为规范要求的总和。它包括从事武术活动的人在社会活动中所应遵循的道德规范和所应具有的道德品质。武德影响着习武者的各类活动，贯穿于拜师择徒、教武、习武、用武的全过程。武德是武术的灵魂，崇尚武德是武术界几千年来的优良传统。

#### （二）武礼

武礼是武德的表现形式之一，其动作规范与精神面貌能直接反映出习武者对武术运动认识程度与修炼品行层次的高低。抱拳礼是武礼中一种重要的表现形式，它由中国传统的作揖礼和少林拳的抱拳礼（四指礼）加以提炼、规范、统一得来的（图 6-35）。

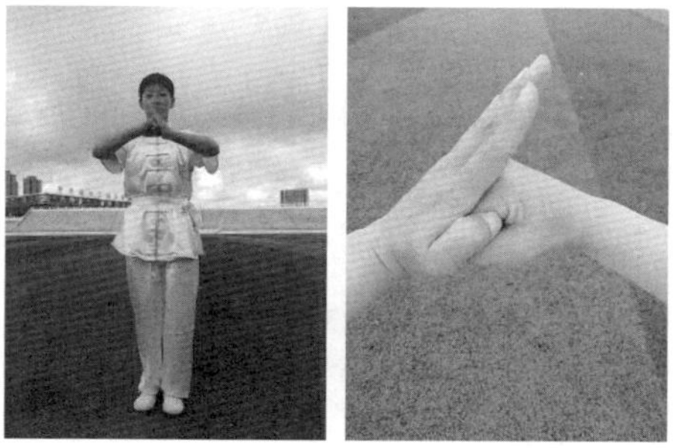

图 6-35　抱拳礼

抱拳礼的方法：并步站立，左手四指并拢伸

直成掌，拇指屈拢；右手成拳，左掌心掩贴右拳面，左指尖与下颏平齐。右拳眼斜对胸窝，置于胸前屈臂成圆，肘尖略下垂，拳掌与胸相距20~30厘米。头正、身直，目视受礼者。抱拳礼的具体含义是：左掌表示德、智、体、美“四育”齐备，象征高尚情操。屈指表示不自大，不骄傲，不以“老大”自居。右拳表示勇猛习武，左拳掩右拳相抱，表示“勇不滋乱”“武不犯禁”，以此来约束、节制勇武的意思。左掌右拳拢屈，两臂弯曲成圆，表示五湖四海（泛指五洲四洋），天下武林是一家，谦虚团结，以武会友。左掌为文，右拳为武，文武兼学，虚心、渴望求知，恭候师友、前辈指教。

**三、长拳的技法特点**

（一）手要快捷

长拳对手法的要求是“拳如流星”，要快捷、有力。不仅拳的挥动要迅速，如迅雷不及掩耳，而且掌法、肩臂、手腕的运动也要如此。

（二）眼要明锐

长拳对眼法的要求是“眼似电”，要明快、锐利。长拳中的眼法不是孤立的，而是与动作密不可分的。大体可分为两种：一种是“随视”，要求“眼随手动”；另一种是“注视”，要求“目随势注”。

（三）身要灵活

长拳对身法的要求是“腰如蛇行”，要柔韧、灵活、自如。身法在长拳运动中有闪、转、展、缩、折、弯、俯、仰等不同变化，这些变化多以腰为主宰。因此，一方面要求身法的变化不是程式化的东西，要像蛇行那样蜿蜒起伏、灵活多样；另一方面对胸椎和腰椎的柔韧性要求较高，只有这样，动作才能显现出既柔顺又坚韧，柔则活，坚则挺，灵活有力、挺拔舒展的动作才能体现出长拳的风格与特点。

（四）步要稳固

长拳对步法的要求是“步赛粘”，要稳固。站定时要像脚步粘在地上一样稳固，不掀脚、不拔跟、不动摇，不受上肢、下肢和躯干活动的影响，还要给上、下肢和躯干活动提供必要的稳固条件和基础保障。此外，步法还要轻快活便，以步快催动拳速，步到拳到，做到上下协调一致。

（五）精力充沛

长拳对精神的要求是充沛、饱满、贯注。充沛如江河怒潮，饱满如雷霆震怒，贯注如鹰视猎物。要显示出鼓荡的气势与“怒”的气魄。然而，“怒”绝不是表现在横眉立目与龇牙咧嘴的凶狠怒面上，而应反映到拳势上，将气吞山河的精神和勇武的意识贯注于运动之中，将自身融入战斗的氛围之中。

（六）气要下沉

长拳对呼吸的要求是“气宜沉”，要气沉丹田，以气催力。运动时必须运用腹式呼吸，善于“蓄气”，这样才能使运动持久，才能保持运动的平衡。除沉气之外，还有“提、托、聚、沉”，这些呼吸方法要随着动作的变化而相应地转变，但须始终遵循“气宜沉”的基本要求。

（七）力要顺达

长拳对劲力的要求是“力要顺达”。发力顺达是动作间衔接的必备条件，否则会使动作僵硬、呆板，破坏动作结构与套路节奏。

（八）功要纯青

长拳对技术的要求是“功宜纯”。这里的“功”是指长拳的技术及运用技术的技能与技巧。“功宜纯”是指要求功夫像炉火一样纯青。

（九）四击合法

“四击”指武术中的踢、打、摔、拿，四击合法指长拳中的动作方法要符合这四种技击法则，若背离这些技击法则，就无法真实地再现不同动作的攻防意义，也就失去了长拳技击动作的攻防意识与价值。

（十）以形喻势

长拳有动势、静势、起势、落势、立势、站势、转势、折势、轻势、重势、缓势、快势十二种态势。“十二型”要做到：动如涛、静如岳、起如猿、落如鹊、立如鸡、站如松、转如轮、折如弓、轻如叶、重如铁、缓如鹰、快如风。

## 锻炼方法与手段

### 一、基本动作

（一）手形

1. 拳

五指卷紧，拇指压于食指、中指第二指节上［图6-36(a)］。

要点：拳握紧、拳面平、直腕。

2. 掌

四指伸直并拢，拇指弯曲紧扣于虎口处［图6-36(b)］。

要点：掌心开展、竖指。

3. 勾

五指撮拢成勾，屈腕［图6-36(c)］。

要点：屈腕。

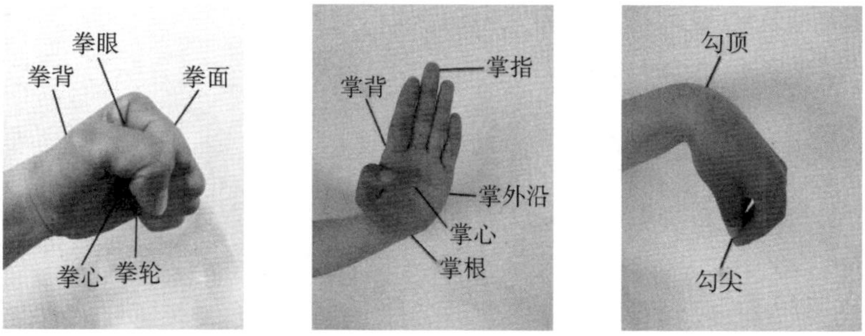


(a) 拳　(b) 掌　(c) 勾

图6-36　手型

（二）步形

1. 弓步

前脚微内扣，全脚掌着地，屈膝半蹲，大腿成水平，膝部约与脚面垂直；另一腿挺膝伸直，脚尖内扣斜向前方，全脚掌着地，上体正对前方，双手抱拳手腰间［图6-37(a)］。左腿向前弓出为左弓步，右腿向前弓出为右弓步。

要点：挺胸，立腰；前腿弓、后腿绷。

2. 马步

双脚左右开立，约为脚长3~4倍，脚尖正对前方，屈膝半蹲，大腿成水平，眼看前方，双手抱拳于腰间［图6-37(b)］。

要点：头正、挺胸、立腰、扣足。

3. 仆步

一腿全蹲，大腿和小腿靠紧，臀部接近小腿，全脚掌着地，膝与脚尖稍外展；另一腿平铺接近地面，全脚掌着地，脚尖内扣［图6-37(c)］。左腿伸直平铺为左仆步，右腿伸直平铺为右仆步。

要点：挺胸、立腰、开髋，全脚掌着地。

4. 虚步

后脚尖斜向前，屈膝半蹲，大腿接近水平，全脚掌着地；前腿微屈，脚面绷紧，脚尖虚点地面［图6-37(d)］。左脚虚点地面为左虚步，右脚虚点地面为右虚步。

要点：挺胸、立腰、虚实分明。

(a) 弓步　(b) 马步　(c) 仆步　(d) 虚步　(e) 歇步

图6-37　步形

5. 歇步

双腿交叉屈膝全蹲，前脚全脚掌着地，脚尖外展；后脚跟离地，臀部外侧紧贴后小腿［图6-37(e)］。左腿在前为左歇步，右腿在前为右歇步。

要点：挺胸、立腰、双腿贴紧。

**二、五步拳**

1. 预备式

（1）双脚并步站立，脚尖向前；双臂垂于身体两侧，双手成掌自然贴靠腿外侧，目向前平视（图6-38之1）。

（2）双掌变拳快速提于腰间，肘尖向后，双臂夹紧，头快速向左摆，拳心向上，目视左方（图6-38之2）。

要点：头正颈直，下颌微收，挺胸、收腹、塌腰、夹腿。

2. 弓步搂手冲拳

（1）左脚向左迈一大步成半马步，同时左拳变掌向左搂出，掌指向上，掌心向外，虎口撑开；目视左方（图6-38之3）。

（2）左掌变拳收回腰间，拳心向上；马步向左拧腰转胯成左弓步，右拳同时内旋向体前击出，高与肩平，拳心向下，力达拳面；目视前方（图6-38之4）。

要点：右腿蹬直，冲拳快速有力。

3. 弹腿冲拳

重心前移至左腿，右腿屈膝向前提起，脚面绷直，猛力向前弹出伸直，高与腰平；左拳成平拳向前冲出，右拳收至腰侧，拳心向上；目视前方（图 6-38 之 5）。

要点：弹腿和冲拳要协调一致，弹出的腿要用爆发力，力点达于脚尖。

4. 马步架打

右脚落地，脚尖内扣，向左转体 90°，下蹲成马步，同时左拳变掌，屈臂上架，右臂内旋向右冲出成平拳；目视右方（图 6-38 之 6）。

5. 歇步盖冲拳

（1）退步盖掌。左脚向右脚右后方斜插一步，身体左转 90°，同时右拳变掌向上、向前下盖，掌外沿向前，收左拳于左腰间，拳心向上；目视右手（图 6-38 之 7）。

（2）歇步冲拳。身体右转 90°，双腿屈膝下蹲成右歇步，同时右拳收于右腰间，拳心向上，左拳向左冲出，成平拳；目视左拳（图 6-38 之 8）。

1 2 3 4 5 6 7 8 9 10 11 12

图 6-38　五步拳

6. 提膝穿掌

双腿起立，双脚碾动（双脚分别以左脚前脚掌、右脚跟为轴），身体左后转 180°，随即左拳变掌，顺势收至右腋下，掌心向下；右拳变掌，由左手背上向右上穿出，手心向上；同时左腿屈膝提起，脚尖向下，脚面绷直；目视右手（图 6-38 之 9）。

7. 仆步穿掌

左脚向左落地，脚尖内扣，右腿全蹲成左仆步；左手掌指向左，沿左腿内侧穿至左脚面；目视左掌（图 6-38 之 10）。

8. 虚步挑掌

左腿屈膝弓出，重心移至左腿，右脚从左脚前向左上步成右虚步；同时左手向上、向后划弧成勾手，勾尖向下；右手顺右腿外侧向前、向上挑掌，指尖向上；目视前方（图 6-38 之 11）。

9. 并步抱拳

身体左转，左脚向右脚靠拢成并步；同时左勾手和右掌变拳，于身体两侧回收抱于腰间，拳心向上；目视前方（图 6-38 之 12）。

**三、少年拳（第二套）**

1. 预备式

（1）双脚并步站立，脚尖向前；双臂垂于身体两侧，双手成掌自然贴靠腿外侧；目向前平视（图 6-39 之 1）。

（2）双掌变拳快速提于腰间，拳心向上，双肘肘尖向后，双臂夹紧；头快速向左摆；目视左方（图 6-39 之 2）。

要点：头正颈直，下颌微收，挺胸、收腹、塌腰、夹腿。

2. 抡臂砸拳

（1）左脚向左跨一步，以前脚掌着地，上体右转，左拳变掌向右前下方伸出，掌心向下（图 6-40 之 1）。

（2）向左后方转体 180°，同时左手向上、向后、向下绕环至左腿左后方，掌心向下，右拳向右后、向上抡起至头前上方，拳心向左；同时右腿屈膝提起，左掌屈臂外旋，使掌心向上收至腹前，右拳下砸，以拳背砸击左掌心作响；在砸拳的同时右脚下跺震脚成并步半蹲，上体稍前倾；目视前下方（图 6-40 之 2）。

要点：转体、绕环、抡臂的动作要协调一致，砸拳与震脚要同时完成。

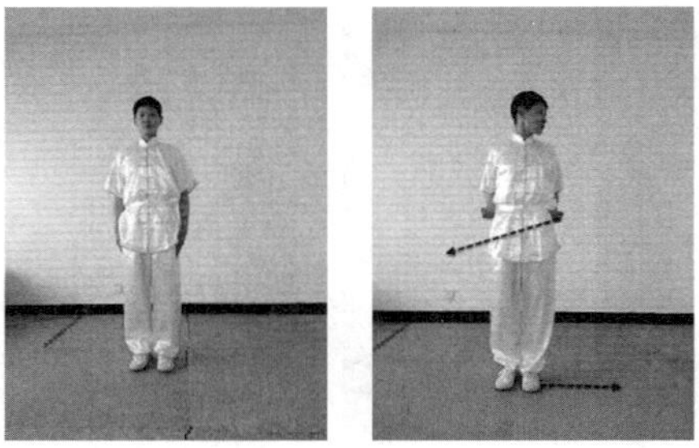

1　　2

图 6-39　预备式

1　　2

图 6-40　抡臂砸拳

3. 望月平衡

右脚后撤一步起立，脚尖外撇。向右转体，同时右拳变掌，双手左右分开上摆，左手在头左斜上方抖腕亮掌；右手摆至右侧平举抖腕成立掌，掌心向右；左腿屈膝，小腿向右上提贴于右膝窝，脚面向下；目随左掌转动，在抖腕亮掌的同时向右转头，目向右平视（图 6-41）。

图 6-41　望月平衡

要点：抖腕、转头、提腿的动作要同时进行。

4. 跃步冲拳

（1）上体左转前倾，左腿向前提起，左手向左下后摆至体后；右手以掌背向左下后挂至左膝外侧，掌心均向内；目视左下方（图 6-42 之 1）。

（2）左脚向前落步（图 6-42 之 2）；右腿屈膝向前上提，左脚随即蹬地向前跃出，双臂向前向上绕环摆动，目视右掌（图 6-42 之 3）。

（3）右脚落地全蹲，脚尖外撇，使身体右转，左脚随即落地向左伸直平铺地面成仆步；双臂同时继续由上向右、向下绕环，右掌变拳收抱于右腰侧，拳心向上；左掌屈臂成立掌停于右胸前；目视左方（图 6-42 之 4）。

（4）左掌沿左腿内侧经左脚面向外横搂，上体左转，同时重心前移，左腿弓出，右腿蹬直成左弓步；左掌变拳收抱于左腰侧，拳心向上，右拳向前冲出成平拳；目视右拳（图 6-42 之 5）。

要点：跃步要远，落地要轻。跃步时要与双手的动作自然相随。

1　2　3　4　5

图 6-42　跃步冲拳

5. 弹踢冲拳

重心移至左腿，右腿屈膝提起，在膝盖接近水平时，脚面绷直猛力向前弹踢；右拳收抱于右腰侧，拳心向上，左拳向前冲出成平拳；目向前平视（图 6-43）。

要点：弹踢时力点达于脚面，支撑腿可微屈。

6. 马步横打

右脚向前落步，脚尖内扣，上体左转 90°，双腿屈膝半蹲成马步；左拳收抱于左腰侧，拳心向上，右臂内旋，右拳向右后伸出，与转体成马步的同时，向右平摆横打；目视右拳前方（图 6-44）。

要点：横打与转体的动作要协调一致，并要借转体拧腰的力量发力。

7. 并步搂手

双腿保持屈膝，右脚向左脚并拢，右拳变掌于右小腿外侧下搂，至右小腿旁变勾手继续后摆停于身体右后方，勾尖向上；目视右方（图 6-45）。

要点：并步与搂手要同时进行，上体正直微前倾。

8. 弓步推掌

上体向左转体 90°，左脚前上一步成左弓步；同时右勾变拳收抱于右腰侧，拳心向上，左拳变掌向前推出，掌心向前；目视前方（图 6-46）。

要点：转体、上步与推掌的动作要协调一致。

图 6-43　弹踢冲拳

图 6-44　马步横打

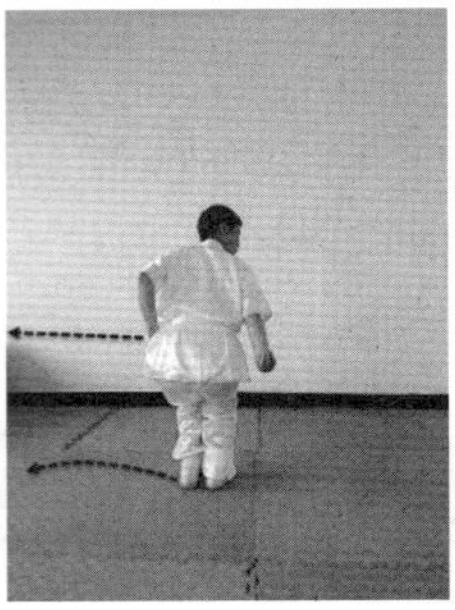

图 6-45　并步搂手

图 6-46　弓步推掌

9. 搂手勾踢

（1）右拳变掌经后下直臂向上、向前绕环落于左腕上交叉（图 6-47 之 1）。

（2）双臂于身体两侧向下、向后摆动，分掌搂手，至体侧后反臂成勾手，勾尖向上，同时右脚尖上勾，脚跟擦地面，向左斜前方踢出（高不过膝），身体随之半面向左转；目视左前方（图 6-47 之 2）。

要点：两腕交叉和分掌搂手的动作要连贯，勾踢时力点达于脚腕内侧。

10. 缠腕冲拳

（1）双手勾变掌前摆于腹前，左手抓握右手腕，右腿屈膝，小腿自然下垂（图 6-48 之 1）。

（2）右手变掌，顺时针翻掌缠腕，在向右转体的同时臂外旋用力屈肘后拉于右腰侧抱拳，右脚跺地、震脚下蹲，左腿屈膝提起（图 6-48 之 2）。

（3）左脚向左侧跨一大步，右脚蹬地随之滑动，双腿下蹲成马步，同时左手变拳经左腰侧向左冲出成立拳，目视左拳前方（图 6-48 之 3）。

要点：屈肘后拉与转体、跨步与冲拳要同时，抓握、缠腕、屈肘后拉、转体、震脚要连贯。

1　2

图 6-47　搂手勾踢

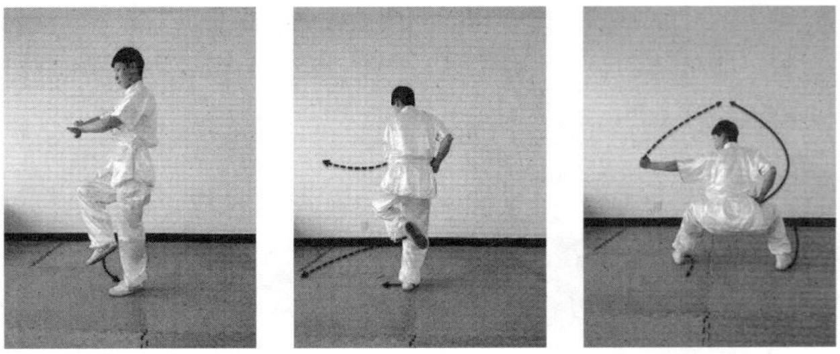

1　2　3

图 6-48　缠腕冲拳

11. 转身劈掌

1　　2

图 6-49　转身劈掌

（1）右脚蹬地屈膝上提，向右转体 90°，随身体直立，两拳变掌直接上举，在头前上方以右手背击左掌心作响；目视前方（图 6-49 之 1）。

（2）上动不停，继续向右后转体 180°，右脚向前落步成右弓步，同时左掌变拳收抱于左腰侧，右掌下劈成侧立掌，小指一侧向前；目视前方（图 6-49 之 2）。

要点：转体以左脚掌为轴转 270°，动作要连贯、平稳；右脚落步要下跺，并与劈掌动作一致。

12. 砸拳侧踹

1　　2　　3

图 6-50　砸拳侧踹

（1）右脚蹬地，屈膝上提，重心移至左腿并向左转体 90°，成提膝直立姿势；同时左拳变掌下按于左腿左后方，掌心向下，右掌变拳上举至头前上方（图 6-50 之 1）。右脚下跺、震脚成并步下蹲，同时左掌收至腹前，掌心向上，以右拳背砸击左掌心作响；目视右拳前下方（图 6-50 之 2）。

（2）右腿挺膝直立，左腿屈膝上提，脚尖上勾；同时左掌变拳收抱于左腰侧，右拳上举横架于头前斜上方，拳心向上；左脚以脚跟向左下方踹出与膝盖同高，上体稍向右倾斜；目视左方（图 6-50 之 3）。

要点：砸拳与震脚要同时完成，侧踹要快速有力，身体要稳定。

13. 撩拳收抱

1　　2　　3

图 6-51　撩拳收抱

（1）左脚向左落地并向左转体 90°成左弓步；右拳由上向后、向下，以拳面撩出停于左膝前上方；左拳变掌拍击右拳背作响；目视右拳（图 6-51 之 1）。

（2）左脚蹬地起立向右转体 90°；双臂上举，双手变掌于头前上方交叉，掌心向前；目视前方（图 6-51 之 2）。

（3）上动不停，左脚收回与右脚并拢，双掌变拳左右分开后，屈肘收抱于腰侧；头向左转，目视左前方（图 6-51 之 3）。

要点：撩拳要有力，拍击要响亮，收抱动作要连贯。

**四、三路长拳**

（一）预备动作

1. 虚步亮掌

（1）预备式。双脚并步，脚尖向前，身体直立；双臂自然垂于体侧，双手成掌贴靠于双腿外侧；目向前平视（图 6-52 之 1）。

（2）退步砍掌。右脚向右后方撤步，左腿向前屈弓，成左弓步；右掌经体侧向胸前上方划弧砍掌，掌心向上；左臂屈肘，左掌提至左腰侧，掌心向上；目视右掌（图 6-52 之 2）。

（3）后移穿掌。右腿微屈，左腿蹬地发力使重心后移；左掌经胸前从右臂上向前上弧线穿出伸直，掌心向上，同时右掌收至腰侧，掌心向上；目视左掌（图 6-52 之 3）。

（4）转头亮掌。重心继续后移，左脚稍向右后移，脚尖点地，成左虚步；左臂内旋经左侧向后下方划弧成勾手，勾尖向上；右手继续向后、向右、向前上划弧，屈肘抖腕，在头前上方成亮掌（即横掌），掌心向前，掌指向左；目视左方（图 6-52 之 4）。

要点：右手上举要快速有力。身体正直，左肩不宜过分下沉，微挺胸，收小腹。

图 6-52　虚步亮拳

2. 并步对拳

（1）提膝亮掌。右腿蹬直，左腿提膝，脚尖绷直内扣；身体直立，上身姿势不变（图 6-53 之 1）。

（2）上步穿掌。左脚向前落步，重心前移；左臂屈肘，左勾手变掌经左肋向前穿出，右臂外旋向前下落于左掌右侧，双掌同高，掌心均向上；头转正，目视前方（图 6-53 之 2）。

（3）上步后摆掌。右脚向前上一步，重心前移；双臂下垂，双手经髋侧向后摆掌（图 6-53 之 3）。

（4）并步对拳。左脚向右脚并步，身体直立；双臂向外、向上至头前上方，继而双掌变拳，经胸前屈肘下按，拳心向下，拳面相对，停于小腹前；目视左侧（图 6-53 之 4）。

要点：并步后挺胸、塌腰。对拳、并步、转头要同时完成。

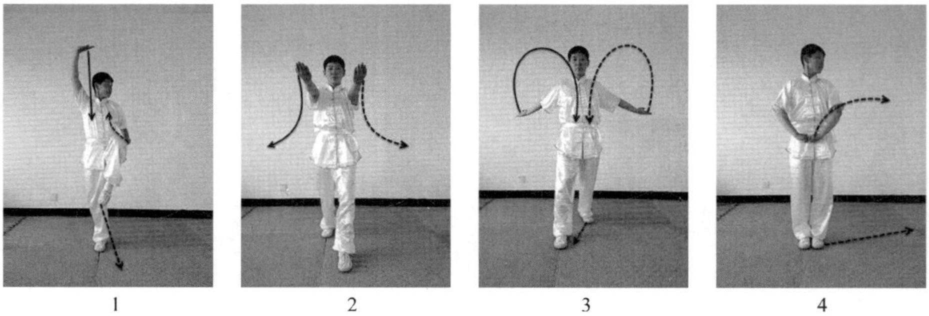


图 6-53　并步对拳

（二）第一段

1. 弓步冲拳

1　　2

图 6-54　弓步冲拳（一）

（1）上步格挡。左脚向左横开一步，脚尖向斜前方，右腿微屈，上体微左转，成半马步；同时左臂屈肘向左格挡，拳眼向后，拳与肩同高，右拳收至右腰侧，拳心向上；目视左拳（图 6-54 之 1）。

（2）蹬地冲拳。上体继续左转，右腿蹬直成左弓步；右拳成立拳向前冲出，高与肩平，拳眼向上，同时左拳收至左腰侧，拳心向上；目视右拳（图 6-54 之 2）。

要点：此动作两步共转体 90°。成弓步时，右腿充分蹬直，脚跟不要离地。冲拳时，尽量转腰顺肩。

2. 弹腿冲拳

重心前移至左腿，右腿屈膝提起，脚面绷直，猛力向前弹出伸直，高与腰平；左拳成立拳向前冲出，拳眼向上，右拳收至腰侧，拳心向上；目视前方（图 6-55）。

要点：弹腿与冲拳要协调一致，弹出的腿要有爆发力，力达脚尖。

3. 马步冲拳

右脚脚尖内扣向前落步，左脚脚尖辗动，上体左转，双腿下蹲成马步；右拳成立拳向前冲出，高与肩平，同时左拳收至左腰侧，拳心向上；目视前方（图 6-56）。

要点：成马步时，大腿接近水平，脚跟外蹬，挺胸、塌腰，冲拳配合转体动作发力。

4. 弓步冲拳

（1）转体格挡。右脚尖外撇向斜前方，成半马步，上体微右转；右臂屈肘向右格挡，拳眼向后，拳与肩同高；目视右拳（图 6-57 之 1）。

（2）蹬地冲拳。上体继续向右微转，左腿蹬直成右弓步；左拳成立拳向前冲出，右拳收至右腰侧，拳心向上；目视左拳（图 6-57 之 2）。

要点：与本段的第一个弓步冲拳相同。

图 6-55　弹腿冲拳（一）

图 6-56　马步冲拳

1　　2

图 6-57　弓步冲拳（二）

5. 弹腿冲拳

重心前移至右腿，左腿屈膝提起，脚面绷直，猛力向前伸直弹出，高与腰平；右拳成立拳向前冲出，拳眼向上，左拳抱拳于左腰侧，拳心向上；目视前方（图 6-58）。

要点：与本段的第一个弹腿冲拳相同。

图 6-58　弹腿冲拳（二）

6. 大跃步前穿

（1）收腿挂掌。左腿屈膝收腿，上体微前倾；右拳变掌内旋，以手背向左下挂至左膝外侧；目视右手（图 6-59 之 1）。

（2）上步后摆掌。左脚向前落步，重心移至左腿，双腿微屈；右掌继续向后挂，左拳变掌，向左后下摆，掌伸直；目视右掌（图 6-59 之 2）。

（3）跃步上摆掌。右腿屈膝向前提起，左腿立即猛力蹬地向前跃出，跳起后双小腿向后折起，身体右转；双掌向前、向上划弧摆起；目视左掌（图 6-59 之 3）。

（4）仆步抱拳。右脚脚尖外撇落地全蹲，上体右转，左腿随即落地向左铲出成左仆步；右掌变拳抱于右腰侧，左掌由上向右、向下划弧成立掌，停于右胸前；目视左脚（图 6-59 之 4）。

1　2　3　4

图 6-59　大跃步前穿

要点：跳起后在空中要挺身背腿；跃步要远，落地要轻，落地后立即接做下一个动作。

7. 弓步击掌

上体左转，右腿猛力蹬地伸直，重心移向左腿成左弓步；左掌经左脚面向后划弧至身后成勾手，勾尖向上，左臂伸直，右拳由腰侧变掌向前推出，掌指向上，掌外侧向前；目视右掌（图 6-60）。

图 6-60　弓步击掌

8. 马步架掌

（1）转体穿掌。重心移至双腿之间，上体右转，左脚脚尖内扣成马步；右臂向左侧平摆，稍屈肘，同时左勾手变掌由后经左腰侧从右臂内向左上划弧穿出，双手掌心均向上；目视左手（图 6-61 之 1）。

（2）转头亮掌。上体继续右转；右掌立于左胸前，左臂向左上屈肘抖腕亮掌于头部左上方，掌心向前上方；头部右转，目视右方（图 6-61 之 2）。

1　2

图 6-61　马步架掌

要点：亮掌的抖腕动作和转头同时完成，发力要干脆；马步同前。

（三）第二段

1. 虚步栽拳

1　2

图 6-62　虚步栽拳

（1）提膝转体。右脚蹬地，屈膝提起，左腿伸直站起，以左脚前脚掌为轴向右后转体 180°；右掌由左胸前向下经右腿外侧向后划弧成勾手，勾尖向后；随身体转动，左臂外旋，使掌心向右；目视右手（图 6-62 之 1）。

（2）虚步栽拳。右脚向右落地，左脚跟提起，重心移至右腿上，下蹲成左虚步；左掌变拳下落于左膝上，拳眼向里，拳心向后，右勾手变拳，屈肘架于头右上方，拳心向前；头迅速左转，目视左方（图 6-62 之 2）。

要点：左手栽拳力达拳面，右手上架与左手栽拳同时进行，虚步要稳。

2. 提膝穿掌

（1）转头盖掌。右腿稍伸直；右拳变掌收至右腰侧，掌心向上，左拳变掌由下向左上划弧盖压于头上方，掌心向前；头转向右方（图 6-63 之 1）。

（2）提膝穿掌。右腿蹬直，左腿屈膝提起，脚尖内扣；右掌由腰侧经左臂内向右前上方穿出，掌心向上，左掌收至右腋下，掌心向下；目视右掌（图 6-63 之 2）。

要点：上述两个动作连贯完成，支撑腿与右臂充分伸直。

3. 仆步穿掌

右腿全蹲，左腿向左后方铲出成左仆步，脚尖内扣；右臂不动，左掌由右腋下向下经左腿内侧，向左脚面穿出；目随左掌转视（图 6-64）。

要点：铲腿成仆步与穿掌动作连贯完成。

1　2

图 6-63　提膝穿掌

图 6-64　仆步穿掌

1　2

图 6-65　虚步挑掌

4. 虚步挑掌

（1）弓步前穿。右腿蹬直，重心移至左腿，成左弓步；左掌随重心前移继续向左上方穿掌，右掌稍下降；目随左掌转视（图 6-65 之 1）。

（2）虚步前挑。右脚向左前方上一步，脚尖点地，左腿半蹲，成右虚步，上体向左转 180°；在右脚上步的同时，右掌由后向下、向前上挑起成立掌，掌外沿向前，指尖与眼平，左掌由前向上、向后划弧成立掌；目视右掌（图 6-65 之 2）。

要点：上步要快，虚步要稳。

5. 马步击掌

（1）搂手抱拳。右脚踩实，脚尖外撇，重心稍升高并右移；右掌俯掌，虎口撑开向外搂手，左掌变拳收至左腰侧，拳心向上（图 6-66 之 1）。

（2）上步横击。左脚向前上一步，脚尖内扣，以右脚为轴向右后转体 180°，双腿下蹲成马步；左拳变掌向左侧击出成立掌，力达掌根，右掌变拳收至右腰侧，拳心向上；目视左掌（图 6-66 之 2）。

1　　2

图 6-66　马步击掌

要点：右手做搂手时，先使臂稍内旋、腕伸直，手掌向下、向外转，接着臂外旋，掌心经下向上翻转，同时抓握成拳。收拳和击掌要同时进行。

6. 叉步双摆掌

（1）转头下摆掌。重心稍升高、右移；右拳变掌，同时双掌向下、向右摆，掌指均向上；目视右掌（图 6-67 之 1）。

（2）叉步上摆掌。右脚向左腿左后方插步，前脚掌着地，上身拧紧；双臂继续由右向上、向左摆，停于身体左侧，均成立掌，右掌停于左肩窝处；目随双掌转视（图 6-67 之 2）。

要点：双臂要划立圆，幅度要大，摆掌与后插步配合一致。

7. 弓步击掌

（1）转身按掌。双腿不动，身体右转；右掌经身前向右划弧，掌心向下，左掌收至左腰侧，掌心向上；头转视右方（图 6-68 之 1）。

（2）退步击掌。左腿后撤一步，向后蹬直，右腿屈弓成右弓步；右掌向下、向后直臂摆动，成勾手，勾尖向上，左掌成立掌向前推出；目视左掌（图 6-68 之 2）。

要点：退步和推掌协调一致，推掌发力前左腿要蹬住地面。

1　　2

图 6-67　叉步双摆掌

1　　2

图 6-68　弓步击掌

8. 转身踢腿马步盘肘

（1）转体抡臂。双脚以前脚掌为轴向左后转体 180°，重心移向左脚；在转体的同时，左臂向上、向后划半立圆，右手变掌，右臂向下、向前划半圆；目随左手转视（图 6-69 之 1）。

（2）顺势抡臂。上动不停，双脚不动；右臂由后向上、向前划半立圆，左臂由前向下、向后划半立圆；目视前方（图 6-69 之 2）。

（3）亮掌正踢腿。上动不停，重心移至左脚，重心升高；右臂向下成反臂勾手，勾尖向上，左臂向上成亮掌，掌心向前上方；右腿伸直，脚尖勾起，向额前正踢腿（图 6-69 之 3）。

（4）落步拧身。右脚主动向前下压落地，脚尖内扣，上体微向左拧转；右手不动，左臂屈肘下落至胸前，肘平抬，左掌心向下；目视左掌（图 6-69 之 4）。

（5）马步盘肘。上体左转 90°，双腿下蹲成马步；同时左掌向前、向左平掳，变拳后收至左腰侧，右勾手变拳，右臂伸直，由体后向右、向前平摆，至体前时屈肘，肘尖向前，高与肩平，拳心向下；目视肘尖（图 6-69 之 5）。

要点：双臂抡动时要划立圆，动作连贯。盘肘要快速有力，右肩前顺。

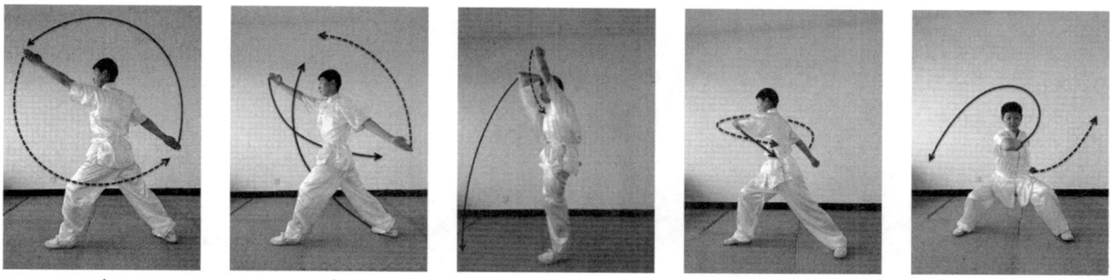

1　2　3　4　5

**图 6-69　转身踢腿马步盘肘**

（四）第三段

1. 歇步抡砸拳

（1）转头抡拳。重心稍升高，右脚尖外撇；右臂由胸前向上、向右抡直，左臂摆至体左侧，双手拳心向上；目随右拳转视（图 6-70 之 1）。

（2）转体抡摆。双臂抡摆不停，重心继续升高，双脚为轴（以左脚前脚掌、右脚跟为轴），向右后转体 180°；随身体转动，右臂向下、向后抡摆，左臂向上、向前抡摆（图 6-70 之 2）。

（3）歇步砸拳。紧接上动，双腿全蹲成右歇步；左臂随身体下蹲向下平砸，力达拳背，拳心向上，肘微屈；右臂伸直向右上举起，拳心向左；目视左拳（图 6-70 之 3）。

要点：抡臂动作要连贯完成，划成立圆。歇步要双腿交叉全蹲，左腿大、小腿靠紧，臀部贴于左小腿外侧，膝关节在右小腿外侧，左脚跟提起；右脚尖外撇，全脚着地。

1　2　3

**图 6-70　歇步抡砸拳**

2. 仆步亮拳

（1）回身横击掌。左脚由右腿后抽出向左上一步，左腿蹬直，右腿半蹲，右脚尖摆向右侧，成右弓步；上体微向右转；随上步、转体动作，左拳收至左腰侧，拳心向上，右拳变掌，向下经胸前向右横击掌，掌心向下，力达掌沿；目视右掌（图 6-71 之 1）。

（2）提膝穿掌。右脚蹬地屈膝提起，上体右后转；左拳变掌从右掌上向前穿出，掌心向上，右掌回收，平放至左肘下，掌心向上（图 6-71 之 2）。

（3）仆步亮拳。右脚向右落步，屈膝全蹲，左腿伸直，成左仆步；左掌向下、向后划弧成勾手，勾尖向上，右掌向右、向上划弧至头右上方后，抖腕成亮掌，掌心向前，臂微屈；头随右手转动，至亮掌时，目视左方（图 6-71 之 3）。

要点：仆步时，左腿充分伸直，脚尖内扣，右腿全蹲，双脚全脚掌着地。上体挺胸塌腰，稍左转。

1　2　3

图 6-71　仆步亮拳

3. 弓步劈拳

（1）上步掳手。右腿蹬地立起，左腿收回并向左前方上步；右掌变拳收至腰侧，拳心向上，左勾手变掌由下向前上经胸前向左做掳手，掌心横向外；目视左手（图 6-72 之 1）。

（2）上步挥摆。右腿经左腿前向左绕上一步，左腿蹬直，右腿稍屈弓；左手向左平掳后再向前挥摆，虎口向前，在左手平掳的同时，右拳向后平摆，拳眼向上（图 6-72 之 2）。

（3）弓步劈拳。重心前移成弓步；右拳向上、向前做抡劈拳，力达拳背，拳高与耳平，拳心向上，左掌外旋，手心向上，接托右前臂；目视右拳（图 6-72 之 3）。

要点：左、右脚上步稍带弧形。

1　2　3

图 6-72　弓步劈拳

4. 换跳步弓步冲拳

（1）缩身挂掌。重心后移，右脚稍向后移动，上体微前弓；右拳变掌，右臂内旋以掌背向下划弧挂至右膝内侧，左掌背贴靠右肘外侧，掌指向前；目视右掌（图 6-73 之 1）。

（2）提膝拧身。右腿自然上抬，上体稍向左扭转；右掌挂至体左侧，左掌留在右腋下；目随右掌转视（图 6-73 之 2）。

（3）震脚按掌。右脚以全脚用力向下震跺，与此同时，左脚急速离地向后勾起，同时上体右转；伴随转体，右手由左向上、向前掳盖，而后变拳收至腰侧，左掌伸直向上经头上方向前、向下横掌下按，肘关节平屈，掌心向下；目视左掌（图 6-73 之 3）。

（4）弓步冲拳。左脚向前上步，右腿蹬直成左弓步；右拳从左手手背上向前冲出成立拳，拳高与肩平，左掌回收藏于右腋下，掌背贴靠腋窝，掌指向上；目视右拳（图 6-73 之 4）。

要点：换跳步动作要连贯、协调。震脚时腿要弯曲，全脚掌着地。左脚离地不要太高。

1　2　3　4

图 6-73　换跳步弓步冲拳

5. 马步冲拳

左脚蹬转，脚尖内扣，上体右转 90°，重心移至双腿之间，成马步；左掌变拳向左冲出成立拳，右拳收至腰侧，拳心向上；目视左拳（图 6-74）。

要点：冲拳配合转体动作发力，力达拳面。成马步时，大腿接近水平，脚跟外蹬，挺胸、塌腰。

图 6-74　马步冲拳

图 6-75　弓步下冲拳

6. 弓步下冲拳

右脚蹬直，左腿弯曲，上体稍向左转，成左弓步；左拳变掌向下经体前划弧向上架于头左上方，掌心向上，右拳自腰侧向左前斜下方冲出，拳眼向上；目视右拳（图 6-75）。

要点：双脚蹬地，左拧腰，马步变弓步的同时右拳向下快速立拳打出，力达拳面。

7. 叉步亮掌侧踹腿

（1）十字交叉。上体稍右转；左掌由头上下落于右手腕上，右拳变掌，双手手腕处交叉成十字，手掌小指侧向前；目视双手（图 6-76 之 1）。

（2）叉步亮掌。右脚蹬地并向左腿左后方斜插步，以前脚掌着地；左掌由体前向下、向后划弧成勾手，勾尖向上，右掌由前向右、向上划弧抖腕亮掌，掌心斜向前上；目视左方（图 6-76 之 2）。

（3）侧踹腿。重心移至右腿，左腿屈膝提起，脚尖勾紧向左上方猛力踹出；上肢姿势不变；目视左侧（图 6-76 之 3）。

要点：插步时上体稍向右倾斜，侧踹高度不能低于腰，大腿内旋，着力点在脚跟。

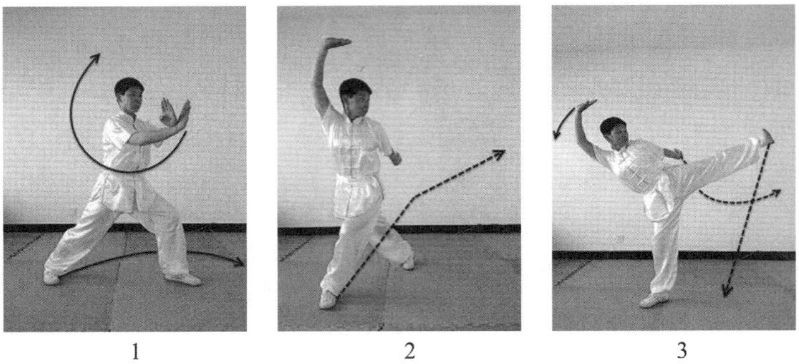

图 6-76 叉步亮掌侧踹腿

8. 虚步挑拳

（1）落步左挑拳。左脚在左侧落地；左勾手变拳由体后向左上挑，拳背向上，右掌变拳稍后移，拳心向后（图 6-77 之 1）。

（2）提膝前挂拳。上体左转 180°，微含胸前俯；左拳继续向前、向上划弧上挑，右拳向下、向前划弧挂至右膝外侧，拳眼向上；同时右膝提起；目视右拳（图 6-77 之 2）。

（3）虚步右挑拳。右脚向下落步，脚尖点地，重心落于左腿，左腿下蹲成右虚步；左拳向后划弧收至左腰侧，拳心向上，右拳向前屈臂挑出，拳眼斜向上，拳与肩同高；目视右拳（图 6-77 之 3）。

要点：挑拳发力与脚尖点地同时完成；虚步大腿接近水平。

图 6-77 虚步挑拳

（五）第四段

1. 弓步顶肘

（1）缩身下挂。重心升高，右脚踩实，上身微含胸前俯；右臂内旋向下直臂划弧以拳背下挂，至右膝内侧后稍屈肘，左拳不变；目视前下方（图 6-78 之 1）。

（2）提膝摆臂。左腿蹬直，右腿屈膝上抬，上体右转；左拳变掌，右拳不变，双臂向前、向上划弧摆起；目随右拳转视（图 6-78 之 2）。

（3）跳换步一。上动不停，双臂继续划弧至头上方；左脚蹬地起跳，身体腾空（图 6-78 之 3）。

（4）跳换步二。右脚先落地，右腿屈膝，左脚向左落步，以前脚掌着地；同时双臂向右、向下屈肘停于右胸前，右拳变掌，左掌变拳，右掌心贴靠左拳面，目视右方（图 6-78 之 4）。

（5）弓步顶肘。左脚向左上一步，右腿蹬直，左腿屈膝成左弓步；同时右掌推左拳，以左肘尖向左顶出，高与肩平；头随顶肘动作转向左方，目视左方（图 6-78 之 5）。

要点：交换步时不要过高，但要快。双臂抡摆时要成圆弧。

1　2　3　4　5

图 6-78　弓步顶肘

2. 转身左拍脚

（1）转身抡臂。以双脚前脚掌为轴向右后转体 90°，转体后左脚跟半步；随着转体，右臂向上、向右、向下划弧抡摆，同时左拳变掌向下、向后、向前上抡摆（图 6-79 之 1）。

（2）左拍脚。身体重心移至右脚，左腿伸直向前上迅速踢起，脚面绷平；左掌变拳收至左腰侧，拳心向上，右掌由体后向上经头上向前拍击左脚面；目视右手（图 6-79 之 2）。

1　2

图 6-79　转身左拍脚

要点：右掌拍脚时手指稍横过来，拍脚要准而响亮。

3. 右拍脚

（1）左掌后摆。左脚主动向前下压落地；左拳变掌向下、向后摆，右掌变拳收至腰侧，拳心向上（图 6-80 之 1）。

（2）右拍脚。身体重心移至左脚，右腿伸直向前上迅速踢起，脚面绷平；左掌由后向上经头上向前拍击右脚面；目视左手（图 6-80 之 2）。

要点：接转身左拍脚的上步动作要连贯；其余与本段的转身左拍脚相同。

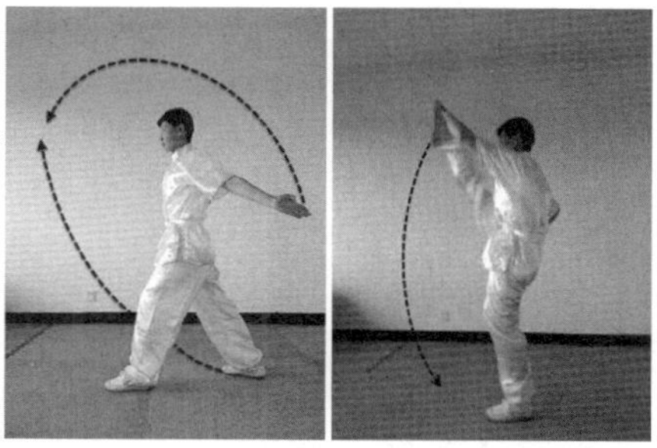
1　2

图 6-80　右拍脚

4. 腾空飞脚

（1）落脚上步。右脚主动向前下压落地，身体重心迅速移至右腿；上肢姿势保持不变（图 6-81 之 1）。

（2）起跳击掌。左脚向前摆起，右腿猛力蹬地跳起，左腿屈膝继续前上摆；同时右拳变掌向前上摆起，左掌先上摆而后下降拍击右掌背（图 6-81 之 2）。

（3）空中拍脚。左腿保持屈膝上提，右腿继续上摆，脚面绷直；右手拍击右脚面，左掌由体前向左后上举；目视右手（图 6-81 之 3）。

要点：蹬地要向上，不要太向前冲，左膝尽量上提。击响要在腾空时完成，右臂伸直成水平。

1 2 3

图 6-81 腾空飞脚

5. 歇步下冲拳

（1）半马步按掌。左脚先落地，右脚随后向前落地成半马步；右掌下落前伸，掌心向下，左掌变拳收至左腰侧，拳心向上；目视右手（图 6-82 之 1）。

（2）歇步下冲拳。身体右转 90°，双腿全蹲成歇步；右掌抓握、外旋变拳收至腰侧，左拳由腰侧向左下方冲出，拳心向下；目视左拳（图 6-82 之 2）。

要点：左平拳向左下方冲出，力达拳面。

6. 仆步抡劈拳

（1）站起抡臂。双腿蹬地，重心升高；右臂由腰侧向右伸直，左臂随身体重心升高向上摆起；目随左拳（图 6-83 之 1）。

（2）提膝转体。以右脚前脚掌为轴，左腿屈膝提起，上体左转 270°；随转体左拳由前向上、向后下、向前下划立圆，右拳由后向下、向前、向后上划立圆（图 6-83 之 2）。

1 2

图 6-82 歇步下冲拳

1 2 3

图 6-83 仆步抡劈拳

（3）仆步劈拳。左脚向后落一步，身体左转，左腿屈膝全蹲，右腿伸直，脚尖内扣成右仆步；右拳由上向下抡劈，拳眼向上，左拳后上举，拳眼向上；目视右拳（图 6-83 之 3）。

要点：抡臂时一定要划立圆。

7. 提膝挑掌

（1）弓步抡臂。左腿伸直，身体右转，重心前移成右弓步；同时右拳变掌由下向上抡摆，掌心向左，左拳变掌稍下落，掌心向右（图 6-84 之 1）。

（2）提膝挑掌。左、右臂在垂直面上由前向后各划立圆一周，右臂伸直停于头上，掌心向左，指尖向上，左臂伸直停于身后成反勾手，勾尖向上；同时右腿向前屈膝提起，左腿挺膝伸直独立；目视前方（图 6-84 之 2）。

要点：抡臂时要划立圆。

8. 提膝劈掌弓步冲拳

（1）提膝劈掌。下肢不动；右掌由上向前下猛劈伸直，停于右小腿内侧，用力点在小指一侧，左勾手变掌，屈臂向前停于右上臂内侧，掌心向左；目视右掌（图 6-85 之 1）。

（2）退步搂手。右脚向右后落地；身体右转 90°；同时左掌变拳收至左腰侧，拳心向上，右臂内旋向右划弧做搂手，虎口向下（图 6-85 之 2）。

（3）弓步冲拳。左腿蹬直成右弓步；右手抓握变拳收至右腰侧，拳心向上，左拳由腰侧向左前方冲出，拳眼向上；目视左拳（图 6-85 之 3）。

要点：劈掌、冲拳要快速有力、连贯协调。

1　　2

图 6-84　提膝挑掌

1　　2　　3

图 6-85　提膝劈掌弓步冲拳

（六）结束动作

1. 虚步亮掌

（1）扣膝抱掌。右脚蹬地，重心移至左脚，右脚扣于左膝后；两拳变掌，双臂右上左下屈肘交叉于左胸前，双手掌心均向下；目视右手（图 6-86 之 1）。

（2）退步舞花。右脚向右后落步，重心后移，右腿半蹲，上体稍右转；同时右掌向上、向右体前划弧停于左腋下，左掌则向下、向左、向上划弧停于右臂上与右胸前，双掌掌心左下右上；目视左掌（图 6-86 之 2）。

（3）虚步亮掌。左脚尖稍向右移，右腿下蹲成左虚步；左臂伸直向左、向后划弧成反勾手，勾尖向上，右臂伸直向下、向右、向上划弧抖腕亮掌，掌心向前；目视左方（图 6-86 之 3）。

要点：亮掌和转头协调一致。

1 2 3

图 6-86 虚步亮掌

2. 并步对拳

（1）退步穿掌。左腿向后撤一步；同时左勾手变掌，双掌从两腰侧向前穿出伸直，掌心向上；目视前方（图 6-87 之 1）。

（2）退步后摆掌。右腿后撤一步；同时双臂分别向体后下摆（图 6-87 之 2）。

（3）并步转头对拳。左脚后退半步向右脚并拢；双臂由后向上、向体前屈臂下按，下按过程中双掌变拳，停于腹前，拳心向下，拳面相对；目视左方（图 6-87 之 3）。

要点：身体直立，双掌变拳，由上向下压拳，两拳面相对。

3. 还原

两拳变掌，双臂自然下垂于身体两侧；头转向正前方，目向前平视（图 6-88）。

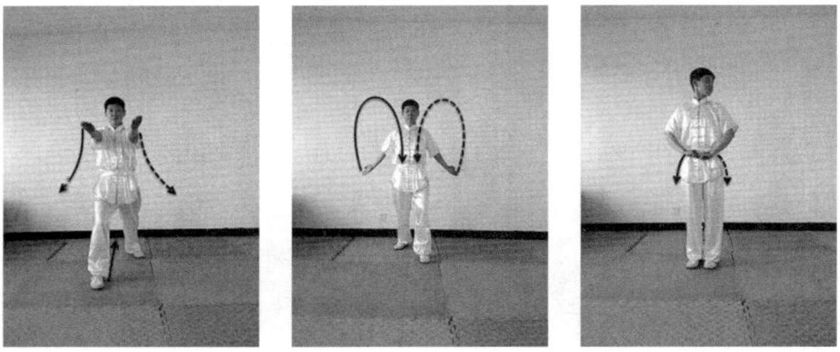

1 2 3

图 6-87 并步对拳

图 6-88 还原

# 第五节 刀 术

## 能力目标

初级刀术是武术套路运动中的短器械套路。它是一种舒展、迅猛，既能技击防身，又能增强体质的武术项目。通过练习，坐姿型职业人群可以增强体质，提高身体力量、速度、耐力、柔韧素质，达到健身、修身、防身和磨炼意志的目的。

## 工具包

### 一、初级刀术与刀的简介

“初级刀术”原名“刀术练习”，是国家体育总局为了适应广大人民群众锻炼的需要而整理审编的短器械初级套路。其特点是：内容丰富，结构紧凑，动作舒展，刀法多变，气势剽悍。

初级刀术分为四段，总共32式（预备动作和结束动作除外）。该套路内容丰富，其中有缠头刀、裹脑刀、劈刀、砍刀、跳刀、刺刀、挂刀、撩刀、按刀、斩刀、扫刀等刀法；有弓步、马步等基本步法；还有拧、仰、俯、转、翻、闪等身法。通过反复练习，不仅可以促进习武者柔韧、速度、耐力、力量等身体素质的全面发展，而且可以为习武者进一步提高刀术水平及全面掌握武术技能奠定基础。

（一）刀的各部位名称

刀的各部位名称如图6-89所示。

（二）刀的规格要求

（1）刀由金属制成（教学用刀以竹、木制亦可）。

（2）长度以直臂抱刀姿势为准，刀尖不得低于本人的耳朵上端。

（3）刀的质量（包括刀彩），成年男子不得轻于0.7千克；成年女子不得轻于0.6千克；少年、儿童不受限制。

（4）刀彩不得超过刀的长度，彩绸上不允许带有任何附加物品。

（三）基本握法

五指握刀柄，以虎口包绕刀把，并贴近护手盘，四指自然弯曲，四指中节与刀刃成一直线（图6-90）。

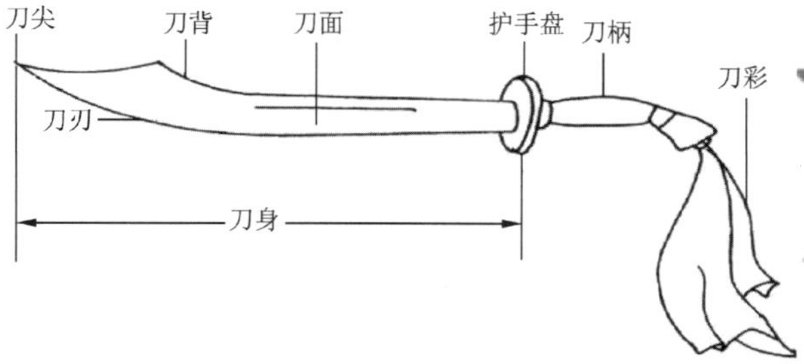


图6-89　刀的各部分名称

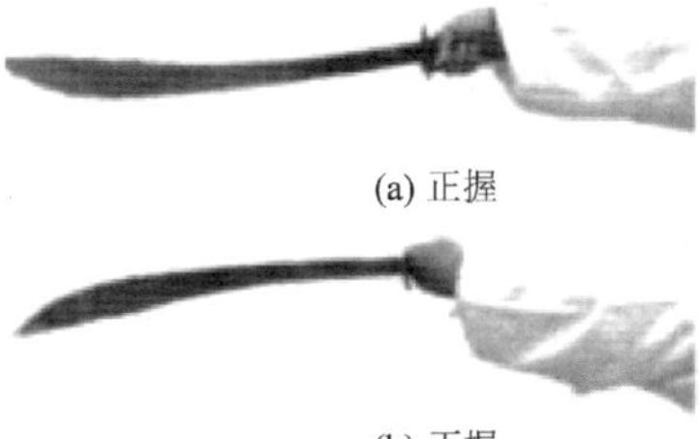

(a) 正握

(b) 正握

图6-90　刀的基本握法

（四）基本礼仪

1. 持刀的行礼方式

（1）抱刀礼。

① 抱刀：左手屈腕，手心紧贴护手盘，食指、中指夹握刀柄，拇指在上，其余两指向下扣握护手盘，刀背贴臂内侧，刀尖向上，刀刃向下［图6-91（a）］。抱刀一般用于预备姿势与收势。

② 抱刀礼：持刀者并立步，身体自然直立，左手抱刀，刀背贴于小臂上，刀刃向上横于胸前，右手拇指屈拢成立掌，以掌根附于左腕内侧，掌指向上，双臂撑圆平屈于体

前，腕与肩平，双肘不可扬起，目视前方［图 6-91(b)］。

（2）垂刀礼。

持刀者并立步，身体自然直立，右手虎口向上握刀柄，刀尖向下，刀身垂直，刀刃向左，左手拇指屈拢成立掌，掌心贴于右手指根，掌指向上，双臂撑圆平屈于体前，腕与肩平，双肘不可扬起，目视前方（图 6-92）。

(a) 抱刀

(b) 抱刀礼

图 6-91 抱刀礼

图 6-92 垂刀礼

2. 接递刀方式

（1）递刀方式。

① 双手托刀递（学习者向长辈或教师递刀方式）。递刀者并立步，身体自然直立，左手托护手，右手托刀身，刀刃向里，双手平举，使刀平托于胸前，目视接刀者（图 6-93）。

② 双手捧刀递（学习者向长辈或教师递刀方式）。递刀者并立步，身体自然直立，双手掌心向上，掌指向前，捧住刀护手盘平举于体前，刀身垂直，刀刃向里，目视接刀者（图 6-94）。

③ 单手提刀递（同辈之间、长辈向晚辈或教师向学习者递刀方式）。递刀者并立步，身体自然直立，右手拇指、食指、中指捏住刀柄顶端，刀尖下垂，刀身直立，刀刃向里，直臂举于体前，目视接刀者（图 6-95）。

图 6-93 双手托刀递

(a)

(b)

图 6-94 双手捧刀递

图 6-95 单手提刀递

（2）接刀方式。

① 双手接托刀递（长辈或教师接学习者递刀的接刀方式）。接刀者并立步，身体自然直立，左手掌心向上，平托刀身，右手掌心向下握刀柄，目视递刀者（图 6-96）。

② 单手接捧刀递（长辈或教师接学习者递刀的接刀方式）。接刀者并立步，身体自然直立，左手靠近护手处，虎口向上握刀柄，目视递刀者（图 6-97）。

③ 单手接提刀递（同辈之间接刀方式）。接刀者并立步，身体自然直立，左手虎口向上，靠近护手握刀柄，目视递刀者（图 6-98）。

④ 双手捧接提刀递（学习者接长辈或教师递刀的接刀方式）。接刀者并立步，身体自然直立，双手掌心向上，掌指向前，捧住护手，平举于体前，目视递刀者（图 6-99）。

图 6-96　双手接托刀递

图 6-97　单手接捧刀递

图 6-98　单手接提刀递

图 6-99　双手捧接提刀递

### 二、刀术的技法特点

武术流派中，刀术套路的风格特点各有所长，虽殊途万变，但在技法特点上有共同点，可以概括为以下三点。

（一）刀若猛虎，动势尚猛

刀的形制是刀背厚钝，刀刃薄利。所以，以劈、砍为主的刀法和快、疾、猛、狠的动势成为刀术的一大技法特点。拳谚有“短兵利在速进”之说。

（二）刀法快捷，诡秘莫测

刀法有虚有实、有刚有柔、有奇有正，变化莫测。故而有“刀走黑”之说，旨在阐明刀法的诡秘性。

（三）以腰助力，步疾刀猛

以劈、砍、斩、削、扫等为主要内容的刀法，在其用法上多以腰助力，加大攻击力度，身法活便，以腰助力而发挥其猛狠的动势。同时以身法的闪展腾挪、俯仰扭转加大动势的幅度。拳谚有“其用法，惟以身法为要”之说。单刀属短兵，欲发挥短兵长用的作用，不仅身法要灵活，而且步法的前后、左右移动迅疾也是关键。“短兵进退须足利，足如脱兔身如风。”敏捷快速的移动步法是达到“舒之可刃人于数步之外”的基本要求。

## 锻炼方法与手段

### 一、基本刀法

劈刀：刀由上向下为劈（图 6-100）。力从腰发，达于刀刃。

砍刀：刀由上向左或右下方斜劈为砍（图 6-101）。以腰助力，达于刀刃。

撩刀：刀由下向前上为撩，力达刀刃前部，撩刀有正撩与反撩。反撩时前臂外旋，刀沿身体右侧撩出（图 6-102）。正撩与反撩动作相同，唯方向相反。

挂刀：挂刀有上挂、下挂和抡挂之分。刀尖向右（左）、向上贴身挂出为上挂［图 6-103(a)］；刀尖向下、向后贴身挂出为下挂［图 6-103(b)］；抡挂为贴身立圆挂一周［图 6-103(c)］。力达刀背前端。

1 2

图 6-100 劈刀

1 2

图 6-101 砍刀

(a) (b)

图 6-102 撩刀

(a) 上挂 (b) 下挂 (c) 抡挂

图 6-103 挂刀

格刀：刀尖向下，使刀身向左、右摆格挡为格刀（图 6-104）。

斩刀：刀刃平行向左或向右横击为斩（图 6-105）。以腰拧转助力，力达刀刃。

扫刀：刀刃平行横击，与踝关节同高，力达刀刃（图 6-106）。

图 6-104 格刀

1 2

图 6-105 斩刀

1 2

图 6-106 扫刀

扎刀：刀刃向下，刀尖向前直刺为扎，力达刀尖，臂与刀成一直线（图 6-107）。平扎刀，刀尖高与肩平；上扎刀，刀尖高与头平；下扎刀，刀尖高与膝平。

挑刀：刀背由下向上挑，力达刀尖（图 6-108）。臂与刀成一直线。

1 2

图 6-107 扎刀

1 2

图 6-108 挑刀

按刀：刀刃向下，左手扶于刀背或右腕，平向下按（图 6-109）。高与腰平为平按刀，接近地面为低按刀。

缠头刀：刀尖下垂，刀背沿左肩经背绕过右肩，头部正直（图 6-110）。可与裹脑刀连接一起练习。

1　2　3　4　5

图 6-109　**按刀**

图 6-110　**缠头刀**

裹脑刀：刀尖下垂，刀背沿右肩经背绕过左肩，头部正直（图 6-111）。可与缠头刀连接一起练习。

1　2　3　4　5

图 6-111　**裹脑刀**

藏刀：刀身横平（刀尖向后，刀刃向外），藏于左腰后为拦腰藏刀［图 6-112(a)］。刀身平直（刀尖向前，刀刃向下），藏于右髋侧为平藏刀［图 6-112(b)］。

架刀：刀刃向上，由下横向上为架（图 6-113）。刀高过头，力达刀身。

带刀：刀尖向前，刀刃向左（右），由前向侧后抽回为带刀（图 6-114）。

(a)　(b)

图 6-112　**藏刀**

图 6-113　**架刀**

1　2　3

图 6-114　**带刀**

## 二、初级刀术的基本技术

### （一）预备动作

1. 虚步亮掌

（1）双脚并立，目平视前方。左手抱刀（虎口向下，拇指在前，其余四指在后夹握住刀柄，手腕部贴靠刀盘)，刀刃向前，刀尖向上，刀背贴靠前臂内侧，右手五指并拢，垂于身体右侧（图6-115之1)。

（2）右手向右、向上成弧形直臂绕环上举，手心斜向左上方（图6-115之2)。

（3）右臂外旋并屈肘，向左划弧下降至左腋近侧，手心向上；左手握刀在右手屈肘下降的同时，由身前屈肘从右臂里面直臂向上穿出，手心向右，刀尖向下；目视右手（图6-115之3)。

（4）右手从左腋向下、向右弧形绕环，同时左手握刀从上向左弧形绕环；目随右手（图6-115之4)。

（5）右手继续向上绕环至头顶，抖腕成横掌，掌心向前，肘关节微屈；左手握刀继续向下绕环至身后，反臂斜举，手心向右；右腿在右手成横掌之同时屈膝半蹲，左脚则随之向前伸出，前脚掌虚点地面，膝微屈成左虚步（图6-115之5)。

要点：上述五个分解动作必须连贯起来做，不要中断。成虚步时，必须虚实分明，要挺胸、塌腰。

1 2 3 4 5

图6-115 虚步亮掌

2. 并步接刀

（1）左脚向前上半步，膝略屈；右脚不动，腿蹬直；右掌同时从身前向身后弧形下落，至身后反臂斜举（图6-116之1)。

（2）右脚前进一步，膝略屈；左脚不动，腿蹬直；左手握刀与右手同时从身后向两侧平举（图6-116之2)。

（3）右腿伸直，左脚向前并步；左手握刀与右手同时从两侧向额前上方绕环，至额前上方时，右手拇指张开贴近刀盘，准备接握左手之刀（左手手心向后，右手手心向前，图6-116之3)。

要点：上半步、进一步和并步的动作必须和双臂从后向额前上方绕环的动作协调连贯。

1 2 3

图6-116 并步接刀

（二）第一段

1. 弓步缠头

（1）右腿屈膝略蹲，左脚向左上步；右手持刀使刀背贴身从左绕向身后，左臂向左平伸，掌心向下；目向左平视（图6-117之1）。

（2）上身左转，右腿挺膝伸直，左腿屈膝半蹲，成左弓步；右手持刀，手心向上，与上身左转之同时从身后向右、向前、向左肋处绕环平斩，至身前时，右臂内旋，手心向下，刀背贴靠于左肋，刀身平放，刀尖向后；左臂随之屈肘上举，至头顶上方成横掌；目向前平视（图6-117之2）。

1　　2

图6-117　弓步缠头（一）

要点：缠头时，刀背必须贴着脊背绕行；斩刀时，刀身必须平行，迅速有力。

2. 虚步藏刀

（1）上身右转，左腿伸直，右腿屈膝。右手持刀，手心向下，与上身右转之同时从左肋处向右平斩，刀背向前；左掌随之向左侧平落，手心向下；目视刀身（图6-118之1）。

（2）顺扫刀之势右臂外旋，手心向上，使刀背向身后平摆（图6-118之2）。

1　　2　　3　　4

图6-118　虚步藏刀（一）

（3）以右脚前脚掌为轴碾地，脚跟外展，上身随之左转；左脚后收半步，膝关节微屈，右腿屈膝略蹲；右手持刀，刀尖向下，从背后向左肩外侧绕行；同时左手经体前向下、向右腋处弧形绕环；目向左前方平视（图6-118之3）。

（4）右腿屈膝半蹲，左腿微屈膝，左脚前脚掌点地，成左虚步。右手持刀从左肩外侧向下、向后拉回，肘略屈，刀刃向下，刀尖向前；左手随即向前成侧立掌平直推出，掌指向上；目视左掌（图6-118之4）。

要点：以上四个分解动作必须连贯起来做。斩刀要平，绕刀要使刀背贴靠脊背。

3. 弓步前刺

左脚稍前移，踩实，右脚随即向前上步，左腿挺膝伸直，右腿屈膝半蹲，成右弓步。左掌在上步之同时从前向上、向后直臂弧形绕环，至身后平举成勾手，勾尖向下；右手持刀随之向前直刺，刀刃向下，刀尖向前；目视刀尖（图6-119）。

图6-119　弓步前刺

要点：刀尖和右手、右肩要成一条直线，上身略向前倾。

4. 并步上挑

左脚不动，重心后移，右脚蹬地回收，向左脚靠拢，并步直立。右手持刀在右脚向后并步之同时向上挑起，并屈腕使刀身向背后落下，刀尖向下，刀背贴靠脊背；左勾手随之向左平摆，与肩同高；目向前平视（图 6-120）。

要点：挺胸、直背，双腿伸直，左臂伸平，右肘微屈。

图 6-120 并步上挑

5. 左抡劈

（1）左脚不动，右脚向左斜前方上步；右手持刀同时向左斜前方劈下，左勾手变掌附于右肘处；目视刀身（图 6-121 之 1）。

（2）顺劈刀之势右臂内旋屈腕，使刀尖从下摆向身后，身体重心逐渐前移（图 6-121 之 2）。

（3）右脚不动，左脚向左斜前方上步，右腿挺膝伸直，左腿屈膝半蹲，成左弓步。右手持刀向上提起，刀刃向上，左掌仍附于右肘处（图 6-121 之 3）。

（4）右手持刀从上向右斜前方劈下，刀尖稍向上翘；左臂同时屈肘上举至头顶上方成横掌；目视刀尖（图 6-121 之 4）。

要点：抡劈动作必须连贯、有力，与步法配合协调。

1 2 3 4

图 6-121 左抡劈

6. 右抡劈

（1）右腿屈膝略蹲，重心后移至右腿上，左膝微屈；右手持刀向右下方抽回，刀刃向下（图 6-122 之 1）。

（2）右手持刀继续运转，臂外旋使刀尖向下、向右绕行，至右侧时，刀背向上；左掌同时从上向右胸前弧形绕环（图 6-122 之 2）。

（3）右腿蹬直，左脚向右斜前方上步；左掌向左侧下方绕环，右手持刀臂外旋将刀举起，刀刃向后上方（图 6-122 之 3）。

（4）右脚向右斜前方上步，左腿挺膝伸直，右腿屈膝半蹲，成右弓步；右手持刀同时从上向左斜前方（右腿上步后的右斜前方）劈下，刀尖稍向上翘；左掌随之从下向左、向上弧形绕环，至头顶上方屈肘成横掌（图 6-122 之 4）。

要点：与本段“左抡劈”相同。

1　　2　　3　　4

图 6-122　右抡劈

7. 弓步撩刀

（1）右手持刀臂外旋并屈肘，使刀刃向上、刀尖向前，右脚提起离地（图 6-123 之 1）。

（2）右脚随即向前落步；右手持刀向上、向后、向下贴身弧形绕环，左掌此时从上向下按于刀背上面；目视刀尖（图 6-123 之 2）。

（3）左脚从体前上步，右腿挺膝伸直，左腿屈膝半蹲，成左弓步；右手持刀随左脚上步之同时向前撩起，刀刃斜向上，刀尖斜向下；左掌仍按于刀背，掌指向上；上身前探，目视刀尖（图 6-123 之 3）。

要点：撩刀必须与步法协调连贯。

1　　2　　3

图 6-123　弓步撩刀（一）

8. 弓步藏刀

（1）右手持刀，手心向下，从体前向右、向后平斩，左臂平举于左侧；随斩刀动作，上体右转；目视刀尖方向（图 6-124 之 1）。

（2）左脚尖内扣，上体继续右转；右脚向身后撤步，左腿屈膝，右腿伸直；右手持刀顺斩刀之势臂外旋，使刀背向身后平摆，刀尖向下（图 6-124 之 2）。

（3）左脚向左斜后方撤步，右腿屈膝，左腿伸直；同时左掌向下、向右腋弧形绕环，右手持刀从背后向左肩外侧绕行（图 6-124 之 3）。

（4）右腿半蹲，成右弓步；右手持刀从左肩外侧向右后下方拉回，刀刃向下，刀尖向前；左掌随之从右腋处向前成侧立掌平直推出，指尖高与眉齐，掌指向上（图 6-124 之 4）。

要点：藏刀要迅速。藏刀时右手持刀使刀身贴近右腿，刀尖藏于右膝旁。左腿伸直，双脚全脚掌踩实地面，不得离地掀起。

1　　2　　3　　4

图 6-124　弓步藏刀

（三）第二段

1. 提膝缠头

（1）右脚不动，左脚向前上步；左掌屈肘收于右肩前，右手持刀使刀背顺左臂外侧向左方绕行，刀尖向下（图 6-125 之 1）。

（2）左脚尖外撇，上身左转；右手持刀继续顺左臂外侧绕行至背后，左掌随之向左直臂平摆，手心向下（图 6-125 之 2）。

（3）左脚不动，膝部伸直，右脚从身后屈膝在身前提起，脚面绷平，脚尖向下；右手持刀从背后向前、向左肋处绕环平斩，至左肋下顺斩刀之势臂内旋，手心向下，使刀平摆于左肋下，刀背贴肋，刀尖向后；左掌同时从左侧屈肘上举至头顶上方成横掌；目向右平视（图 6-125 之 3）。

1　　2　　3

图 6-125　提膝缠头

要点：左腿直立，膝部必须挺直；右腿提膝，膝部尽量高提，脚底靠近裆前，上身挺直，右臂平屈于胸前，不可紧贴胸部。

2. 弓步平斩

左脚不动，右脚向右侧落步，上身稍向右转，左腿挺膝伸直，右腿屈膝半蹲，成右弓步；右手持刀（手心向下）从左肋处向右拦腰斩击，刀尖向右，刀刃向后；左掌同时从上向左平落，掌指向左；目视刀尖（图 6-126）。

要点：平斩时刀身要平，刀尖与腕部、肩部持平，在同一条直线上。

图 6-126　弓步平斩

3. 仆步带刀

（1）右手持刀，臂外旋使刀刃向上，刀尖稍向下倾斜（图 6-127 之 1）。

（2）左腿屈膝全蹲，右腿挺膝伸直平铺，左脚尖稍向外撇，右脚尖向里紧扣，成右仆步；右手持刀向左上方屈肘带回，刀刃仍向上，刀尖仍稍向下垂；左掌同时屈肘附于刀把内侧，拇指一侧向下。目向右侧平视（图 6-127 之 2）。

要点：翻刀、后带动作必须连贯。仆步时，双脚全脚掌着地，不可离地掀起，上身稍向左倾斜。

4. 歇步下砍

（1）上身稍抬起；右手持刀，刀尖向下，从右肩外侧向背后绕行；左掌同时向左侧平伸，拇指一侧向下（图 6-128 之 1）。

（2）右脚不动，左脚经右腿后向右后方斜插一步，脚掌着地；同时左掌从左向下、向右腋处弧形绕环；与此同时，右手持刀从背后向左肩外侧绕行，手心向下，刀身平放，刀尖向后；目向右平视（图 6-128 之 2）。

（3）双腿屈膝全蹲成右歇步，右大腿压盖在左大腿上面，右脚全脚掌着地，左脚仅以前脚掌着地，臀部坐落在左小腿上；与此同时，右手持刀从左向前、向右下方斜砍，刀刃斜向下，刀尖向前；左掌随之向左摆出，在左侧上方成横掌；目视刀身（图 6-128 之 3）。

要点：上述分解动作必须连贯起来做。下砍时，刀的着力点在刀身后段。

1　2

**图 6-127　仆步带刀**

1　2　3

**图 6-128　歇步下砍**

5. 左劈刀

（1）身体起立，双手屈肘收至右额前，左掌附于右手腕，右手持刀使刀背停靠在左臂外侧（图 6-129 之 1）。

（2）双脚碾地（左脚掌、右脚跟为轴），使上身向左后转 180°；左掌随之向左侧平摆，拇指一侧向下；右手持刀顺左臂外侧绕行至背后，右腿略屈膝（图 6-129 之 2）。

（3）上身继续左转（以左脚跟、右脚掌为轴）成左弓步（图 6-129 之 3）。

（4）左腿保持不动，右脚向左斜前方上步，右腿稍屈膝成右虚步；右手持刀同时从身后向上、向前、向左侧下方斜劈，刀尖斜向下；左掌随之屈肘附于右肘处，掌指向上（图 6-129 之 4）。

（5）顺劈刀之势右臂内旋，屈腕使刀尖摆向身后，刀刃向下；左掌随之附右腕处；目向前平视（图 6-129 之 5）。

要点：转身、绕背、下劈的动作必须迅速连贯。

1 2 3 4 5

图 6-129 左劈刀

6. 右劈刀

1 2 3

图 6-130 右劈刀

（1）上身稍起立并向右转；右手持刀上举，使刀背顺左肩外侧绕向身后，刀尖向下，左掌随之上举（图 6-130 之 1）。

（2）左脚向右斜前方上步，右腿稍屈膝成左虚步；同时右手持刀从身后向上、向前、向右侧下方斜劈，刀尖斜向下；左掌随之附于右腕处（图 6-130 之 2）。

（3）重心稍提高；顺劈刀之势右臂外旋并屈腕，使刀尖经右腿外侧向后摆起，刀刃向下，左掌随之向前分开；目视刀尖（图 6-130 之 3）。

要点：劈刀必须连贯、快速有力。

7. 歇步按刀

1 2 3

图 6-131 歇步按刀

（1）右手持刀臂外旋屈肘，刀尖向下，使刀背从右肩外侧向背后绕行，目视右手(图 6-131 之 1)。

（2）左脚前脚掌碾地使脚跟外展，右脚经左腿后向左后方斜插一步；右手持刀从背后向左肩外侧绕行，同时左掌从左侧上举附于右手腕的拇指近侧（图 6-131 之 2）。

（3）双腿屈膝全蹲成左歇步，左大腿压盖在右大腿上面，左脚全脚掌着地，右脚仅以前脚掌着地，臀部坐落在右小腿上；右手持刀向左侧下按，左手附于右腕，刀刃向下，刀尖朝向身后，按刀与歇步同时完成；目视刀身（图 6-131 之 3）。

要点：插步、歇步、绕刀、按刀的动作必须快速、协调连贯。

8. 马步平劈

（1）双腿稍微蹬起（以左脚跟、右脚掌为轴），上身向右后转；右手持刀与左掌随身体转动至上身左侧时，双手从左向上举起，刀尖向下；目视刀尖（图 6-132 之 1）。

（2）双腿屈膝半蹲成马步，右手持刀从左向上、向右劈下，刀尖稍向上翘与眉齐；

左掌在头顶上方屈肘成横掌；目视刀尖（图 6-132 之 2）。

要点：转身、劈刀要快。成马步时，双脚尖向内扣，大腿蹲平。

（四）第三段

1. 弓步撩刀

（1）左掌从上向右肩弧形绕环至右肩前，目视左掌（图 6-133 之 1）。

（2）上身左转，右脚向左侧上一大步，左腿挺膝伸直，右腿屈膝半蹲，成右弓步；左掌在右脚上步之同时继续向下、向左、向上圆形绕环，至身后斜上举，掌心向上；右手持刀随左掌摆动之同时向下、向左侧撩起，刀刃斜向上，刀尖斜向下；目视刀尖（图 6-133 之 2）。

要点：上步、撩刀同时完成。

1　2

图 6-132　马步平劈

1　2

图 6-133　弓步撩刀（二）

2. 插步反撩

（1）上身左转，右腿蹬直，左腿屈膝成左弓步；同时右手持刀从右向上、向左弧形绕环，左掌屈肘收于右胸前；目随刀转（图 6-134 之 1）。

（2）上身右转，左脚经右腿后向右后方斜插一步；右手持刀继续向下、向右反臂弧形绕环撩刀，刀刃斜向上；同时左掌向左侧成横掌推出，拇指一侧向下，掌指向前，略屈肘；目视刀尖（图 6-134 之 2）。

1　2

图 6-134　插步反撩

要点：上述分解动作必须连贯完成，插步反撩时上身稍向前倾。

3. 转身挂劈

（1）以左脚前脚掌、右脚跟为轴碾地，使身体向左后翻转；右手持刀手腕内屈（向手臂内侧方向弯曲），使刀尖向下，随上身翻转之同时从下经右腿前向左、向上挑挂，刀刃向前，刀尖向右上；左掌随上身转动（图 6-135 之 1）。

（2）上身继续向左后转（以左脚跟，右脚前脚掌为轴），双腿交叉，左腿在前，右腿在后；右手持刀随上身后转之同时向上、向左、向下弧形绕环挂刀；左掌屈肘附于右腕处；目视刀尖（图 6-135 之 2）。

（3）左脚不动，右脚向右横跨一步；同时右手持刀，手臂内旋，使刀刃斜向上并向上举起；左掌从右腕处向下、向左弧形绕环平伸成立掌（图 6-135 之 3）。

（4）右腿伸直，左腿蹬地提起屈膝在腹前，上身稍向右倾；右手持刀与左腿提膝之同时从上向右用力下劈，刀刃向下，刀尖稍微上翘；左掌随之屈肘上举，在头顶成横掌；目视刀尖（图 6-135 之 4）。

要点：挂刀时必须内屈手腕，以防刀尖刮地。挂刀和劈刀的动作需连贯。提膝时重心要稳。

1 2 3 4

图 6-135 转身挂劈

4. 仆步下砍

（1）左脚向左侧落步，右腿伸直，左腿屈膝下蹲；右手持刀，手臂外旋屈肘，使刀刃向后，刀尖向下，从右肩外侧向后沿右肩向背后绕行；同时左掌从上向左、向下、向右胸前弧形绕环，至右胸前成侧立掌，掌指向上（图 6-136 之 1）。

1 2

图 6-136 仆步下砍

（2）左腿屈膝全蹲，右腿伸直平铺成右仆步；右手持刀从背后向左，经左肩外侧向前、向右下方绕行平砍，刀刃向右，刀尖向前；左掌同时屈肘上举于头顶上方成横掌；目视刀身（图 6-136 之 2）。

要点：下砍时，刀的着力点为刀身后段。

5. 架刀前刺

（1）左腿蹬地起立并向右侧上步，身体向右后转，右膝略屈；右手持刀，手臂内旋，使刀刃向上，并举刀向上横架；同时左掌附于右手腕的拇指近处；目向左平视（图 6-137 之 1）。

1 2 3

图 6-137 架刀前刺

（2）以左脚前脚掌为轴碾地，右腿屈膝提起，上身向右后转 180°；转体时，右手持刀上举，刀身经过头顶上，保持刀尖方向不变（即刀不随转体而转动）；转体后，双臂屈肘使刀平落身前，刀刃仍向上，刀尖所指的方向仍不变（经过转体后，此时刀尖实际上向右）（图 6-137 之 2）。

（3）右脚向右落步，左腿挺膝伸直，右腿屈膝半蹲成右弓步；右手持刀向右直刺，刀刃向下；同时左掌向左后方平伸，掌指朝向后上方，拇指一侧向上；目视刀尖（图 6-137 之 3）。

要点：提膝独立时重心要稳，前刺要快速有力。

6. 左斜劈

（1）右腿伸直，以双脚前脚掌碾地使上身向右后转；右手持刀，手臂内旋，刀尖向下，左手收至右胸前；刀背沿左肩外侧向背后绕行；左手收至右胸前后向左前方弧形平摆；目视左手（图 6-138 之 1）。

（2）身体左转，左腿于身前屈膝提起；右手持刀从后向右、向前、向左下方绕环斜劈；左掌附于右前臂内侧，上身稍向前倾（图 6-138 之 2）。

（3）顺劈刀之势，右臂内旋屈腕，使刀尖向左后上方摆起（图 6-138 之 3）。

要点：提膝时重心要稳，斜劈要连贯、快速有力。

7. 右斜劈

（1）左脚向前落步，脚尖内扣（图 6-139 之 1）。

（2）上身向右后转，右腿随之提膝离地；右手持刀从左向前、向右下方斜劈，左掌向左侧斜上举；目视刀尖（图 6-139 之 2）。

要点：与本段“左斜劈”相同。

1　2　3

图 6-138　**左斜劈**

1　2

图 6-139　**右斜劈**

8. 虚步藏刀

（1）右脚向后落步，腿伸直，左腿屈膝；右手持刀在落步之同时臂外旋、屈腕，使刀尖向下，刀背沿右肩外侧向左后绕行（图 6-140 之 1）。

1　2　3

图 6-140　**虚步藏刀（二）**

（2）身体重心后移，右腿屈膝略蹲，左脚后退半步；右手持刀从背后向左肩外侧绕行，同时左掌向下、向右腋处弧形绕环（图 6-140 之 2）。

（3）右手持刀从左肩外侧向下、向后回拉，略屈肘，刀刃斜向下，刀尖斜向前下；左掌随即向前成侧立掌平直推出，掌指向上；此时，右腿半蹲，左腿屈膝，成右虚步；目视左掌（图 6-140 之 3）。

要点：绕刀时，必须使刀背贴身绕行。藏刀时，右手腕上翘，使刀尖尽量向上，不可使刀尖下垂。

（五）第四段

1. 旋转扫刀

（1）左脚踩实；右手持刀臂内旋，使刀尖向下，刀背沿左臂外侧向左肩部绕行，左掌屈肘附于右手腕的拇指近侧（图 6-141 之 1）。

（2）左脚尖外撇，右脚上步，上身左转；右手持刀沿左肩向右后方绕行，同时左掌从右向左平摆；目视右方（图 6-141 之 2）。

（3）左脚经右腿后向右侧插步，右手持刀继续从背后向右肩外侧绕行；目视右手（图 6-141 之 3）。

（4）双腿屈膝全蹲成歇步，右手持刀，手心向上，从右肩外侧向前下方迅速扫刀；目视刀身（图 6-141 之 4）。

（5）上身向左后转，右手持刀随身转动，低扫一周；转身后，双腿直立；右手持刀，顺扫刀之势右臂内旋，使手心向下，将刀贴靠于左臂外侧；左掌附于右手腕拇指近侧（图 6-141 之 5）。

要点：旋转扫刀必须快速，刀身要平、低。

1 2 3 4 5

图 6-141 旋转扫刀

2. 翻身劈刀

（1）上身右转，同时右手持刀向右侧下劈，左掌附于右前臂内侧；目视刀尖（图 6-142 之 1）。

（2）右脚向左侧摆起，左脚蹬地起跳，同时上身向左后翻转，接着右脚向前落地；在跃步和转身的同时，左掌从右前臂处向下、向左后、向上弧形绕环，至头顶上方屈肘成横掌；右手持刀随翻转身之势向下、向左后绕环撩起，刀刃向上；目视右手（图 6-142 之 2）。

1 2 3

图 6-142 翻身劈刀

（3）上身继续向左后转；左脚在身体的右后方落步，左腿屈膝全蹲，右腿伸直平铺成右仆步，上身向右前方探伸；右手持刀在转身落步之同时从上向右劈下；左掌随之向下、向后、向上摆起，屈肘成横掌；目视刀尖（图 6-142 之 3）。

要点：翻身跃步尽量远，不要高。劈刀时手臂要抡圆。

3. 缠头箭踢

（1）左脚蹬直使上身立起；左掌屈肘收于右肩前方，右手持刀臂内旋，刀尖向下，使刀背沿左臂经左臂外侧向背后绕行；同时左脚向前摆起，右脚蹬地纵跳跃起；左掌此时从右肩向左侧平摆（图 6-143 之 1）。

1　　2

**图 6-143　缠头箭踢**

（2）在空中，右手持刀做缠头动作，使刀背经背后向右、向前、向左肋处绕环平斩，右臂内旋使刀背停于左肋处；左掌随之屈肘上举至头顶上方成横掌；与此同时右脚用脚跟向前蹬踢，左脚此时即用前脚掌落地（图 6-143 之 2）。

要点：缠头和箭踢的动作必须连贯协调。缠头动作要快速，箭踢有力，膝部挺直。

4. 仆步按刀

（1）上身右转，右腿屈膝收回；右手持刀从左肋处向前、向右、向后下方斜劈；左手向左上方上举，拇指一侧向上；目视刀身（图 6-144 之 1）。

（2）右手持刀臂外旋，刀尖向下，使刀经右肩外侧向背后绕行；目视右侧（图 6-144 之 2）。

（3）上身向右后转；同时左脚蹬地纵起，右脚趁势下落；右手持刀在纵步之同时经背后向左肩外侧绕行，左掌随之屈肘附于右手腕的拇指近处（图 6-144 之 3）。

（4）右腿屈膝全蹲，左脚在左侧落步，左腿伸直平铺成左仆步；右手持刀与左掌同时向下按切，左手附于右手腕，刀尖向左，刀刃向下；目向左平视（图 6-144 之 4）。

要点：向右后方劈刀要快速有力，纵跳和向右后转身要借助劈刀的惯性。做仆步时，左脚尖内扣，双脚全脚掌均不可离地掀起，上身稍向左前方倾探。

1　　2　　3　　4

**图 6-144　仆步按刀**

5. 缠头蹬腿

（1）右腿蹬直立起，左膝提起成独立；右手持刀向右后回拉，左掌向前方推出成侧立掌，掌指向上；目视左手（图 6-145 之 1）。

（2）上身左转，右手持刀经后向前，从左膝下方向左裹膝抄起，左掌附于右前臂内侧（图 6-145 之 2）。

（3）右手持刀经左肩外侧向后沿肩背绕行，左脚随即向左斜前方落步，左掌向左平摆，掌心向下（图 6-145 之 3）。

（4）左腿屈膝半蹲，右腿挺膝伸直，成左弓步；右手持刀从背后经右肩外侧向前、向左肋绕环平斩，至左肋时顺斩刀之势臂内旋，将刀背贴靠左肋；左掌随之屈肘上举至头顶上方成横掌（图 6-145 之 4）。

（5）重心前移至左腿，左腿挺膝伸直；右脚脚尖上跷，用脚跟向前上方蹬腿；目视脚尖（图 6-145 之 5）。

要点：缠头时必须使刀背绕左膝后再贴靠脊背绕行，动作要迅速、连贯，蹬腿要快，并且与缠头动作协调连贯。

1 2 3 4 5

图 6-145 缠头蹬腿

6. 虚步藏刀

（1）右脚向前落步（图 6-146 之 1）。

（2）左脚向前跃步，右脚趁势提起，上身在跃步之同时向右后转；右手持刀，手心向下，随着转身平斩一周，左掌从上向左后方平摆，掌心向上（图 6-146 之 2）。

（3）右脚向后落步，右手持刀臂外旋，使刀经右肩外侧向后绕行（图 6-146 之 3）。

（4）右手持刀从背后经左肩外侧向右腹前绕行，左掌经左侧向下、向右腋处弧形绕环后附右腕处（图 6-146 之 4）。

（5）右腿屈膝半蹲，左腿稍屈膝，右脚踩实，左脚尖点地成左虚步；右手持刀向后回拉，刀尖向前；左掌同时向前推出；目视左掌（图 6-146 之 5）。

1 2 3 4 5

图 6-146 虚步藏刀（三）

要点：跃步、转身、落步动作必须与刀的平扫、绕背动作协调连贯。

7. 弓步缠头

（1）左脚向左前方上半步，挺膝伸直；同时右手持刀臂内旋，刀尖向下，使刀经左肩外侧向后绕行，做缠头动作（图 6-147 之 1）。

（2）右腿挺膝伸直，左腿屈膝半蹲，成左弓步；右手持刀经背后向右、向前、向左肋平斩，斩至左肋时

1 2

图 6-147 弓步缠头（二）

顺斩刀之势臂内旋，使刀背贴靠于左肋，刀尖向后；同时左掌屈肘上举至头顶上方成横掌；目向前平视（图6-147之2）。

要点：缠头时必须使刀背贴靠脊背绕行，扫刀要迅速。

8. 并步抱刀

（1）左腿伸直，右腿屈膝，上身右转；右手持刀向右平斩，刀刃向后，刀尖向左，左掌随之向左平摆，掌心向上；目视刀尖（图6-148之1）。

（2）顺斩刀之势右臂外旋，使刀背向身后平摆；目视右手（图6-148之2）。

（3）右腿伸直，左脚向右脚靠拢，并步直立；右手持刀，刀尖向下，刀刃向后，刀把向额前上方举起，同时左掌也向额前方举起，食指、中指分开，夹握刀把，掌心握住刀护手盘，准备将右手之刀接回（右手手心向前，左手手心向后）；目视左侧（图6-148之3）。

要点：并步与接刀的动作要协调连贯。

1　2　3

图6-148　并步抱刀

（六）结束动作

（1）左脚向后退一步；左手将刀接回，与右掌同时从上由前分向两侧落下，左手抱刀，刀背贴靠左臂手肘，刀刃向前，刀尖向上；目视右手方向（图6-149之1）。

（2）右脚后撤一步；同时右掌从下向后、向上绕向右耳侧成横掌，掌心向前，拇指一侧向下；左手抱刀不动；目视右手（图6-149之2）。

（3）左脚后退向右脚靠拢，并步直立；右掌随即从右耳侧向下按落，掌心向下，略屈肘并向外撑开；左手握刀不动；目向左平视（图6-149之3）。

要点：退步、撤步和绕掌动作连贯迅速。

1　2　3

图6-149　结束动作

# 第七章　坐姿型职业人群适应性运动

## 第一节　乒乓球运动

### 能力目标

从事乒乓球运动，可提高坐姿型职业人群的速度素质、力量素质和身体的灵敏性、协调性，提高手指、手腕的灵活性，加强手、眼和脑的协调配合能力。

### 工具包

**一、乒乓球运动简介**

乒乓球运动是由两名或两对选手分别站在球台的两端，在球台中间隔放一个球网的球台上，用手中的球拍把对方打过来并击中本方球台的球还击到对方，这样打来打去的一项球类的运动项目。

乒乓球运动的特点是器材设备简单，室内室外都可以进行，运动量可大可小，不同年龄、性别和身体条件的人都可以参加，很容易被大众所接受。乒乓球速度快，变化多，要求练习者在短时间内对瞬息万变的击球有较强的反应能力和应变能力。乒乓球项目有单打、双打和团体项目。

**二、乒乓球运动的锻炼价值**

（一）可以有效地提高身体素质

长期参加乒乓球运动，随着运动水平的不断提高、活动范围的加大及运动量的加大，不仅可提高身体的灵敏性，而且可使肌肉发达、结实、健壮，关节更加灵活稳固。

（二）可以改善神经系统的灵活性

打乒乓球时，球在空中飞行的速度是很快的，正手攻球只需 0.15 s 就可到达对方台面。在这样短暂的时间内，要求运动员对高速运动的来球方向、旋转、力量、落点等全面进行观察，迅速作出判断，并及时采取对策，迅速移动步法，调整击球的位置与拍面角度，进行合理的还击，而这一切活动都是在大脑指挥下进行的，经常从事乒乓球运动，可大大提高神经系统的反应速度。

（三）可以改善心血管系统和呼吸系统的功能

经常参加乒乓球运动，能使心血管系统的结构和机能得到改善，心肌变得发达有力，心容量加大，每搏输出量增多，心搏徐缓和血压降低，提高心脏的工作效率，有利于身体的新陈代谢，提高整个身体的机能水平。一般健康成年男子安静时心率为 65~75 次/分钟，成年女子为 75~85 次/分钟；而受过乒乓球训练的运动员，男子安静时心率为 55~65 次/分钟，女子为 70 次/分钟左右。

（四）可以提高心理素质

乒乓球是一项竞技运动，由于竞争激烈，成功和失败的条件经常转换，参赛者经受这些变幻莫测、胜负难料的激烈竞争的锻炼，体验了种种情绪，同时，在比赛中要对对方的战术意图进行揣摩，把握自己的战术应用，因此，其心理素质得到了很好的锻炼。

（五）可以促进交流，增加友谊

通过参加乒乓球运动，可以相互交流经验，切磋球技，达到相互学习、共同提高、建立良好的人际关系的目的。

**三、乒乓球运动的场地、器材**

（一）场地

一张球台赛区长不得小于 14 米，宽不得小于 7 米，高不得小于 5 米，四周应用 75 厘米的暗色挡板围起。

（二）器材

1. 球

球应为圆球体，直径为 40 毫米，球的质量为 2. 7 克，由塑料材质制成，呈白色或橙色，且无光泽。

2. 球拍

（1）球拍的大小、形状和重量不限，但底板应平整、坚硬。

（2）底板厚度至少应有 85%的天然木料。加强底板的黏合层可用诸如碳纤维、玻璃纤维或压缩纸等纤维材料，每层黏合层不超过底板总厚度的 7. 5%或 0. 35 毫米。

（3）用来击球的拍面应用一层颗粒向外的普通颗粒胶（“普通颗粒胶”是一层无泡沫的天然橡胶或合成橡胶，其颗粒必须以每平方厘米不少于 10 颗、不多于 50 颗的平均密度分布在拍面的整个表面）覆盖，连同黏合剂，厚度不超过 2 毫米；或用颗粒向内或向外的海绵胶（“海绵胶”即在一层泡沫橡胶上覆盖一层普通颗粒胶，普通颗粒胶的厚度不超过 2 毫米）覆盖，连同黏合剂，厚度不超过 4 毫米。

（4）底板中的任何夹层及用来击球一面的任何覆盖物及黏合层均应为厚度均匀的一个整体。球拍两面不论是否有覆盖物，必须无光泽，且一面为鲜红色，另一面为黑色。

（5）由于意外的损坏、磨损或褪色，造成拍面的整体性和颜色上的一致性出现轻微的差异，只要未明显改变拍面的性能，均可允许使用。

（6）比赛开始时及比赛过程中运动员需要更换球拍时，必须向对方和裁判员展示他将要使用的球拍，并允许他们检查。

3. 球台

球台用木料或其他材料制成。球台长 2. 740 米，宽 1. 525 米，高 0. 760 米。台面暗色无光泽，厚 35 厘米。周边有一条 2 厘米宽的白线。与网垂直的线称为“边线”，与网平行的线称为“端线”。双打台面有一条与边线平行的 3 厘米宽的白色中线把台面分为两个相等的半区。在台面中间架设乒乓球网，与边线和台面垂直，把台面分为两个相等的台区。

4. 球网

球网由网和网架构成。网用暗绿色拉线编织而成，长 1. 83 米，高 15. 25 厘米，网眼为正方形，边长 7. 5~12. 5 毫米，网顶镶有白布边，宽 1. 5 厘米，中间穿有绳线，固定在网柱上。网架为铁制，柱高 15. 25 厘米，直径 2. 2 厘米，外沿高于球台边线 15. 25 厘米，颜色为单一暗色、不反光。

## 锻炼方法与手段

### 一、乒乓球运动基本技术

（一）握拍法

乒乓球握拍方法分直拍握拍法和横拍握拍法两种。直拍握拍法又分为传统的左推右攻式和现在的直拍横打式，不同的握法各有其优点，从而产生各种不同的打法。

1. 动作要领

（1）直拍握拍法：传统的左推右攻式握拍法是以食指第二指节和拇指第一指节扣拍，其他三指自然弯曲，中指第一指节贴于拍的背面。其特点是正反手都用球拍的同一拍面击球，出手快，正手攻球快速有力，攻斜、直线球时，拍面变化不大，对手难以判断，如图 7-1(a)所示。

直拍横打式握拍法近似于直拍浅握法，拇指较直，食指比较放松，中指、无名指和小拇指较直。这是现在比较先进的技术，弥补了直拍在反手进攻技术上的空缺，如图 7-1( b)所示。

（2）横拍握拍法：中指、无名指和小指自然地握住拍柄，拇指在拍的正面轻贴在中指旁边；食指自然伸直斜放于球拍的背面。其特点是正反手攻球力量大，攻削球时握法变化小，反手攻球容易发力，也便于拉弧圈；但正反手交替击球时，需变换击球拍面，攻斜、直线时调节拍形的幅度大，易被对方识破，如图 7-1(c)所示。

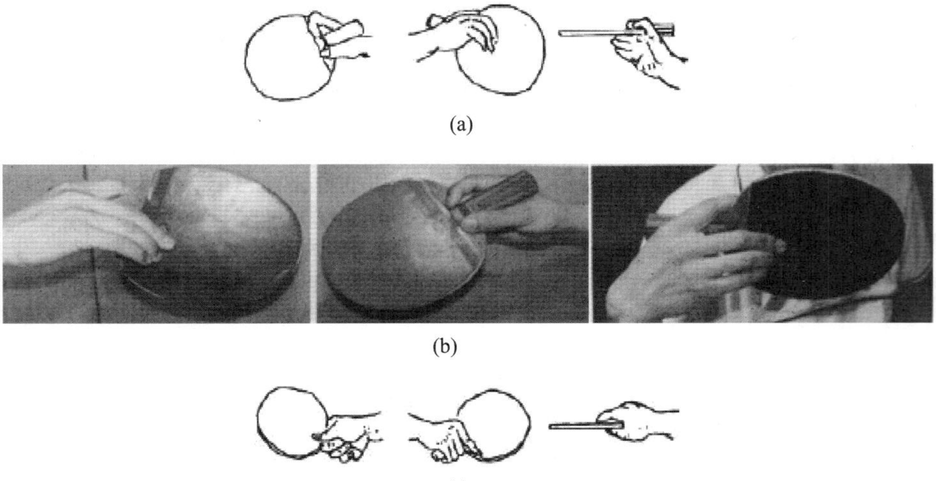

(a) (b) (c)

图 7-1　握拍法

2. 动作要求

（1）无论哪种握拍法，握拍都不应过紧或过松。过紧，会使手腕僵硬，影响发力时的手腕动作；过松，则影响击球力量和击球的准确性。

（2）握拍不宜太浅。直握时，食指和拇指构成的钳形不能过大或过小，以免影响手腕动作的灵活性。

（3）在变换击球的拍面、调节拍面角度时，要充分利用手指的作用。

（4）不应经常变化握拍方法，否则会影响打法类型及风格的形成，尤其是初学者更应注意。

（二）基本站位与基本姿势

1. 基本站位

基本站位应当根据不同类型打法及个人特点而定，随着技术的提高、打法类型的逐步形成，相应地对基本站位提出了要求。快攻型打法基本站位在近台中间偏左的位置，弧圈型打法基本站位在中台中间偏左位置。

2. 基本姿势

两脚平行站立，左脚稍前，两脚略比肩宽，提踵，两脚前脚掌内侧着地，两膝微屈，上体略向前倾，含胸收腹，身体重心在两脚中间，持拍手自然弯曲置于腹前，离身体 25 厘米。

（三）基本步法

1. 单步动作要领

以一只脚为轴，另一只脚向前、后、左、右不同方向移动，身体重心随之落在移动脚上，如图 7-2 所示。

2. 跨步动作要领

一脚蹬地，另一脚向移动方向跨一大步，蹬地脚随后跟上半步或一小步，身体重心即移到跨步脚上，如图 7-3 所示。

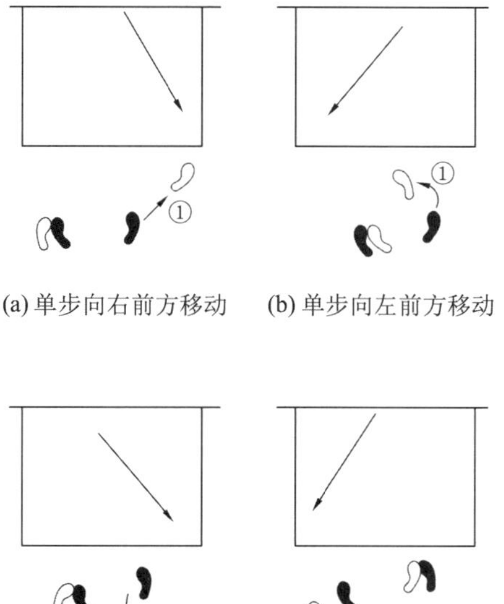


(a) 单步向右前方移动　(b) 单步向左前方移动

(c) 单步向右后方移动　(d) 单步向左后方移动

图 7-2　单步

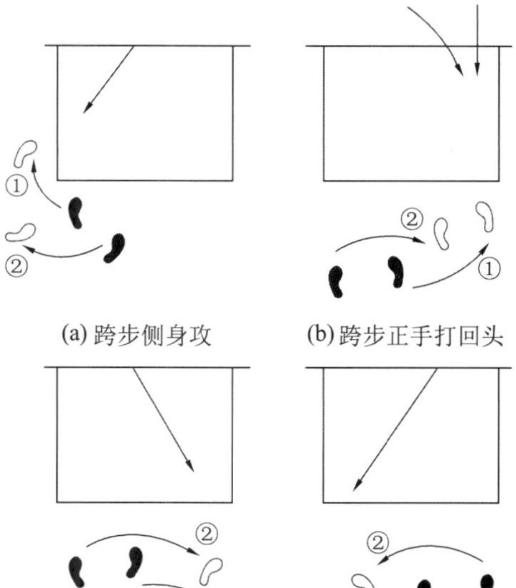


(a) 跨步侧身攻　(b) 跨步正手打回头

(c) 跨步正手削突击　(d) 跨步反手削突击

图 7-3　骑步

3. 滑步

两脚几乎同时向来球方向蹬地，几乎同时离地，来球异侧脚先落地，同方向脚紧随着地，移动后两脚距离基本不变，如图 7-4 所示。

4. 跳步

以来球异侧脚用力蹬地，两脚同时离地向来球方向跳动。

5. 交叉步

以靠近来球方向的脚作为支撑脚，该脚的脚尖调整指向移动方向，远离来球方向的脚在体前交叉，向来球方向跨出一大步，身体随之向来球方向转动，支撑脚跟着向来球方向再迈一步，这是前交叉步。后交叉步是在体后完成交叉动作。

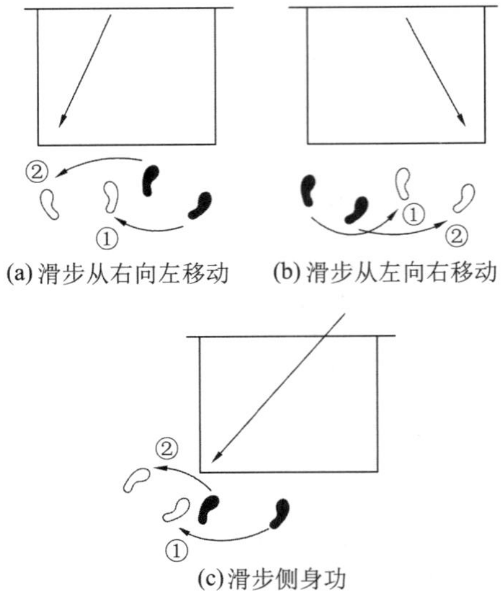

(a) 滑步从右向左移动　(b) 滑步从左向右移动

(c) 滑步侧身功

图 7-4　滑步

（四）发球

发球技术在乒乓球比赛中，是唯一不受对方限制的技术。技术的主动性比较强，因此它就成了乒乓球竞赛中创造得分机会的主要技术。

1. 正反手平击发球

抛球时，向后上方引拍，球拍拍面略前倾；球拍向前下方挥动，击球的中上部；击球后迅速还原，挥拍击球时有一个略微向下压球的动作，如图 7-5 所示。

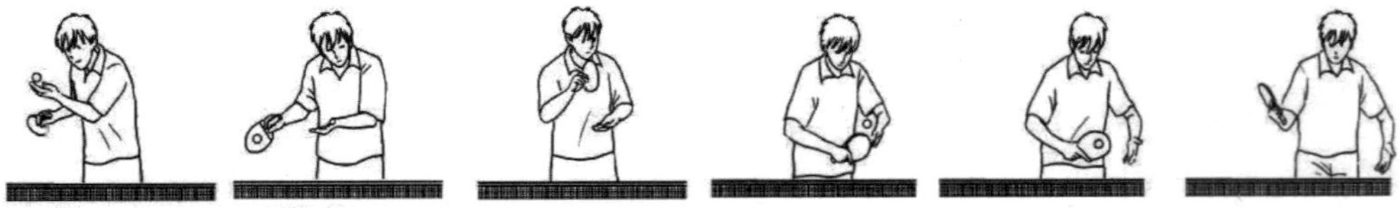
(a) 正手平击发球　(b) 反手平击发球

图 7-5　发球

2. 正手发奔球

抛球不宜太高；抛球时拍向后引，球拍稍立起；击球时向前下方快速挥动，提高击球瞬间的挥拍速度，用拍撞击球的中部；第一落点要靠近本方台面的端线；击球点与网同高或稍低于网，以便降低球的弧线，如图 7-6 所示。

图 7-6　正手发奔球

3. 反手发急球

抛球时拍向后引；击球时向前下方快速挥动，以提高击球瞬间的挥拍速度，用拍撞击球的中部，注意手腕的抖动发力；击球点应在身体的左前侧与网同高或比网稍低；第一落点在本方台区的端线附近，如图 7-7 所示。

(a) 直板反手发急球　　(b) 横板反手发急球

图 7-7　正手发急球

4. 发短球

抛球不宜太高；击球时，手腕的力量大于前臂的力量；发球的第一落点在球台中区，不要离网太近；主要靠手腕和前臂摩擦发力，控制向前的力量；发球动作尽可能与发长球相似，使对方不易判断。

5. 正手发转与不转球

抛球不宜太高；抛球时，持拍手手臂外旋，手腕外展，拍面稍后抑，向后上引拍；切球的中下部；发球时前臂加速向前下方用力，同时手腕内旋，击球中下部；越是加转球，越应注意手臂的前送动作，和手腕快速摩擦；发不转球时，减少摩擦，击球瞬间减小拍面后仰角度，增加前推的力量，如图 7-8 所示。

图 7-8　正手发转与不转球

6. 侧身位正手发左侧上（下）旋球

发球时要收腹，击球点不可远离身体；尽量加大由右向左挥动的幅度和弧线，以增强侧旋强度；发左侧上旋球时，击球瞬间手腕快速内收，球拍从球的正中向左上方摩擦；发左侧下旋球时，拍面稍后仰，球拍从球的中下部向左下方摩擦；击球过程中，摩擦球的部位越远离球心，旋转则越强，如图 7-9 所示。

(a) 侧身直板正手发左侧上（下）旋球　　(b) 侧身横板正手发左侧上（下）旋球

图 7-9　侧身位正手发左侧上（下）旋球

7. 反手发右侧上（下）旋球

注意收腹和转腰动作；充分利用手腕转动配合前臂发力；发右侧上旋球时，击球瞬间球拍从球的中部向右上方摩擦，手腕有一个上勾动作；发右侧下旋球时，拍面稍后仰，击球瞬间球拍从球的中下部向右侧下摩擦；摩擦球的部位越远离球心旋转则越强，如图 7-10 所示。

(a) 直拍反手发右侧上（下）旋　　(b) 横拍反手发右侧上（下）旋

图 7-10　反手发右侧上（下）旋球

（五）接发球

乒乓球比赛首先从发球与接发球开始，如果接发球技术好，可以破坏对方的进攻或者直接得分，并为自己进攻创造机会；反之，如接发球质量不高，可以给对方较多的进攻机会，容易造成被动的局面。那么比赛过程中就应利用各种信息进行综合分析。

（1）就对方发球时的站位决定自己接发球的站位。

（2）观察对方发球前的引拍方向。

（3）观察球拍触球瞬间摩擦球的方向，判断球的旋转性质。

（4）观察发球时挥臂的动作幅度和手腕用力大小，判断球的落点长短和旋转强弱。

（5）根据发球的第一落点判断来球的长短。

（6）根据球在空中的飞行弧线判断旋转。

（7）根据手感判断来球的旋转。

（8）记住不同性能球拍的颜色及各自的性能。

（六）推挡球

推挡球是直拍快攻打法的主要技术之一。其特点是动作小、球速快、变化多。

1. 挡球

挡球是推挡球技术的基础，初学者应形成正确的动作手法；引拍时，上臂应靠近身体；前臂前伸近球，手腕手指调节拍形，食指用力，拇指放松，如图 7-11 所示。

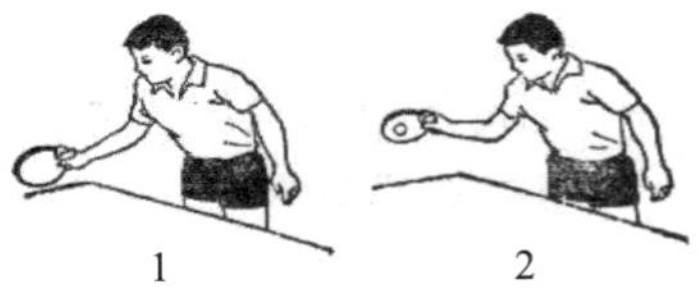

图 7-11 挡球

2. 快推

击球前靠近身体，前臂适当后撤引起；在前臂向前推送的过程中，完成外旋动作；转腕动作不宜过大，关键是时机要恰当，如图 7-12 所示。

3. 加力推

球拍后撤上引是为了增大用力距离；击球点适当离身体远一点；击球时间不宜过早或过迟；要有效地把身体各部分的力集中在击球的一瞬间，如图 7-13 所示。

图 7-12 快推

图 7-13 加力推

4. 减力挡

击球前身体重心略升高，稍屈前臂，球拍保持合适的前倾角度；触球瞬间，有意识地做手臂和手腕后收的动作；削弱来球反弹力的同时，借来球的力量将球挡过去，回球速度快，如图 7-14 所示。

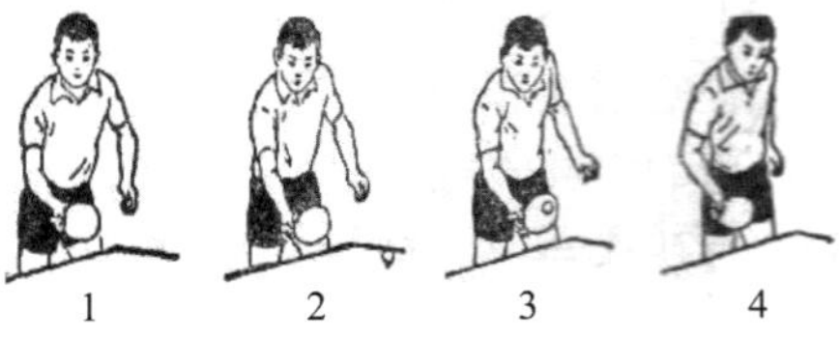

图 7-14 减力挡

（七）搓球

1. 慢搓

应根据来球的具体情况，控制好拍面的后仰角度；击球时，前臂用力为主，转腕动作不宜过大；搓加转球，在向下用力的同时，应增加前送的幅度，如图 7-15 所示。

2. 快搓

身体重心前移，身体靠近来球；前臂主动前伸插向球的中下部；快搓一般借力还击，若来球下旋弱，可用力下切，如图 7-16 所示。

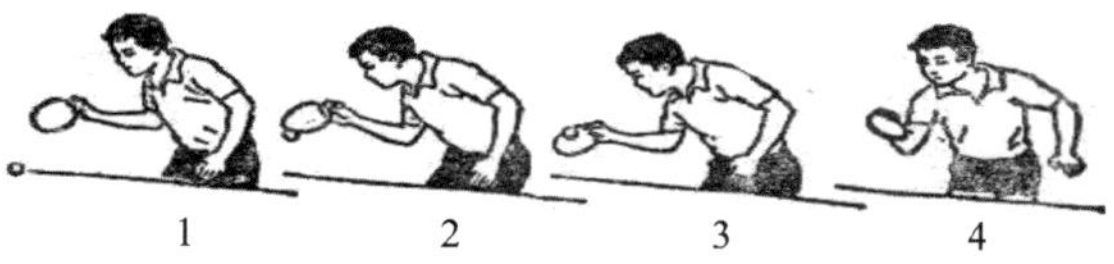

图 7-15　慢搓

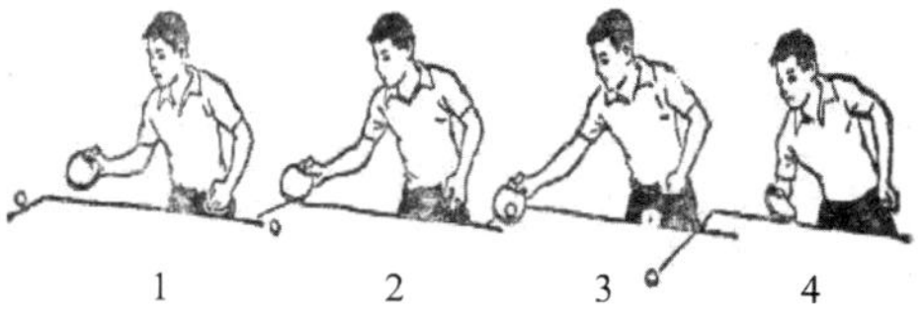

图 7-16　快搓

3. 搓转与不转球

加转是前提，转与不转间差异越大越有威力。搓转球时，手腕爆发式用力为主；搓不转球时，要注意回球的弧线。

4. 不同性能球拍的搓球

掌握熟练的倒拍技术，选择好换拍面搓球的时机，使对方防而不备，出现失误，并做好下一板球的应变准备。

（八）削球

1. 远削

向上引拍，是为了增大削击球的用力距离；在下降期击球，但不能过于低于台面；要保持足够的撞击力，否则球不会过网，如图 7-17 所示。

2. 近削

向上引拍比肩略高；根据来球的情况调节拍面后仰角度；前臂发力为主，手腕配合下压，击球后没有前送的动作，如图 7-18 所示。

图 7-17　远削

图 7-18　近削

3. 削弧圈球

应在来球的下降后期触球，此时，球的旋转已减弱；击球点一般选在右腹前为宜，并适当放低些，这样可利用来球部分向上的反弹力形成自然的回球弧线，有利于提高削球的准确性；球拍触球时，拍面不能过分后仰，应触球的中下部；如来球旋转较强，可使拍面竖直些，并适当加大手臂向下压球的力量；触球时，手腕应相对固定，以免回球过高，如图 7-19 所示。

图 7-19　削弧圈球

（九）攻球

1. 正手近台攻球

充分利用全身协调用力（蹬地、转腰、移重心）；前臂发力为主，手腕辅助用力；击球点在身体右前侧（大约为前臂的长度）。触球瞬间向前打为主，略带向上摩擦，如图 7-20 所示。

2. 正手中远台攻球

加大向右手方引拍幅度，以增大击球的动作半径；上臂带动前臂发力，如图 7-21 所示。

图 7-20 正手近台攻球

图 7-21 正手中远台攻球

3. 正手扣杀

击球点离身体稍远；球拍应与球同高；在高点期击球，不宜打“落地开花球”；击球瞬间，整个手臂应发挥到最大力量，配合腰部转动及蹬地的力量；如来球带有下旋，球拍略低于来球，触球瞬间手腕向上抖动发力，如图 7-22 所示。

4. 正手拉球

身体重心略下降，右肩稍下沉；在球的下降前期击球，不可过于低于台面；触球时应尽量增大摩擦球体的面积和时间，如图 7-23 所示。

图 7-22 正手扣杀

图 7-23 正手控球

5. 正手台内突击

击球前持拍手臂不宜伸得太直；用中等力量击球较为合适；应根据来球的旋转性质与强度，调节好拍面角度、击球的部位和发力的方向。

6. 正手杀高球

要集中全身的力量于触球的一瞬间；击球点适当离身体稍远一点；近网高球只需向下用力，对于杀落点远、落点后有一定前冲力的高球，应保持足够的向前力量，如图 7-24 所示。

图 7-24 正手杀高球

（十）弧圈球

1. 正手前冲弧圈球

引拍的幅度大，尽可能增大挥拍的动作半径；加快挥拍速度，在球拍达到最大速度时触球；单纯用上肢发力，前冲力不强，因此腿、髋、腰的配合不可缺少；摩擦力大于撞击力，球拍与球的吻合面要合适，防止打滑，如图 7-25 所示。

2. 正手加转弧圈球

引拍时，球拍必须低于来球，但不要下沉太多；拉球时，持拍手臂由下向上发力，前臂快速收缩，触球瞬间，尽量加长摩擦时间；身体重心随右脚蹬地，转腰，挥臂提高，如图 7-26 所示。

图 7-25　正手前冲弧圈球

图 7-26　正手加转弧圈球

3. 反手拉弧圈球

击球点不宜离身体太近；充分利用肘关节的杠杆作用，先支肘，再收肘，借以增加前臂的挥摆幅度和力量；近台快拉的击球时间为上升后期或高点期，中远台发力拉的击球时间为下降期，但不可过分低于台面。

**二、乒乓球运动基本战术**

运动员为争取比赛胜利，综合运用技术、心理和身体素质的方法，我们称之为战术。在制定乒乓球战术之前，首先，应知己知彼，了解对手的球拍性能、技战术特点等情况，以便根据自己的技术状况制定战术。其次，应机动灵活，随机应变，在比赛中当对手适应了你的打法时应及时改变，除了落点要有变化外，在旋转、力量和速度上也应灵活多变。另外，制定的战术不能超越自身的技术能力，应以发挥自己的技术特长为主。

（一）发球抢攻

它是一种先发制人的战术，以攻为主的运动员常以此作为得分手段。

（1）发急球与轻短球结合落点变化进行抢攻。

（2）发上（下）旋球或结合落点变化进行抢攻。

（3）发侧上（下）旋球结合落点变化进行抢攻。

（4）发转与不转球结合落点变化进行抢攻。

（二）对攻

（1）攻两角战术。

（2）侧身攻战术。

（3）攻追身球战术。

（三）搓球

（1）搓反手大角与不转球抢攻。

（2）搓不同点进行抢攻。

（3）搓拉结合落点变化伺机抢攻。

### 乒乓球竞赛欣赏方法

**一、选择方位和发球权**

每场比赛开始前，由双方运动员用抽签的方法选择方位和发球权、接发球权。中签者有选择方位和发球权、接发球权，也可要求对方先选择。如中签者选择先发球或先接发球，对方则选择方位；如中签者选择方位，对方则选择先发球或接发球。

**二、练球**

一场比赛开始前，运动员有权在比赛开始的球台上练球 2 分钟。

**三、合法发球**

（1）发球时，球应放在不持拍手手掌上，手掌应静止、张开、伸平，四指并拢，拇指自然张开。

（2）球停留在静止的不持拍手手掌上的最后一刻，直到发球时击球，不持拍手和球以及整个球拍应始终高于球台水平面。

（3）发球员只能用手向上抛球，不得使球旋转，要使球从手掌向上直抛，至少抛到离不持拍手手掌上 16 厘米。

（4）当球从抛起的最高点降落时，发球员才能击球，并使球首先触及发球员台区，然后直接越过或绕过球网，触及接发球员台区。

（5）在双打中，球应首先触及发球员的右半区，然后直接越过或绕过球网，触及接发球员的右半区，中线属于右半区。

**四、胜负评定**

一局比赛：在一局比赛中，先得 11 分的一方为胜方，但打到 10 平以后，一方必须先超对方 2 分才为胜方。

一场比赛：国际规定单打为七局四胜制，双打为五局三胜制。

## 第二节　羽毛球运动

### 能力目标

经常参加羽毛球运动，可促进坐姿型职业人群血液循环，增强心血管系统、呼吸系统等内脏器官的功能，发展灵敏性和协调性，提高动作速度和上、下肢活动能力，培养勇敢顽强、机智灵活、沉着果断等优良品质和作风。

### 工具包

**一、羽毛球运动的起源**

19 世纪中叶，在英国出现了用羽毛和软木制成的球和用弦穿的球拍击球的活动。1873 年，在英国格拉斯哥附近的鲍弗特公爵的伯明顿庄园里举办了一次游园活动，因当时下起了大雨，便改在室内进行羽毛球游戏，场地呈“葫芦形”，中间狭窄处挂着网，由于这项游戏的趣味性强，参与者个个尽兴而归，于是这项游戏活动便逐渐风行起来，并以“伯明顿”命名。英语中的羽毛球运动名称“Badminton”便由此而得。

## 二、羽毛球运动的锻炼价值

羽毛球运动是一项趣味性强、基本技术较易掌握、规则简单、场地较小、器材简便、易于开展的球类运动。

羽毛球运动的特点是：不受性别、年龄、身体条件和技术水平的限制，运动量可大可小，根据个人的身体条件和技术情况进行锻炼或比赛。

根据有关技术统计资料分析，一场三局二胜激烈的羽毛球比赛需要耗时 50~90 分钟，运动员要在 35 平方米的场地上完成向前、向后、向左、向右不断变向奔跑 3 000 米左右，挥拍击球 500 次左右，有时为了一球的激烈争夺需要来回数十拍，心跳剧增达到 180 次/分钟，心脏排出的血液和肺部的呼吸次数比平时大为增多，运动员的体力消耗很大，往往会出现生理上的“极点”现象。

众所周知，羽毛球球拍虽轻，仅 120 克左右，然而，要用球拍把质量仅 5 g 左右的羽毛球从场地一端线击到另一边端线，并非轻而易举的事，尤其在被动情况下只能用低手击球时，要摆脱困境打一个高远球到对方底线，则更不容易了。羽毛球比赛中球的飞行方向变化莫测，要求运动员在本方场区内不断地随球跑动，有时还要重复奔跑，甚至边跑边跳边挥拍击球，这就要求运动员必须具备良好的速度和灵敏素质。

## 三、羽毛球运动的场地、器材

### （一）场地

羽毛球场地为长方形，各条线宽均为 4 厘米，场地上空 12 米以内和四周 4 米以内不得有障碍物。球场中央网高 1.524 米，双打边线处网高 1.55 米。

### （二）器材

羽毛球的质量为 4.74~5.5 克，由 16 根羽毛插在半球型软木托上。球拍框总长度不超过 68 厘米，宽不超过 23 厘米；拍弦面长不超过 28 厘米，宽不超过 22 厘米。

# 锻炼方法与手段

## 一、羽毛球运动基本技术

### （一）球拍的握法

1. 正手握拍

（1）球拍的拍面与地面垂直。

（2）从球拍拍柄上方轻轻握住拍柄，拇指内侧贴放在拍柄侧面最阔的切面上，小指握住拍柄下端。

（3）握拍放松，在打击瞬间用力握紧，打击完毕后再度放松握拍。

（4）以手腕为中心，手臂与球拍把手呈 V 字形，手腕略微弯曲。

（5）手腕应自然放松，在击球时才瞬间闪腕。初学者要特别注意的是，如果手腕一直僵硬地紧握着球拍的话，击球的瞬间，发力点便在肩部，此时，就无法完全用到腕力击球，而球也会因力量不够而无法抵达对方底线上，如图 7-27 所示。

2. 反手握拍

在正手握拍的基础上，拍柄稍外转，食指收回，拇指第一指节的内侧贴在拍柄内侧宽面上，柄端紧靠小指根部，使掌心有空隙，如图 7-28 所示。

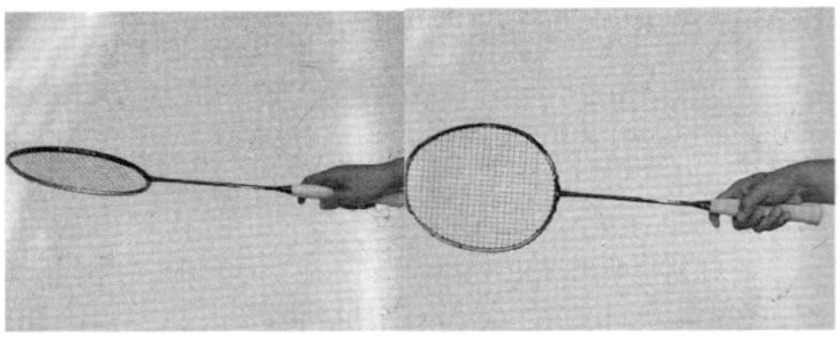

(a)　　(b)

图 7-27　正手握拍

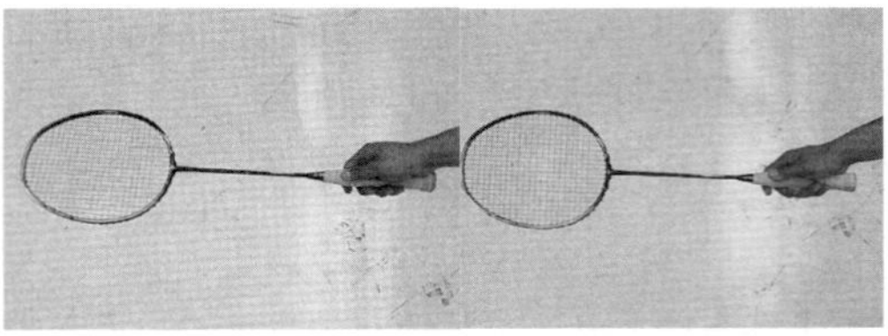

(a)　　(b)

图 7-28　反手握拍

3. 平行握拍

拍面与地面平行，从正上方握球拍。这种握拍法在打球时只能使用到球拍的一面，用在正手打球时虽然打击效果不错，但是用在反手时，却是非常不便的打法。而此种握拍法有时在正手的某种情况下，也有许多不如正手握拍法的缺点存在。只有在打击从身体的正面飞来，特别是与脸的高度差不多的球，效果才比正手握拍法有利。

（二）挥拍

1. 挥拍

将球拍向前伸出，左右挥动，先要体验出手腕哪一部分肌肉在运动；然后将球拍上举在头部右方，由后向前挥动；肘最少与肩同高，以手腕来击球，以练习手腕的动作。

2. 易犯错误及纠正方法

易犯错误：无手指动作，只会用腕、小臂用力，动作幅度较大，影响动作的突变性，不易控制力量和方向，影响击球的落点质量。

纠正方法：要加强指法的教学与训练，使学生熟练掌握球拍在手中捻、屈动作及球拍在握拍手的回环动作。

（三）发球

1. 正手发高远球

所谓高远球是用正手握拍法，以正拍面将球击得又高又远，球飞行到对方的端线上空后突然改变其方向，呈垂直下落至底线附近的一种发球。击球动作：持球手松开，使球自然下落，右手持拍臂自下而上沿半弧形做回环引拍动作，同时开始转体，当拍至身体右侧前下方击球点上的瞬间，前臂迅速内旋带动手腕闪动展腕发力，用正拍面将球击出，身体重心随转体动作逐渐由右脚移至左脚上。击球后的动作：身体重心完全移至左脚上，持拍手随击球动作完成后的自然惯性向左上方挥动，如图 7-29 所示。

2. 正手发平高球

其姿势、动作和正手发高远球一样，只是发力方向和击球点不同，发平高球时，球运行的抛物线不大，使球迅速地越过对方场区空中而落到底线附近，球在空中的路线和地面形成的仰角是 45°左右，如图 7-30 所示。

图 7-29　正手发高远球

图 7-30　正手发平高球

3. 正手发网前球

正手发网前球就是把球发到对方发球区内的前发球线附近，球拍触球时，拍面从右向左斜切击球，使球刚好越网而过，落在对方前发球线附近，如图 7-31 所示。

图 7-31　正手发网前球

4. 反手发网前球

反手发网前球就是运用反手发球技术把球发至对方发球区内前发球线附近，击球时球拍由后向前推送击球，使球运行的弧线最高点略高于网顶，球拍触球时，拍面呈切削式击球，使球落到对方场区的前发球线附近，如图 7-32 所示。

图 7-32　反手发网前球

5. 反手发平快球

反手发平快球与正手发球的球路、角度、落点一样。发球时，球拍的挥动方向也与反手发网前球一样，只是在击球的一刹那，手腕有弹性地击球，拍面与地面的角度接近垂直，将球击到双打后发球线以内的区域。

（四）打球

1. 击球

（1）正手击高远球。首先要判断好来球的方向和落点，侧身后退，使球处在自己的右肩稍前上方的位置。左肩对网，左脚在前，右脚在后，重心在右脚上。左臂屈肘，左手自然高举，右手持拍，手臂自然弯曲，将球拍举在右肩上方，两眼注视来球。击球时，右上臂后引，随之肘关节上提明显高于肩部，将球拍后引至头部，自然伸腕（拳心朝上）。然后在后脚蹬地、转体收腹的协调用力下，以肩为轴，上臂带动前臂快速向前上方甩腕，在手臂伸直的最高点击球。击球后，持拍手臂顺惯性往左前下方挥动并收拍至体前，与此同时，左脚后撤，右脚向前迈出，身体重心由后脚移到前脚上。正手击高远球也可起跳击球，按上述要求做好准备动作，然后右脚起跳，随即在空中转体，并完成引拍击球动作。击球动作是在球将从空中最高点落下的瞬间完成，如图 7-33 所示。

图 7-33　正手击高远球

（2）头顶击高远球。其动作要领与正手击高远球基本相同，只是击球点偏左肩上方。准备击球时，身体偏左倾斜。击球时，上臂带动前臂使球拍绕过头顶，从左上方向前加速挥动，注意发挥手腕的爆发力击球。落地时左腿向左后方摆动幅度大一些。

（3）反手击高远球。当对方击来反边球，需要采用反手回击高远球时，应迅速将身体转向左后方，右脚向左脚并一步，然后左脚向后迈一步，紧接着右脚向左前跨一大步即到位。此时，身体背对球网，身体重心在右脚上，步法移动到位时，球在身体的右肩上方。步法移动中，手法要马上由正手握拍转换成反手握拍，上臂平举，曲肘使前臂平放于胸前，球拍放至左胸前，拍面朝上，完成引拍动作。上臂迅速上摆，前臂快速向右斜上方摆动，手腕迅速回环伸展，拇指顶压拍柄，产生爆发力，以正拍面击球托后下部，身体重心从右脚转至左脚，并迅速转体回动。击球后随身体重心的转移，身体转成正面对网回动，前臂内旋，使拍子回复至正常位置，恢复正手握拍，如图 7-34 所示。

图 7-34　反手击高远球

（4）反手挑球。挑球前身体先迅速转向左侧球网，最后一步适当降低身体重心，成右弓箭步，右脚尖正对来球方向。前臂内旋前伸，手腕稍外展，采用反手握拍法，将球拍引至左下方。击球时主要利用前臂外旋、伸腕和拇指顶压拍柄的力量，在身体左侧前下方，向左前至右上方挥拍击球托底部，将球向前上方击出。击球后，右脚稍内扣蹬地回收，球拍收回至胸前，还原成准备姿势。

2. 易犯错误及纠正方法

（1）正手击球。

易犯错误：手腕动作只单纯做伸（屈）腕动作，前臂没有内（外）旋动作，击球没有爆发力，因发力不足而用甩臂动作弥补，动作幅度大，长期做大幅度的伸（屈）腕动作，手腕容易受伤。上臂、前臂动作无内（外）旋回环动作，如高、吊、杀等动作是以肩关节为轴甩臂，上臂和前臂没有明显的内旋加速动作。

纠正方法：加强手臂的回环动作，前臂的回环动作必然带动上臂的内（外）旋转动作。注意上臂回环动作的完成，防止上臂直接上举和直接向后摆臂再向前甩臂的动作。

（2）反手击高远球。

易犯错误：做准备及引拍动作时，步法移动不到位，击球点控制不好，握拍太紧，而且没能及时改变握拍法，引拍动作无法形成挥拍的最长距离，限制爆发力的发挥。在挥拍击球时，由于握拍太紧，以及引拍动作的错误，无法产生鞭打动作，击球时全身用力不协调，球在拍上的击球点太低，没能以反拍正拍面击球，而是带切拍击球。随前动作时，击球后转体回动太慢，造成回中心的速度太慢。

纠正方法：步法及时到位，击球点在持球手擘肩上方，击球用力协调，拍面正，击球后应迅速转体。

（3）挑球。

易犯错误：左脚在前，右脚在后，而不是正确地向前跨出右脚挑球。球拍后引动作过大，主要用肩关节发力，不但击球没有速度，而且影响了动作的一致性。击球点偏后，或太靠近身体。

纠正方法：正确的挑球击球点应在自己身体的外侧偏前的位置。

（五）步法

1. 步法要领

（1）跑步法：与一般的跑步方法相同，是左右两脚交互踏出的运步法。

（2）滑行法：右（左）脚踏出一步，左（右）脚向右（左）足靠拢的同时，右（左）足再度踏出的运足方法。

（3）单足跳法：用同一只脚连续轻跳的方法。

（4）回旋法：以脚尖为轴，将上身向右或向左回旋（改变身体的方向）的方法。

2. 步法要求

（1）预测球飞过来的落点。

（2）依照脚步动作，快速而正确地到达最适宜击球的位置，采取平衡而稳定的姿势迎接来球。

（3）击球后，迅速地退回中央守备位置。由于在实际比赛中，球员的双腿必须不停地在场地内四处移动，所以纵使已学会固定位置的打球方法，但是如果不能配合击球的步法，就无法发挥击球的效果了，结果反而容易被对方操纵而只有挨打。因此，击球方法与步法两者的关系是非常密切的。虽然每步的距离大小随各人的身材大小或固有习惯而异，但是最重要的是双脚移动击球时，要经常保持身体的平衡。

3. 易犯错误及纠正方法

（1）上网。

易犯错误：最后一步的大跨步用脚前掌着地。

纠正方法：应该是大跨步出脚时膝要自然伸直向前伸腿，不能屈膝伸腿，前脚落地时应稍有外展。

（2）后退。

易犯错误：起跳击球着地后重心后倒，影响回动。

纠正方法：先着地的脚应该向后拉大着地的距离，并使着地脚的前脚掌的拇指根部内侧先着地，然后脚掌内侧着地，以保证落地后身体能前倾，有利于回动。

**二、羽毛球运动基本战术**

战术与打法的关系很密切。在实战中，技术是根据双方的打法和场上的具体情况而定的。“以己之长，攻彼之短”是主要原则。下面简单介绍一些常用的战术。

（一）单打

1. 平高球压底线战术

用快速、准确的平高球打到对方后场两角，在对方不能拦截的前提下尽量降低球的飞行弧线，把对方紧压在底线，当对方回击半场高球时，就可以扣杀进攻。使用平高球压底线时，如配合劈吊和劈杀，可增加平高球的战术效果。一般情况下，平高球的落点和杀、吊的落点拉得越开效果越好。

2. 拉、吊结合杀球战术

此战术是把球准确地打到对方场区的四个角上，使对方每次击球都要在场上来回奔跑。使用这种战术时，对不同特点的对手要采用不同的拉、吊方法。对后退步法慢的对手可以多打前、后场；对盲目跑动满场飞的对手可使用重复球和假动作；对灵活性差的对手应多打对角线，尽量使对方多转身；对后场反手差的对手仍通过拉开后攻其反手战术；对体力不好的对手可多用拍拉、吊来消耗其体力，然后战胜之。如能熟练地使用平高球、劈吊和网前搓、推、勾技术，快速拉开对方，伺机突击扣杀，则这一战术能收到更好的效果。

3. 过渡球战术

首先要明确过渡球是为了摆脱被动，为下一拍的反攻积极创造条件。怎样才能变被动为主动是比赛中的重要一环。被动时要做到：首先，争取时间调整好自己的位置并控制住身体的重心。从网前或后场底线击出高远球是被动时常用的手段。当处于不停地跑动追球的状态时，或身体重心失去控制时，都可以打出高远球，以赢得时间，恢复身体重心，重新调整自己的处境。其次，利用球路变化打乱对方的进攻步骤。在接杀球或接吊球时要把球还击到远离对方的地方，以破坏对方吊、杀上网的连续快速进攻。如果对方吊、杀球后盲目上网，而自己的位置较好时，则可把球还击到对方底线。

4. 防守反攻战术

这一战术是对付那种盲目进攻而体力又差的对手。比赛开始，先以高球诱使对方进攻，在对方只顾进攻而疏于防守时，即可突击进攻。或者在对方体力下降、速度减慢时再发动进攻。这种开始固守、乘虚而入、以逸待劳、后发制人的战术有时效果也较好。

5. 吊杀上网战术

先在后场以轻杀、点杀、劈杀配合吊球把球下压，落点要选择在场地两边，使对方被动回球。对方还击网前球时，迅速上网搓球，或勾对角，或快速平推创造半场扣杀机会；若对方在网前挑高球，可在其向后退的过程中把球直接杀向他的身上。

（二）双打

双打比赛不仅仅是竞赛双方在技术、战术、体力上的较量，同时也是双打同伴互相间配合程度的较量。因此，在学习双打战术之前，首先要了解两人之间站位形式上的配合。

1. 前后站位打法

此打法基本上是本方处于发球时所采用。发球的队员站位较靠前，当发球员发球后立即举拍封堵前场区，另一名球员则负责中场或后场的各种来球。前后站位法可充分运用快攻压网前搓、吊、推、扑技术，寻找空隙，一举打乱对方站位；或通过后攻前扑，后场连续大力扣杀，前场积极封堵，当回球在网附近时，一举给以致命打击。

2. 左右站位打法

本打法基本上为本方处于接发球状态和受到下压进攻时所采用。对方发球或打来的平高球处于后场，接发球方可从原来的前后站位立刻转换为左右站位，两人各负责左右半场区的防守，以平抽、平打压住对方后场底线两角，在对方扣杀球时也能以平抽反击或挑高远球至两底角，造成对方回球无力，一举扣杀或吊球成功。

3. 轮转站位打法

在比赛中，攻守双方总是根据比赛的情况而不断地在前后站位和左右站位间相互变换。对于站位的变换通常具有如下特点：

（1）发球或接发球时前后站位。当对方回击高球至后场偏一侧进攻时，位于前面的队员要直线后退，后方的队员看情况向侧移动，改换成左右站位。

（2）发球或接发球时处于左右平行站位。在发球后或在对手击球过程中，一旦有机会进行下压进攻，一名球员便快速上网封堵，另一名队员则快速移动到后场进行大力扣、吊、杀球，导致对方处于被动地位。

## 羽毛球竞赛欣赏方法

### 一、比赛项目

羽毛球比赛分为男子单打、女子单打、男子双打、女子双打、混合双打、男子团体、女子团体。

### 二、比赛的计分方法及规则

1. 比赛的计分方法

（1）比赛的计分方法除非另有规定，一场比赛应以三局两胜定胜负，每局采用 21 分制，即双方分数先达 21 分者胜。每局双方打到 20 平后，一方须领先 2 分即算该局获胜；若双方打成 29 平后，一方领先 1 分，即算该局取胜。

（2）每球得分，并且除特殊情况外（比如地板湿了、球打坏了），球员不可再提出中断比赛的要求。但是，每局一方以 11 分领先时，比赛进行 1 分钟的技术暂停，让比赛双方进行擦汗、喝水等。

（3）得分者方有发球权，如果本方得单数分，从左边发球；得双数分，从右边发球。在第三局或只进行一局的比赛中，当一方分数首先到达 11 分时，双方交换场区。

2. 比赛规则

（1）交换场区。

① 以下情况运动员应交换场区：第一局结束；第三局开始；第三局中或只进行一局的比赛进行至一方达到 11 分时。

② 运动员未按以上规则交换场区，已经发现立即交换，以得分数有效。

（2）合法发球。

① 发球时任何一方都不允许非法延误发球。

② 发球员和接发球员都必须站在斜对角线发球区内发球和接发球，脚不能触及发球区的界限；两脚必须都有一部分与地面接触，不得移动，直至将球发出。

③ 发球员的球拍必须先击中球托，与此同时整个球必须低于发球员的腰部。

④ 击球瞬间球杆应指向下方，从而使整个球框明显低于发球员的整个握拍手部。

⑤ 发球开始后，发球员的球拍必须连续向前挥动，直至将球发出。

⑥ 发出的球必须向上飞行过网，如果不受拦截，应落入接发球员的发球区。

（3）违例。

① 发球不合法违例。

② 发球员发球时未击中球。

③ 发球时，球过网后挂在网上或停在网顶。

④ 比赛时，球落在球场边线外，球从网孔或从网下穿过，球不过网，球碰屋顶、天花板或四周墙壁，球碰到运动员的身体或衣服，球碰到场地外其他人或物体。

⑤ 比赛时，球拍或球的最初接触点不在击球者网的这一方（击球者击球后，球拍可以随球过网）。

⑥ 比赛进行中，运动员球拍、身体或衣服触及网或网的支持物，运动员的球拍或身

体以任何程度侵入对方场区，妨碍对手，如阻挡对方紧靠球网的合法击球。

⑦ 比赛时，运动员故意分散对方注意力的任何举动，如喊叫、故作姿态等。

⑧ 击球时，球夹在或停滞在拍上紧接着又被拖带，同一运动员两次挥拍连续击中球两次，同一方两名运动员连续各击中球一次，球碰球拍继续向后场飞行。

⑨ 运动员违反比赛连续性的规定。

⑩ 运动员行为不端。

（4）重发球。

① 遇到不能预见或意外的情况，应重发球。

② 除发球外，球挂在网上或停在网顶，应重发球。

③ 发球时，发球员和接发球员同时违例，应重发球。

④ 发球员在接发球员未做好准备时发球，应重发球。

⑤ 比赛进行中，球托与球的其他部分完全分离，应重发球。

⑥ 司线员未看清球的落点，裁判员也不能做出决定时，应重发球。

⑦“重发球”时，最后一次发球无效，原发球员重发球。

（5）死球。

① 球撞网并挂在网上，或停在网顶上。

② 球撞网或网柱后开始在击球这一方落向地面。

③ 球触及地面。

④ 违例或重发球。

（6）发球区错误。

① 发球顺序错误。

② 从错误的发球区发球。

③ 在错误的发球区准备接发球，且对方球已发出。

（7）发球区错误的裁判方法。

① 如果错误在下一次发球击出前发现，应重发球；只有一方错误并输了这一回合，则错误不予纠正。

② 如果错误在下一次发球击出前未被发现，则错误不予纠正。

③ 如果因发球区错误而重发球，则该回合无效，纠正错误重发球。

④ 如果发球区错误未被纠正，比赛也应继续进行，并且不改变运动员的新发球区和新发球顺序。

## 第三节 健 美 操

### 能力目标

健美操融音乐、体操、舞蹈为一体，它既能增进坐姿型职业人群的身心健康，塑造形体，又是一项非常易于推广和普及的娱乐体育项目。

## 工具包

### 一、健美操的起源与发展

健美操的英文原名“AEROBICS”，意为“有氧运动”“有氧健美操”。“AEROBICS”最早起源于美国太空总署医学博士肯尼斯·库珀（Kenneth Cooper）1968 年专门为太空宇航员设计的有氧体能训练。同时库珀博士潜心致力于有氧体操的研究，并发表了《新有氧体操》《有氧体操有益于大众》等著作，成为美国著名的群众体育专家，因此人们称库珀博士为健美操之父。

1969 年，杰姬·索伦森（Jacki Sorensen）在此基础上综合了体操和现代舞，创编了健身舞，这种舞带有娱乐性，简单易学，深受人们的欢迎，20 世纪 70 年代在美国迅速兴起，掀起热潮。1983 年，国际健美操协会举办首届国际健美操比赛，健美操从此正式成为一种竞技体育项目。

健美操传入我国是 20 世纪 70 年代末，为了推动全国大学生健身健美操的开展，中国大学生体协健美操艺术体操分会决定从 1993 年开始，每年在大学生中推广一套由协会审定的健身健美操。与此同时，表演性健美操和竞技健美操也开始在学校中出现，而高校良好的师资和场馆条件又为竞技健美操的普及奠定了基础，每年不少高校都组织参加各种形式的全国健美操比赛，如今，高等院校已成为我国竞技健美操发展的重要基地。

### 二、健美操的分类

健美操从其目的和任务来划分可分为健身健美操和竞技健美操两大类。

#### （一）健身健美操

健身健美操也称为大众健美操、现代健美操或韵律操，是以健身为目的的一种有氧运动。从单个动作设计和成套编排来看，健身健美操的动作简单易学、活泼流畅、讲究实效，对称动作多，有针对性，节奏感强，按照一定的顺序来锻炼身体的各个部位，并在音乐伴奏下进行练习，达到增强体质的目的，而且对人心理与生理的改善和调整作用非其他运动所能代替。

#### （二）竞技健美操

竞技健美操是以竞技为目的，按照规定的项目和规则要求组织运动员进行训练和比赛。包括：女子单人操、男子单人操、混合双人操、三人操和六人操共五个项目。它虽然同健身健美操一样都具有增强体质、美化形态、陶冶情操的功效，但动作难度较大，密度和强度亦大，它是一种以无氧运动为主并由规则严格限定的规定时间和特定动作的竞技性运动。

## 锻炼方法与手段

### 一、健美操基本动作要领

#### （一）头颈部练习

1. 头颈屈

头颈关节角度的弯曲。动作有头颈的前屈、后屈及左右侧屈。

2. 头颈转

头颈部绕身体垂直轴的转动。动作有头颈左、右转。

3. 头颈绕和绕环

以颈为轴心的弧形和圆形运动。动作有头颈的左、右绕和绕环。

4. 平移

头颈部相对于肩横轴的前后和左右水平移动。动作有头颈的前、后、左、右平移。

(二) 肩部练习

1. 提肩和沉肩

肩胛骨做向上、向下的运动。动作有：双肩提肩和沉肩；左、右肩做提肩和沉肩；左右依次提肩和沉肩。

2. 肩绕和绕环

以肩关节为轴做小于360°或大于360°的弧形或圆形运动。动作有：左、右肩向前绕和绕环；左、右肩向后绕和绕环；双肩同时向前、后绕和绕环。

3. 摆肩

固定上体，肩急速向前或向后的摆动。动作有：双肩同时前、后摆；双肩依次前、后摆。

(三) 胸部练习

1. 含胸

两肩内合，胸廓内收。

2. 展胸

挺胸，肩外展。

(四) 腰部练习

1. 腰屈

下肢固定，上体沿垂直轴和水平轴的运动。动作有腰前屈、后屈和左、右侧屈。

2. 腰转

下肢固定，上体沿垂直轴的转动。动作有腰的左、右转。

3. 腰绕、绕环

下肢固定，上体沿垂直轴做弧形和圆形运动。动作有腰的左、右绕和绕环。

(五) 髋部练习

1. 顶髋

髋关节做急速的水平移动动作。动作有髋的前、后、左、右顶。

2. 提髋

髋关节做急速向一侧上提的动作。动作有髋的左、右提。

3. 摆髋

髋关节做钟摆式的连续移动动作。动作有髋的左、右侧摆，前、后摆等。

4. 三角髋

髋关节向三个方向呈三角形连续移动。动作有向左前、右前和向左后、右后的三角髋。

5. 髋绕和绕环

髋关节做弧形或圆形移动。动作有向左、右的绕和绕环。

6. 行进间正髋走

顶髋方向与身体进行方向一致的移动动作。

7. 行进间反髋走

顶髋方向与身体行进方向相反的移动动作。

（六）上肢部位的练习

1. 臂的屈伸

臂部的肌肉收缩，使关节产生屈和伸的过程。动作有：手指的屈伸，手腕的屈伸，肘关节的屈伸（包括单臂或双臂向上、向下、向左、向右、向前、向后及中间各方向的屈伸）。

2. 屈臂

肘关节产生了一定的弯曲角度。动作有臂的肩侧屈、胸前屈、头后屈、背后屈、腰间屈等。

3. 举臂

以肩为轴，臂的活动范围不超过180°而停止在某一部位的动作。动作有：双臂和单臂的向前、向后、向左、向右侧的上举以及不同中间方向的举；小臂向上、向下或小臂一上一下（左、右）的臂侧屈举。

4. 摆臂

以肩关节带动手臂来完成臂的摆动动作，起与落要保持弧形。动作有向前、向后或向左、向右的摆臂。

5. 振臂

以肩为轴做臂的加速度摆至最大幅度。动作有臂上举后振、臂下举后振、臂向上或向下的后振、臂侧举后振。

6. 旋臂

以肩或肘为轴做臂的旋内或旋外动作。动作有臂的旋内和旋外。

7. 常用手形

掌（分、并指及屈指掌）、拳（握拳和半握拳）、剑指（双、单）、响指、翘指、造型手。

（七）下肢部位的练习

1. 踢

腿由下向各方向做加速摆的动作。动作有：直腿的前踢、侧踢、后踢、内绕踢；屈膝弹动的前踢、侧踢、后踢。

2. 弓步

一腿向某方向迈出一步，膝关节弯曲成90°左右；另一腿伸直。动作有左右腿的前弓步、后弓步、侧弓步。

3. 压腿

在弓步动作的基础上用力下压的动作。动作有左右腿的前压腿、后压腿、侧压腿。

4. 膝的屈伸

膝关节由直成屈，再由屈成直的动作。动作有两腿同时或依次的原地和移动屈伸。

5. 膝的绕、绕环

膝关节沿垂直轴的环绕活动。动作有向内、外绕和绕环。

6. 腿的内旋和外旋

以髋和膝为轴做腿的向内和向外的旋转动作。动作有两腿同时或依次的内旋和外旋。

## 二、教学及练习方法

### （一）基本步伐

抬起类：一腿站立，另一腿抬起。

交替类：双脚的运动依次进行。

点地类：与做点地动作相对应的腿屈膝站立。

迈步类：做迈步动作后应注意重心的转移。

双腿类：双腿站立时应使身体重心位于双腿中间。

### （二）常用手形

常用手形如图 7-35 所示。

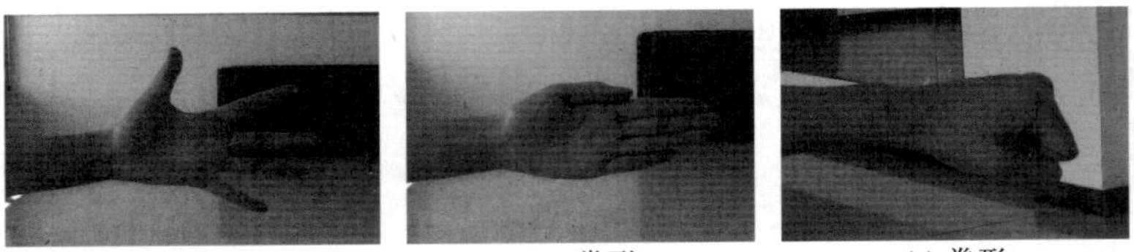

(a) 五指张开形　(b) 掌形　(c) 拳形

图 7-35　常用手形

### （三）把杆练习

（1）初级组把杆练习［图 7-36(a)］。

（2）中级组把杆练习［图 7-36(b)］。

(a)　(b)

图 7-36　把杆练习

### （四）力量练习

1. 动力性力量

这里以单臂夹肘俯卧撑为例（图 7-37）。

① 整个身体由单臂和双脚支撑，并完成一次俯卧撑。

② 双脚之间距离不得大于肩宽。

③ 自由臂动作不限。

④ 支撑臂的肘关节对准脚尖方向。

图 7-37　单臂夹肘俯卧撑

2. 静力性力量

（1）直角支撑。

① 双手支撑整个身体，手臂撑于身体两侧，只允许双手触地。

② 屈髋，双腿收紧平行于地面。

（2）后举腿静力文森支撑。

① 整个身体由双臂支撑，只允许双手触及地面。

② 双腿完全伸直，一腿搭于同侧臂肱三头肌上方。

③ 后腿举起离开地面。

（五）跳与跃

1. 自由倒地

（1）开始位置：直立，两脚并拢。

（2）身体向上腾空前倒。

（3）手脚同时以俯卧撑姿态落地。

2. 科萨克跳

（1）双脚垂直起跳。

（2）空中双腿并拢，一腿伸直平行于地面，另一腿大腿平行于地面，小腿屈。

（3）双脚并拢落地。

（六）平衡与柔韧

1. 侧搬平衡

（1）一手抓住举至头侧的一条腿，呈平衡状态。

（2）支撑腿与举起腿必须伸直。

（3）举起脚处于肩关节上方。

2. 无支撑垂直劈腿

（1）一腿支撑身体，另一腿后举至180°成垂直劈腿位置。

（2）双手不触地，手臂姿态位置不限。

（3）头、躯干与腿整体成一直线。

**三、大众健美操五级简介**

大众健美操五级的规定动作共计四个组合，每个组合为四个八拍的动作，包括左右两个方向，此次图示的介绍为右侧，左侧动作与右侧相同，唯方向相反。

（一）组合一

准备动作如图 7-38 之 1 所示。

第一个 8 拍：1 拍，右脚上前一步，双臂平行上举，掌心相对（图 7-38 之 2）；2 拍，收左脚，双臂向右侧屈；3 拍，向后撤右脚，手臂还原 1 拍的动作；4 拍，撤左脚，身体还原准备动作；5~8 拍动作同1~4拍动作，唯方向相反。

第二个 8 拍：1 拍，右脚迈向左侧，身体转向左侧 45°，右臂前伸，左臂上举，双手呈掌(图 7-38 之 3)；2 拍，身体姿态不变，左脚原地点地；3 拍，右脚迈向右侧，身体转向右 45°；4 拍，左脚迈向右脚前，右手置于脑后，左手放于腹前，双手成掌（图 7-38 之 4)；5~8 拍，左脚开始转身一周。

第三个 8 拍：1~4 拍，开合跳两次，双臂交叉（图 7-38 之 5)；5~6 拍，屈膝，手撑膝盖（图 7-38 之 6)；7~8 拍，并脚小跳两次，同时击掌两次（图 7-38 之 7)。

第四个 8 拍：1~4 拍，右侧交叉步，手臂为出拳（图 7-38 之 8)、收拳（图 7-38 之 9)；5~8 拍,左脚开始向右侧做转身一周。

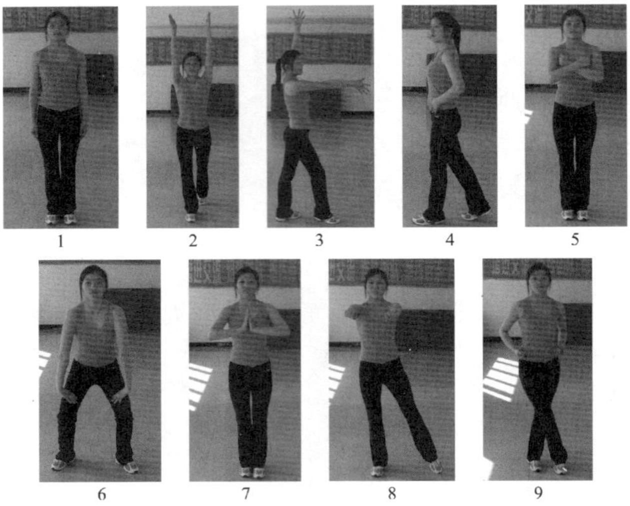


图 7-38　组合一

（二）组合二

第一个 8 拍：1~4 拍右脚开始，足跟依次前点地，第 4 拍做后吸腿，手臂曲臂，前后摆臂（图 7-39 之 1）；5~8 拍，左脚漫步，手臂前展、后展，手成掌（图 7-39 之 2、图 7-39 之 3）。

第二个 8 拍：1 拍，上左脚，出左拳（图 7-39 之 4）；2 拍，收右脚，出右拳（图 7-39 之 5）；3~4 拍，左脚转身 180°，依次收左拳、右拳于腰间（图 7-39 之 6）；5~6 拍，左脚开始向后走 A 字，手臂左右依次向后下方出拳（图 7-39 之 7、图 7-39 之 8）；7~8 拍，左脚开始向前，手臂左右依次收拳于腰间。

第三个 8 拍：1~2 拍，左脚前并步，手臂屈臂；3~4 拍，以右脚开始，180°转身；5~6 拍，右侧跨跳，手臂两侧展开，手成掌；7~8 拍，落地屈膝，手撑于膝盖上。

第四个 8 拍：1~4 拍，上右脚，吸左腿，双臂同时出拳（图 7-39 之 9）、收拳（图 7-39 之 10）；5~8 拍，动作同 1~4 拍动作，唯方向相反。

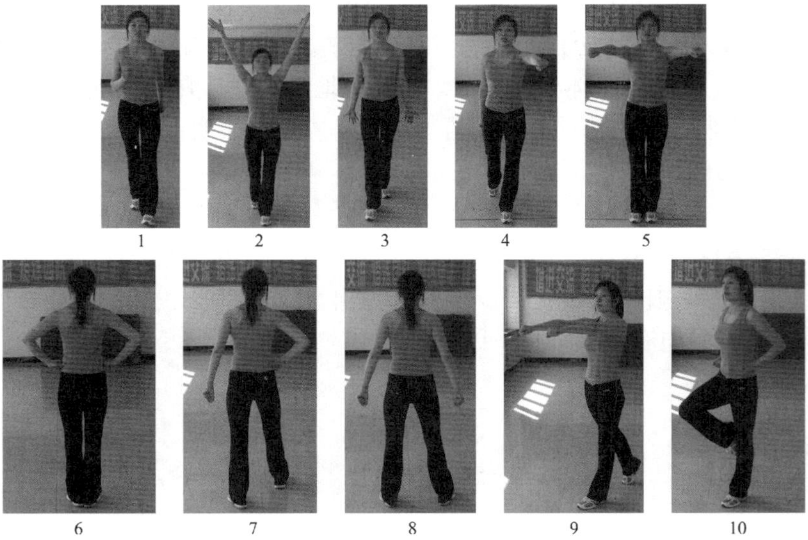


图 7-39　组合二

（三）组合三

第一个 8 拍：1~2 拍，依次出右脚、左脚（图 7-40 之 1、图 7-40 之 2）；3~4 拍，右侧 90°转身（图 7-40 之 3）；5~8 拍，右脚开始向前走四步，第 8 拍，左脚并齐右脚，双臂同时前后摆动，（图 7-40 之 4、图 7-40 之 5）。

第二个 8 拍：1~4 拍，端臂，吸腿后跳（图 7-40 之 6）；5~6 拍，双脚开立，屈膝，两拳交叉（图 7-40 之 7、图 7-40 之 8）；7~8 拍，右左依次扭膝（图 7-40 之 9）。

第三个 8 拍：1~4 拍，向右侧、左侧依次做上步并腿小跳，击掌（图 7-40 之 10、图 7-40 之 11）；5~8 拍，踏步转身一周。

第四个 8 拍：1~4 拍，上右腿吸腿，还原，手臂出拳、收拳；6~8 拍，左脚足尖侧点两次，双手手臂同时向左做侧摆（图 7-40 之 12、图 7-40 之 13、图 7-40 之 14）。

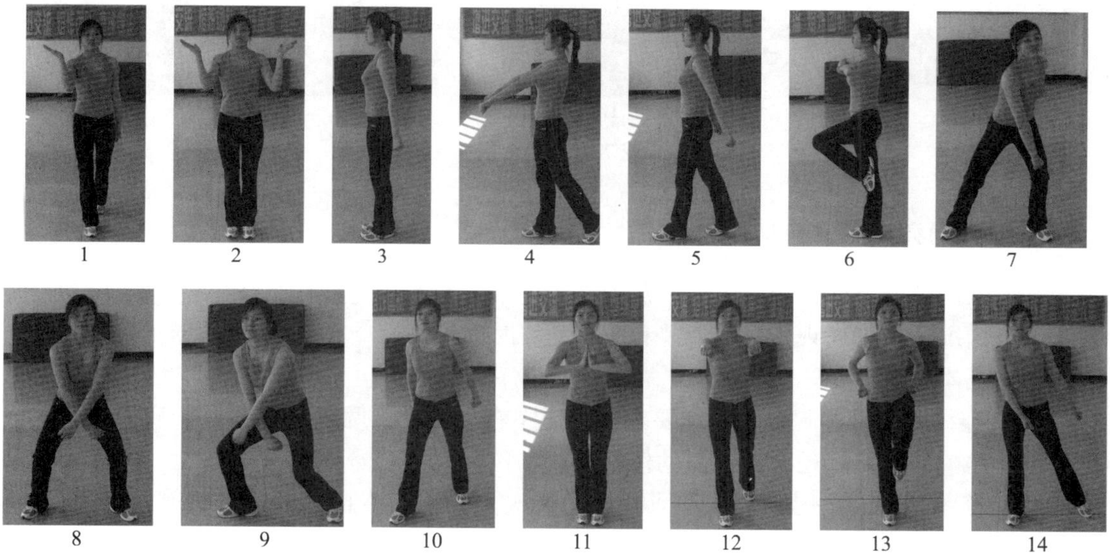


图 7-40　组合三

（四）组合四

第一个 8 拍：1~4 拍，右脚开始走十字，双手成拳依次为右上、左上、右下、左下（图 7-41 之 1、图 7-41 之 2、图 7-41 之 3、图 7-41 之 4）；5~6 拍，右、左脚依次点地，右臂五指张开成掌至面前，左臂至身后（图 7-41 之 5）；7~8 拍，转身一周。

第二个 8 拍：1~4 拍，左手成掌至于面前，转身一周（图 7-41 之 6）；5~8 拍，开合跳，双臂同时做开合，手成掌，第 7 拍，右脚侧点地，左臂向左侧屈（图 7-41 之 7、图 7-41 之 8、图 7-41 之 9）。

第三个 8 拍：双臂侧平举，左右腿依次做吸腿、踢腿（图 7-41 之 10、图 7-41 之 11）。

第四个 8 拍：左右腿交替依次面向四个方向做踢腿动作，手臂成拳做屈伸（图 7-41 之 12）。

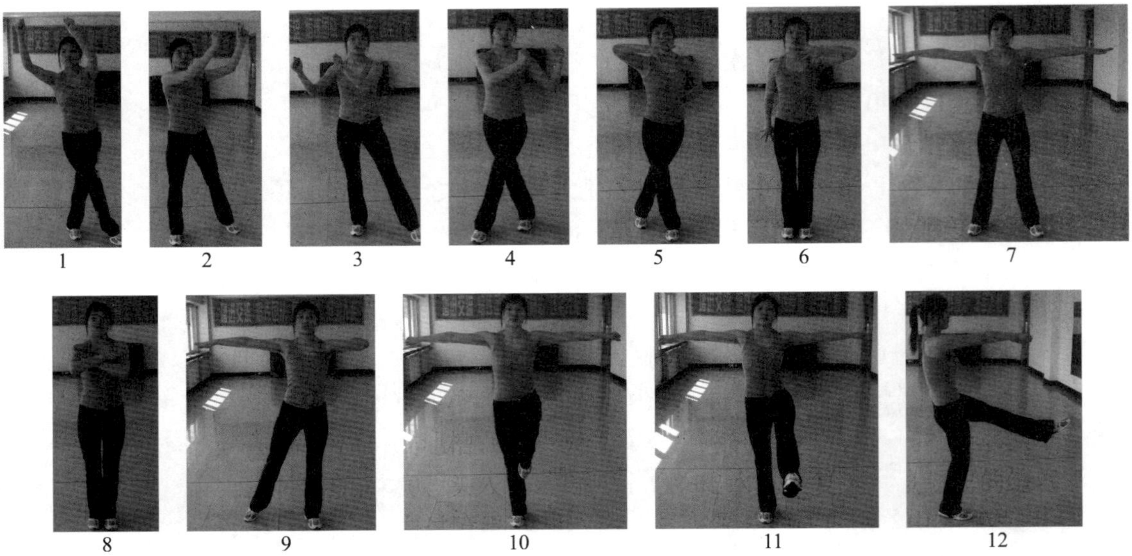

图 7-41 组合四

## 健美操竞赛欣赏方法

在比赛的评分方面，规定了如下几方面的因素：基本规定动作、特色（难度）动作、技术完成情况、现场表现、体型着装和成套动作时间等。

### 一、基本规定动作

（1）连续四次分并腿跳，具体要求：两腿左右分跳时，两脚落地稍宽于肩，膝稍屈，全脚掌落地。然后跳起还原，上肢动作不限。

（2）连续四次高踢腿，两腿不间断地做四次高踢，上体直立，直腿向前踢出，踝关节放松，踢的高度在腰部以上，上肢动作不限。

（3）连续四次仰卧起坐，仰卧时屈膝，分腿与肩同宽，大小腿夹角为90°，起坐时上体与地面交角小于40°，腰不离地，仰卧时肩胛骨与地面接触。

（4）连续四次俯卧撑，俯卧时并腿。

### 二、特色（难度）动作

（1）八拍组合动作：在成套动作中要有四个八拍以上的健美操特色动作组合，该动作应左、右、上、下对称。八拍组合动作要有方向、方位的变化。双人与集体项目中的八拍组合应相同、相似、相映、相向。

（2）难度动作：包括体现下肢力量、柔韧和控制能力的高腾空大跳、劈叉，体现上肢力量、控制能力的各种做法的俯卧支撑、直角撑及水平支撑和推起等。

### 三、技术完成情况

包括技术完成、动作选择、质量及集体配合等。

### 四、现场表现

包括创造性、编排、表现力、音乐、配合、体型及着装等几方面。

# 第四节　有氧健身

## 能力目标

坐姿型职业人群通过徒手练习，或采用各种轻重不同的运动器械（如跑步机、单车、杠铃、哑铃、综合健身器材）及单双杠等体操器械，用专门的动作方法进行练习，可增强肌肉力量、健美形体和陶冶情操，达到有氧健身的锻炼效果。

## 工具包

### 一、有氧健身的起源

肯尼斯·库珀是有氧健身运动的首创者。1968 年，当肯尼斯·库珀的《有氧运动》一书首次出版时，全美大约只有 10 万人进行慢跑锻炼。几十年过去了，这一数字如今早已突破了几千万，由库珀所发明的“有氧运动”一词被正式载入《牛津英语词典》，而曾被《新闻周刊》誉为“保健圣经”的《有氧运动》一书也被翻译成 41 种文字，发行约 3 000 万册。正是这本书，掀起了一场全球性的健康革命。

现代健美运动的创始人是生于 1868 年的普鲁士人山道。山道本人年幼时体弱多病，为了使身体能够健康起来，同时又能练就雕塑像般的雄健体魄，自己从实践中整理出一整套锻炼肌肉的方法，经过长期的训练，终于练就出一身发达的肌肉。从此他在世界各地进行表演，开设体育学校，并向世界各地传授健美训练的方法，可以说山道为现代健美运动做出了卓越的贡献，因此他被称为“现代健美之父”。

20 世纪初期，健美运动在英美等国家得到了广泛的开展，1964 年，加拿大人韦德兄弟两人共同创建了国际健美协会，并制定了健美比赛的规则，从此健美运动在世界各地迅速地发展起来。现代健美运动是在 20 世纪 30 年代传入我国的，1985 年 11 月，在第 39 届国际健美联合年会上，国际健美联合会正式接纳我国成为第 128 个会员国。

### 二、有氧健身的特点

有氧运动除了主要由氧气参与供能外，它还要求全身主要肌群参与，运动持续较长时间并且是有韵律的。有氧运动能锻炼心、肺，使心血管系统能更有效、快速地把氧传输到身体的每一个部位。有氧运动具有如下特点：

#### （一）强健肌肉，提高力量素质，增进健康，促进机体的新陈代谢

由于在健身训练中经常采用各种杠、哑铃的负重动作，肌肉在这些负重动作的刺激下其生理横断面增大，肌纤维增粗，因此肌肉会变得结实而发达；同时由于中枢神经系统调节机能的改善和肌细胞内收缩物质含量的增加，也会使得肌肉的力量获得增长；长期从事健身训练的人，对其心脑血管系统、呼吸系统和消化系统等各内脏器官均能产生良好的影响，并促进机体的新陈代谢。

#### （二）改善形体，缓解紧张感，陶冶情操，增强自信心

现今社会生活节奏飞快，人们易产生压抑感，这种压抑感常常使一些人群感到身心疲惫，而通过健身训练，不但可以改善身体各部位的比例，让身材更加匀称、姿态更加

端正外，还会在人们心理上产生一种满足感、愉悦感，使人的自信心得到了增强，同时又缓解了压力。

（三）对场地、器材要求简单

健身训练对场地的要求不高，有氧运动只需要一台跑步机或者一个单车或者户外跑步即可，力量训练只需有块个人能完全活动开的场地即可；而器材部分只需有可变质量的杠、哑铃或单、双杠等就可以开展练习。

（四）训练方法灵活多样，适合各类人群

健身训练的方法多种多样，往往一个部位有很多个练习动作，而且可以根据不同的目的来调节质量、次数等；练习方式可以是徒手，也可以是器械，所以说它可以满足不同类型人群的需要。

## 锻炼方法与手段

### 一、有氧健身运动训练的基本方法

（一）在跑步机上跑步

（1）跑步时前脚掌着地，抬头、收腹、挺胸、收紧腰背部肌肉，双眼目视前方，双手前后摆动，如果含胸弓背，或者一直扶着把手，不但起不到运动的效果，而且还会加大腰椎的压力，时间久了就会造成腰肌劳损。

（2）跑步机的速度因人而异，可采用持续慢跑或者变速跑，慢跑时间为30~60分钟。

（二）骑单车

（1）首先要决定座位的高度，通常这个高度以自己站在地面时座位到自己的腰部为准，然后以座位的位置决定车把的位置，只要自己能够够着前方把位就可以，车把的高低也可以根据骑行者的身材升降，骑行时可以调节单车阻力。

（2）单车是节奏感极强的运动，在节奏上一定不能乱，要按照自己的节奏一步一步来，学会腹式呼吸，增加肺功能。

（3）单车的把位分为一把位、二把位、三把位。骑行的方式可分为压肩、上坡下坡、弯道骑行，骑行时间为30~60分钟。

（三）跳战绳

战绳直径一般为3.8~6.3厘米不等，绳长9~15米，当然战绳越长，在训练时对抗的阻力越大，相应的难度就越高。

（1）双手交替甩：双脚站稳，双手紧抓战绳，呈半蹲姿势，保持背部挺直，重心下移，利用肱二头肌、肱三头肌、肱桡肌将战绳交替快速上下甩动。

（2）双手波浪：双脚站稳，双手紧抓战绳，以背部、核心肌群、三角肌、股四头肌、臀大肌牵动绳子，两手同时大力上下甩绳。

（3）“击掌”左右式：把手臂举过头顶以增加开合跳的强度，确保双手握绳在最高点相碰，绳子应该和躯干在一条直线上。

（4）跳跃砸绳：伸展髋部，抬起脚跟，尽可能跳高，将绳子举高过头顶，然后重重砸在地面。首先注重动作质量，一个一个地完成，其次注意完成的速度。

（四）跳绳

（1）正摇绳：两手握绳，两臂自然弯曲，将绳置于体后，两手腕、手臂协调一致用力，将绳向上、向前抡起，当绳抡至头以上位置时，两手臂不停顿继续向下、向后抡绳，使绳绕身体周而复始地抡动。开始时，以两肩为轴，双臂双手腕同时用力，手臂抡绳动作幅度比较大，待技术熟练后，手臂抡绳可逐渐减小动作幅度，以两肘为轴，用两前臂和手腕配合摇绳，十分熟练后，可仅以两手腕的动作来摇绳。

（2）反摇绳：动作与正摇绳动作相同，唯方向相反。

（五）针对身体的具体部位进行的有氧健身运动

1. 胸部

（1）平板卧推。

目标肌肉：胸大肌、前锯肌、三角肌前束、肱三头肌。

锻炼方法：仰卧在训练椅上，肩背部与臀部接触椅面，腰部离开椅面呈“弓形”，双手稍宽握住杠铃（宽于肩部）；双臂控制缓慢下落至胸部乳头上方，然后用力将杠铃向上方推起至双臂伸直，如图 7-42 所示。

要求：杠铃下落时吸气，动作完成至双臂伸直后呼气。

（2）仰卧杠铃斜上卧推。

目标肌肉：胸大肌、三角肌前束、前锯肌。

锻炼方法：仰卧在上斜训练椅上（角度最好在 30°~45°为宜），握住杠铃，双臂控制缓慢下落至胸部上方，然后用力将杠铃向额头上方推起至双臂伸直，如图 7-43 所示。

要求：杠铃下落时吸气，动作完成至双臂伸直后呼气。注意胸大肌上部收缩发力。

1　2

图 7-42　平板卧推

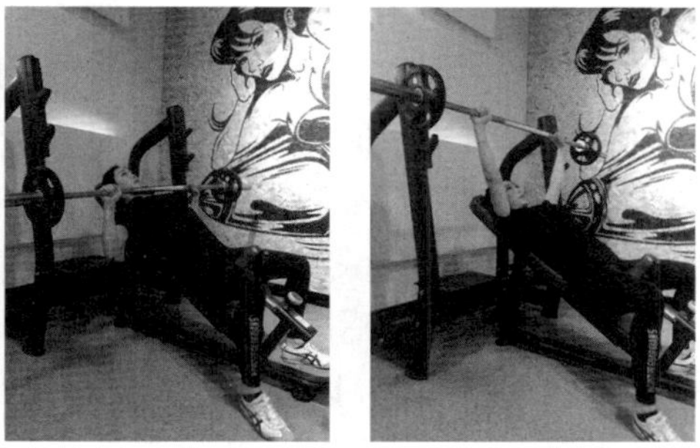

1　2

图 7-43　仰卧杠铃斜上卧推

（3）仰卧哑铃飞鸟。

目标肌肉：胸大肌。

锻炼方法：仰卧训练椅上，腰部呈“弓形”，双手握住哑铃，拳心相对，双臂伸直与身体成直角；随即双臂慢慢向左右两侧分开至肘部略低于水平位置，胸部挺起，胸大肌收缩，用力将两臂按原路内收至双臂伸直，如图 7-44 所示。

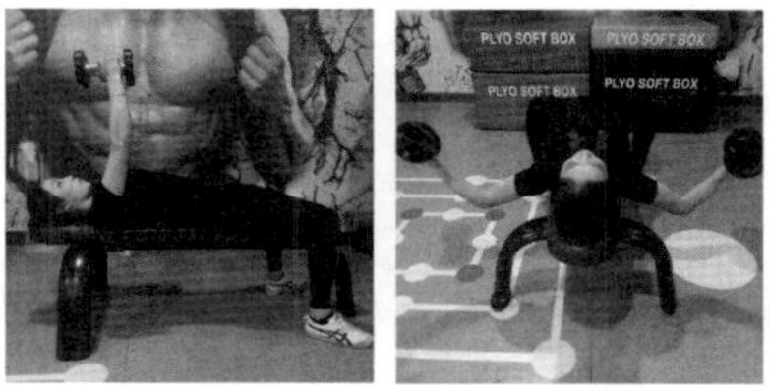


1　2

图 7-44　仰卧哑铃飞鸟

要求：双臂向左右两侧下落及内收时吸气，伸直时呼气。双臂下落时要挺胸，内收时胸部收缩发力，双臂肘关节始终保持微屈姿势。

（4）坐姿推胸。

目标肌肉：胸大肌。

锻炼方法：坐在座椅上，做出收腹挺胸的动作后，再用双手抓住两侧的把手，注意握的姿势应让自己感到舒适，然后在背部稳定贴紧靠背的情况下，重复地将把手向前推动，在还原动作的阶段应减慢速度，如图 7-45 所示。

要求：双臂伸直时呼气，下落时要挺胸，不要突然发力，用力过猛。

图 7-45　坐姿推胸

2. 肩部

（1）站姿哑铃前平举。

目标肌肉：三角肌前束、中束。

锻炼方法：上臂稍微弯曲，让手掌面对大腿，双臂提高哑铃直到与上臂平行或者略高的位置，然后返回，重复练习。

要求：上臂微微弯曲，由下至上，再由上至下，缓慢起落。

（2）站姿哑铃侧平举。

目标肌肉：三角肌中束。

锻炼方法：站立，双脚与肩同宽，双手握住哑铃位于身体两侧，拳心相对；双臂向侧平举与肩部水平后缓慢还原，如图 7-46 所示。

要求：双臂侧平举时吸气，下落时呼气。肘关节微屈，靠肩部发力平举，身体保持不动。

图 7-46　站姿哑铃侧平举

（3）站姿俯身哑铃飞鸟。

目标肌肉：三角肌后束、上背肌群。

锻炼方法：站姿俯身向前，膝关节略弯曲，背部保持平直，双手握铃位于腿前垂直地面，拳心相对；肘关节微屈，两臂侧平举至与肩部水平后缓慢下落，如图 7-47 所示。

要求：双臂侧平举时吸气，下落时呼气。肘关节微屈，靠肩部发力平举。

图 7-47　站姿俯身哑铃飞鸟

3. 手臂

（1）站姿杠铃胸前弯举。

目标肌肉：肱肌、肱二头肌。

锻炼方法：站立，双脚开立与肩同宽，双手于体前握杠铃，拳心向前；以肘关节为轴屈臂将杠铃弯举至胸前，然后缓慢下落，如图 7-48 所示。

要求：弯举时吸气，动作下落还原时呼气，弯举前手臂要充分伸直，弯举时身体保持不动，靠肱二头肌力量向上举起。

（2）坐姿哑铃轮换弯举。

目标肌肉：肱肌、肱二头肌。

锻炼方法：坐在训练椅上，双手握住哑铃位于身体两侧，拳心相对；右臂以肘关节为轴做弯举动作，缓慢下落后，左臂重复，如图 7-49 所示。

要求：手臂向上弯举和下落时前臂要分别旋外和旋内。

1　2

图 7-48　站姿杠铃胸前弯举

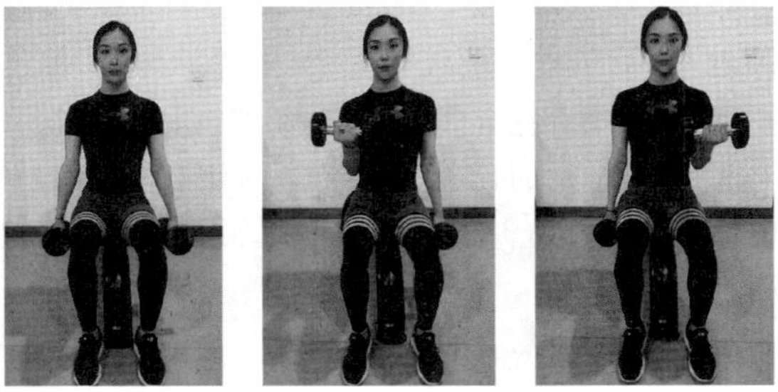
1　2　3

图 7-49　坐姿哑铃轮换弯举

（3）站姿哑铃颈后臂屈伸。

目标肌肉：肱三头肌。

锻炼方法：站立，双臂伸直，双手掌心向上托住一只哑铃；大臂固定，以肘关节为轴做臂屈伸动作，如图 7-50 所示。

要求：手臂下落时吸气，上举伸直后呼气。双臂肘关节内收，不得外翻。

（4）仰卧杠铃臂屈伸。

目标肌肉：肱三头肌。

锻炼方法：仰卧在训练椅上，双手手臂伸直正握杠铃；以肘关节为轴，小臂缓慢下落至头部上方，然后手臂再伸直举起杠铃，如图 7-51 所示。

要求：上举前吸气，动作完成、手臂伸直后呼气。肘尖向上，双肘收紧。

1　2

图 7-50　站姿哑铃颈后臂屈伸

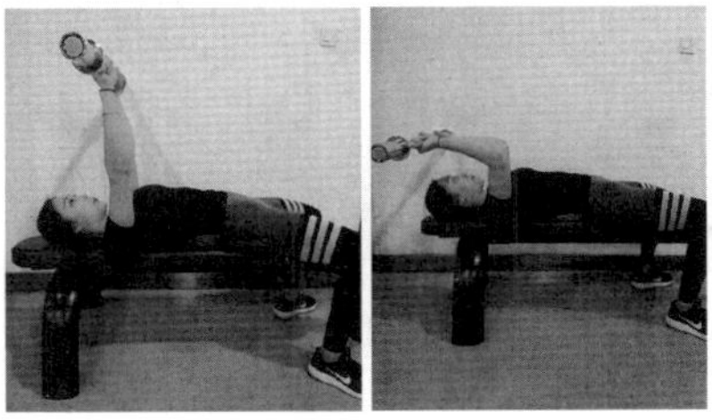
1　2

图 7-51　仰卧杠铃臂屈伸

（5）坐姿杠铃腕弯举。

目标肌肉：前臂肌群。

锻炼方法：坐姿，双手握住杠铃，拳心向上，手臂分别位于大腿上；手腕向上弯曲，然后下落，如图 7-52 所示。

要求：手腕向上弯曲至极限。

1　2

图 7-52　坐姿杠铃腕弯举

4. 背部

（1）站姿俯身杠铃划船。

目标肌肉：背阔肌、上背肌群。

锻炼方法：站姿，俯身，膝关节微屈，上身与地面接近平行，双手正握杠铃，手臂与地面垂直；背阔肌发力将杠铃沿腿向上提拉至腹部，如图 7-53 所示。

1　　2

图 7-53　站姿俯身杠铃划船

要求：提拉时吸气，下落时呼气。提拉杠铃时背阔肌收缩发力，杠铃要沿腿部提起，胸部挺起，双臂贴住身体两侧。

（2）高位下拉。

目标肌肉：背阔肌、斜方肌、菱形肌。

锻炼方法：坐在座位上，双手握住拉伸把手，选择合适的训练重量，在向下运动前先把肩膀下沉，肩胛骨下沉；然后专注于肘部位置，使手臂闭合，肘部随肩膀向后移动，然后顺势屈肘负重拉下（不要借助手臂的力量），挤压背部，给予目标肌肉足够的刺激，缓慢还原，如图 7-54 所示。

要求：提拉时吸气，下落时呼气；上提时大臂要贴紧肋部。

（3）坐姿划船。

目标肌肉：背阔肌，中背、下背部肌肉。

锻炼方法：坐在座位上，双手握住拉力机的拉伸把手，上半身往前稍微倾斜点，这时膝盖也稍微弯曲，双眼目视前方，抬头，挺胸，收腹。首先深吸一口气，两臂向后方拉动牵引绳，同时上体后仰，挺胸，当拉力机的把手触及胸腹部后，然后呼气，缓慢还原，如图 7-55 所示。

1　　2

图 7-54　高位下拉

1　　2

图 7-55　坐姿划船

要求：背部要挺直，注意不要耸肩。

5. 腿部

（1）站姿杠铃负重深蹲。

目标肌肉：股四头肌。

锻炼方法：站姿，挺胸，收腹，紧腰，颈后肩部负重杠铃，双脚开立与肩同宽，脚尖微外展；双腿屈膝下蹲至大腿与地面平行后，腿部发力站起还原，如图 7-56 所示。

要求：下蹲吸气，完成动作时呼气。腰部始终保持收紧状态。

（2）坐姿腿屈伸。

目标肌肉：股四头肌。

锻炼方法：坐在腿屈伸机上，腰背靠紧靠板，两手握扶把，两腿屈膝下垂，双脚勾住横杠；股四头肌收缩用力，伸小腿举起重量，在最高点时充分收缩股四头肌，稍停，然后慢慢下放重量，至最低点前接着做下一次动作，如图 7-57 所示。

要求：动作过程中始终勾起脚尖，如果没有勾起脚尖，股四头肌得不到充分收缩。

1　2

图 7-56　站姿杠铃负重深蹲

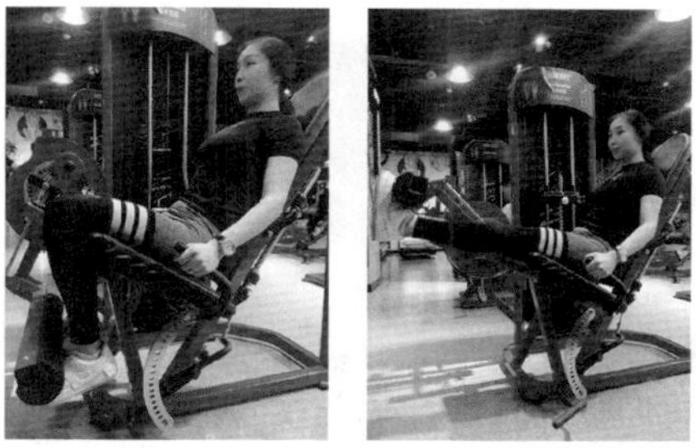

1　2

图 7-57　坐姿腿屈伸

（3）箭步蹲。

目标肌肉：股四头肌。

锻炼方法：抬头挺胸，腰背平直，动作速度保持平稳，膝盖不要超过脚尖，身体垂直下坐，后腿膝盖尽量不要着地，双腿一次交替做弓箭步蹲动作，如图 7-58 所示。

要求：收紧腹部，保持平衡。

（4）站姿杠铃负重提踵。

目标肌肉：小腿三头肌。

锻炼方法：站立，双脚略开立，颈后肩部负重杠铃；小腿肌肉收缩，脚跟抬起，稍停后缓慢下落还原，如图 7-59 所示。

1　2

图 7-58　箭步蹲

1　2

图 7-59　站姿杠铃负重提蹲

要求：身体保持正直，脚跟抬起至最高点，小腿肌肉完全收紧。

6. 臀部

（1）跪姿后摆腿。

目标肌肉：臀大肌、臀中肌、臀小肌。

锻炼方法：四点跪位，两手和两侧小腿着地，两臂与地面垂直，大腿和小腿呈 90°，背部挺直；一条腿保持屈膝向上抬起，直到大腿与地面平行或略高于地，有控制地将抬高腿放下，回到起始姿势，如图 7-60 所示。

要求：在整个动作过程中髋关节两侧保持高度一致，不要抬高或旋转。

（2）臀桥。

目标肌肉：臀大肌、臀中肌、臀小肌。

锻炼方法：仰卧在垫子上，屈膝的角度可以激活不同的目标肌肉，需要收紧腰腹，控制力较强的情况下再负重，仰卧屈膝，双脚的间距与髋同宽；臀部向上顶起，利用臀部夹紧，同时收紧骨盆底肌，全程臀部发力，如图 7-61 所示。

要求：动作过程中臀部下落时不要接触垫子，动作要规范。

1　　2

图 7-60　跪姿后摆腿

1　　2

图 7-61　臀桥

（3）深蹲跳。

目标肌肉：臀大肌、臀中肌、臀小肌。

锻炼方法：身体保持站立，双脚分开约一肩宽，双手向前或双手轻扶双耳，或双臂抱于胸前以便保持身体平衡，屈膝深蹲，整个身体向后蹲坐至臀部低于髋关节之后腿部用力，快速向上跳起，落地后迅速顺势下蹲，再快速将身体起立，如此反复训练，如图 7-62 所示。

要求：下蹲时膝关节不要超过脚尖。

1　　2

图 7-62　深蹲跳

7. 腹部

（1）平板支撑。

目标肌肉：整个腹部。

锻炼方法：俯卧姿势，用脚趾和前臂支撑体重，手臂成弯曲状置于肩膀下，保持身体挺直，并尽可能最长时间保持这个位置，如图 7-63 所示。

要求：做动作时不要塌腰，臀部不要抬高。

图 7-63　平板支撑

（2）两头起。

目标肌肉：腹直肌。

锻炼方法：仰卧姿势，腹部持续紧张，四肢尽量保持悬空，双手双脚协调一致，同时起同时落，如图 7-64 所示。

要求：高点时手部触碰到脚尖。

(3) 仰卧卷腹。

目标肌肉：腹直肌中上部。

锻炼方法：身体平躺在垫上，双腿弯曲踩地，双臂屈肘，双手半握拳分别放到耳侧，然后深吸气，想象脊椎一节一节地离地起身，感觉腹肌充分发力，使双肘尽可能触碰膝关节，使得腹部卷起到最高点，停顿两秒后身体下落时呼气，下落到肩部着地、头部不要贴地时再起身，然后反复进行练习。

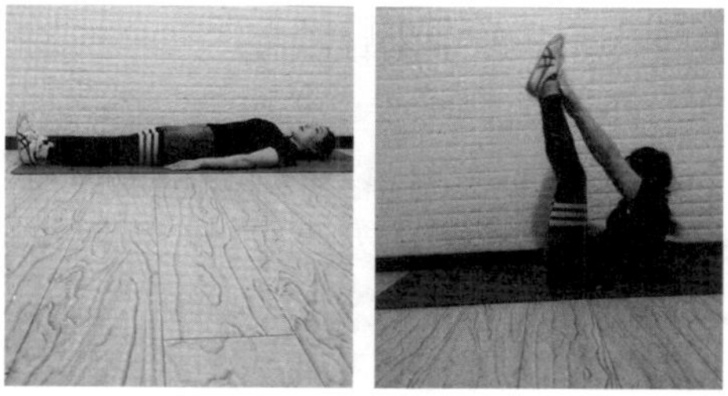

1　　2

图 7-64　两头起

要求：屈起时吸气，还原时呼气。颈部放松，不要用力。

(4) 悬垂举腿。

目标肌肉：腹直肌下部。

锻炼方法：身体悬空，双腿并拢伸直上举至 90°，稍停，缓慢下落，如图 7-65 所示。

1　　2

图 7-65　悬垂举腿

要求：上举吸气，呼气还原。

**二、教学及练习方法**

有氧运动的教学主要是以对基本技术动作的教学为主，在基本技术动作的教学中要合理地运用示范、讲解等方法。

(一) 示范

有氧健身实践课当中，经常需要运用一些杠铃、哑铃等器械，对于初学者，如何正确地使用器械对身体各个部位来进行练习非常重要。首先，教师要把技术动作完整地示范一遍，对动作的过程路线交代清楚并清晰地指出易犯错误。其次，教师应根据学生人数的多少、队形的排列等因素来选择示范的方向。

(二) 讲解

讲解是实践课中重要的一环，通过讲解，力求加深学生对技术动作的理解和掌握。讲解最好与示范紧密地结合起来，要求讲解正确，口齿清晰，突出重点、难点，当强调重点、难点时应注意勿使学生产生错误理解；同时在讲解的过程中也要避免语言的直白叙述，语言要生动活泼，听起来不乏味，让学生产生兴趣。

(三) 辅助帮护法

有氧健身实践课当中，由于要使用一些器械来练习，所以要避免出现运动损伤，这就要求教师要采取必要的辅助手段，对学生的练习进行帮助和保护。辅助帮护法主要分为以下两个方面：

1. 双人帮护法

双人帮护法是指进行大重量的练习过程中，帮护人分别站在杠铃的两端，避免练习者因重量过大或力竭造成运动损伤。例如，做深蹲动作时，帮护人站在杠铃两端，随着练习者的运动轨迹施加助力以帮助练习者完成动作要求，或者出现意外情况时迅速帮助练习者摆脱负重，等等。同时对于双人帮护法中的两个人也提出了要求，在采取动作时必须协调一致，配合默契。

2. 单人帮护法

单人帮护法可以运用在杠铃或哑铃的练习过程中。例如，卧推动作中，帮护人可站在练习者的头部上方、杠铃的中间位置，帮助练习者把杠铃从卧推架上举起并保持稳定，同时在动作过程中施加助力等。

## 三、易犯错误及纠正方法

### （一）胸部

1. 平板卧推

易犯错误：塌腰，胸部没有收缩发力上举。

纠正方法：先可以使用不加重量的杠铃反复体会动作要领。

2. 仰卧杠铃斜上推举

易犯错误：塌腰，胸大肌上部没有收缩发力上举。

纠正方法：先可以使用不加重量的杠铃反复体会动作要领。

3. 仰卧哑铃飞鸟

易犯错误：手臂伸直时胸部没有收缩发力，使手臂内收。

纠正方法：同伴用双手扶在练习者肘关节处，帮助练习者体会动作过程。

### （二）肩部

1. 站姿哑铃前平举

易犯错误：驼背、弯腰。

纠正方法：侧对镜子进行练习，观察腰部是否收紧。

2. 站姿哑铃侧平举

易犯错误：身体晃动、手臂举起高度过高或过低。

纠正方法：可面对镜子不用器械体会动作。

3. 站姿俯身哑铃飞鸟

易犯错误：身体晃动带动手臂上举，肩部没有发力。

纠正方法：可找同伴辅助，固定身体，不用器械慢慢体会动作过程。

### （三）手臂

1. 站姿杠铃胸前弯举

易犯错误：身体不稳定，大臂移动。

纠正方法：身体靠墙，双大臂贴紧身体练习。

2. 坐姿哑铃轮换弯举

易犯错误：大臂移动，前臂没有旋转。

纠正方法：面对镜子做练习。

3. 站姿哑铃颈后臂屈伸

易犯错误：肘关节外翻，三头肌没有完全收紧。

纠正方法：面对镜子练习，始终控制收紧肘部。

4. 仰卧杠铃臂屈伸

易犯错误：大臂移动。

纠正方法：找同伴帮助固定大臂。

5. 坐姿杠铃腕弯举

易犯错误：动作幅度不充分。

纠正方法：弯起时至最顶点，感觉小臂完全收紧。

（四）背部

1. 站姿俯身杠铃划船

易犯错误：身体提拉杠铃时晃动，杠铃没有贴着大腿上提，双大臂没有贴紧肋部。

纠正方法：身体侧对镜子改进动作。

2. 坐姿划船

易犯错误：身体后仰太多。

纠正方法：动过要做完整，记住保持正直，膝盖不要锁死；躯干应微微后倾，挺胸不含胸，肩胛注意下沉，保持脊椎正直，利用腹部核心肌群将其加固，选择合适的重量，不要过度挺胸，在挺胸的同时记住提示自己把肋骨压下去。

（五）腿部

1. 站姿杠铃负重深蹲

易犯错误：含胸驼背，腰部没有收紧，膝关节内扣，大腿没有与地面平行。

纠正方法：面对镜子请同伴协助改正。

2. 站姿杠铃负重提踵

易犯错误：脚跟抬起高度不够，小腿三头肌没有完全收缩。

纠正方法：练习时侧对镜子，放慢速度。

（六）臀部

1. 跪姿后摆腿

易犯错误：髋关节两侧高度不一致。

纠正方法：练习时侧对着镜子，放慢速度，使髋关节两侧保持高度一致，不要抬高或旋转。

2. 臀桥

易犯错误：动作过程中臀部下落时容易接触垫子，臀部夹不紧。

纠正方法：做动作时，注意力集中在臀部，向上达到高点时臀部充分收紧。

3. 深蹲跳

易犯错误：下蹲时膝关节超过脚尖。

纠正方法：下蹲时膝关节不要超过脚尖，应用臀部向后发力，身体向前倾斜。

（七）腹部

1. 屈膝仰卧起坐

易犯错误：双手抱头使身体向上弯起，上身与地面形成的角度过大。

纠正方法：身体侧对镜子，上身与地面形成的角度最好不要超过 45°。

2. 悬垂举腿

易犯错误：双腿举起的高度过低，借助惯性举腿。

纠正方法：动作放慢，上身尽量保持不动。

# 保健性运动篇

## 第八章　站姿型职业人群保健运动

### 第一节　保健按摩

**能力目标**

站姿型职业人群掌握保健按摩的基本程序和手法，并将之运用于日常工作之中或之后，可消除工作带来的全身疲劳。

**工具包**

**一、保健按摩简介**

月于健身防病的按摩，称为保健按摩。按摩能疏通经络，调和气血，平衡阴阳。按摩是一种重要的保健手段。通过按摩这种良性刺激，作用于身体的一定部位或穴位，以提高人体各部位的能力，达到有病治病、无病强身的目的。尤其对于站立型职业人群来说，能够起到消除工作疲劳引起的颈部、上下肢、腰背、胸腹部肌肉酸痛的作用。

**二、保健按摩穴位图**

人体穴位图见本书附录二。

**锻炼方法与手段**

**一、全身按摩**

（一）方法与步骤

1. 颈部

（1）患者取坐位或俯卧位，操作者位于患者左侧（操作者以右手用力）或坐于患者头顶端。

（2）推法：用双手虎口处或双拇指，沿颈椎两侧及颈椎，自上而下地推至肩部，重复3~5次。

（3）拿法：用单手或双手的拇指与其他四指自上而下拿至肩部，重复3~5次。

（4）揉法：用单手拇指自上而下揉颈椎，拇指和四指揉颈椎两侧肌肉，重复3~5次。

（5）叩打：用单手切击或双手合击自上而下叩至肩部，重复3~5次。

（6）运拉：用左手在前托住下颌，右手在后托住枕部，做颈部前屈、后伸、侧屈、环转、拔伸等被动运动。

2. 腰背部

（1）患者取俯卧位，操作者立于患者左侧，右手操作。

（2）推法：右手全掌自腰骶先右后左推向肩部（也可以双手同时从腰骶推向肩部），力量先轻后重，重复 3~5 次。

（3）擦法：用掌侧小鱼际在脊椎处上下反复擦 3~5 次，然后在背部两侧用平掌擦摩。

（4）揉法：先用单手在腰背部做大面积的轻揉，然后两手交叉用双手小鱼际做较大面积的中等力度的按摩，最后双手重叠用掌根加压做重点部位的按摩。一般反复 3~5 次。

（5）按压：在腰背部肌肉处用双手并列从上而下，从中间到两边，力量先轻后重，再从重到轻按压。按下后停顿 3~5 秒，然后缓慢抬起。若需要加力按压，可采用双手重叠，借助身体重心的力量，在所需按压的重点部位用掌根施力。脊椎处按压可适当采用冲击力或缓慢按下突然抬起的方式，这样可以改善椎体间小紊乱的情况。

（6）点穴：用拇指的指端或中指的指端由轻到重点按委中、环跳、大肠俞、肾俞、天宗穴。每穴点按一次，每次按 20~40 秒。

（7）滚法：单手或双手在背部自上而下，腰部两侧重点操作。

3. 胸腹部

（1）患者取仰卧位，操作者立于患者右侧，以熟练手法操作。

（2）推法：用四指指腹自天突穴向下沿胸骨至剑突做推摩，一般做 3~5 次。用双手拇指，从剑突向肋弓两侧分推上腹部，反复 3~5 次。

（3）擦法：主要作用于胸肋间，用左手五指自然分开按压在肋骨上，右手顺分开的左手指间隙在肋间反复擦动。两边各操作 3~5 次。

（4）揉法：重点做腹部的圆形或螺旋的揉动，力度先轻后重。

（5）摩法：在腹部以肚脐眼为中心，由右向左画问号。

（6）点穴：点按天突、鸠、中脘、天枢、气海。

4. 上肢

（1）患者取仰卧位或坐位。

（2）推法：患者上肢伸直，操作者先做远侧肢体，从手部起到肩部，先上，后内、外侧及下面，不间断从下推向上端。每侧面推 3~5 次。

（3）擦法：重点在腕、肘、肩部韧带处做擦法，直到局部发热为止。

（4）揉捏：从前臂向肩部方向做起，每部位做 5~8 次。

（5）点穴：合谷、内关、外关、曲池、肩井。

（6）叩打：自上而下用轻拍、切击手法各做 3~5 次。

（7）运拉：按肩、肘、腕顺序做关节的各方位功能活动，幅度要大但力量要柔和。

5. 下肢

（1）患者取仰卧位，操作者立于右侧，用右手操作。

（2）推法：患者下肢伸直，操作者从踝部起到大腿根部，先上，后内、外侧，不间断地从下推向上端。每侧面推 3~5 次。

（3）擦法：重点在踝、膝、髋部韧带处做擦法，直到局部发热为止。

（4）揉捏：膝关节弯曲，左手固定膝部，右手做小腿后侧三头肌的揉捏，然后做股四头肌和骨骺肌群的揉捏，每部位做 5~8 次。

（5）点穴：点按风市、阴陵泉、阳陵泉、足三里、委中、三阴交、悬钟、昆仑。

（6）叩打：用轻拍、切击手法自上而下各做3~5次。

（7）运拉：按髋、膝、踝顺序做关节的各方位功能活动，活动幅度由小到大，但力量要柔和。

（二）动作要领及要求

（1）操作中，操作者与患者的距离一般为10~20厘米，操作者面向患者，精力要集中，意识要专一。

（2）操作时两脚自然开立与肩同宽，双腿伸直，使身体能转动灵活、移动自如。操作面积较大、用力较重时，可用弓箭步，侧对患者加力操作。要及时调整身体位置高低。

（3）多数手法要求沉肩坠肘，掌虚指实。

（4）用力要持久、均匀柔和。发力在脚，用力在腰，促动肩臂，力贯指端。

（5）颈部按摩的方向应自上而下，运拉时切忌用暴力。

（6）胸部按摩力度不宜过大。

（7）腰部按摩重点在腰骶部，宜用力重且时间长。

（8）上下肢按摩重点为运动负荷比较大、比较疲劳的肌群。

## 二、自我按摩

（一）方法与步骤

1. 头颈部

（1）取坐位或站位。

（2）头稍抬起，按摩颈部时拇指与四指分开，两掌分别置于胸锁乳突肌上向下做推摩，双手交替进行。

（3）对颈部后侧，用单手或双手指腹做推摩，自上而下推至外侧，然后做揉捏。

2. 面部按摩

（1）按摩者取站位或坐位。

（2）两手掌相对搓热后做干洗脸。从下颌正中线向两侧经面颊至太阳穴向上至前额，从前额沿面正中线由上至下颌正中线，反复做10次或以感到发热为度。

（3）左右旋转眼球，轻闭双眼，将双手指腹擦热后轻贴在眼球上，使眼球上下、左右旋转各5次。再以食指、中指、无名指三指指腹按压眼球（3~5秒），再从鱼尾穴运拉至太阳穴，重复3次。

（4）刮眼眶。用双手食指或中指中节，由内向外刮上下眼眶各8~10次。

（5）运眉弓。两手中指指腹从印堂穴沿眉弓向外运到眉外侧，分推运揉5~8次。

（6）推摩鼻翼。拇指与食指呈八字形，其余三指弯曲，拇指在下颌下，食指从目内眦向下沿鼻翼两侧向下推摩数10次或以发热为度。

（7）捋耳轮、耳舟。用双手拇指、食指，拇指在后，食指在前，从上到下捋耳轮、耳舟，反复8~10次。

（8）揉耳根。用双手食指或中指，在耳前根、耳后根做上下揉推各8~10次。

（9）鸣天鼓。用两手掌将两耳廓向前压盖耳孔，手指在脑后枕骨结节处，做8~10次。

3. 胸、腹部

（1）取坐位或仰卧位。

（2）两手指、掌从胸大肌斜向外下方推、揉。

（3）屈膝、屈髋，使腹肌放松，以肚脐眼为中心自左至右慢速运揉 15~20 次。

（4）左右两掌分别从两肋部向下推摩至小腹，反复推摩 15~20 次。

4. 腰骶按摩

（1）取坐位。

（2）按摩时，微前屈，多用推、擦、揉、叩等手法。

（3）双手握拳，以手背紧贴腰部棘突的两侧，做环形，上下揉搓 20~30 次。

（4）在腰骶部可以两手握拳，用手背或掌指关节的突起部揉搓，用力由轻到重，自觉有热感为度，一般持续 2~3 分钟。

5. 上肢按摩

（1）取坐位，一侧前臂支持在同侧的大腿上，用推、擦、拉、揉等手法按摩手与手腕。

（2）前臂。体位同上，多用推、擦、揉手法按摩。

（3）上臂。体位同上，多用揉、揉捏手法按摩。

6. 下肢按摩

（1）臀部。取立位，被按摩的一侧稍屈膝，躯干略前倾，整个身体重量支持在另一侧肢体上，同侧手用推、擦、揉、揉捏、抖动肌肉手法按摩。

（2）大腿。取坐位，被按摩的下肢伸直，做股四头肌按摩；然后膝微屈，同时大腿稍外旋，做股内、股后肌群按摩。

（3）膝关节。取坐位，被按摩的下肢伸直，用推、擦、揉手法按摩。

（4）小腿。取坐位，被按摩的下肢屈膝屈髋，另一大腿微外旋。用推、擦、揉捏、抖动肌肉手法按摩。

（5）足踝。取坐位，按摩足背时，被按摩肢体屈膝、屈髋，按摩足底、足趾时，把小腿置于另一大腿上，用擦、推、揉、运拉手法按摩。

（二）动作要领及要求

同全身按摩。

## 第二节　太极柔力球

### 能力目标

站姿型职业人群通过太极柔力球的练习，可达到修炼身心、气血平衡、改善循环、防病治病、缓解压力、放松休闲的目的。

### 工具包

**一、太极柔力球简介**

太极柔力球秉承中国传统的太极阴阳理论，属于一种球类体育运动项目。它形象直观地展示了中国人的哲学思想和为人之道，是中国文化的形象体现。太极柔力球是将中国和谐的养生之道，与西方优雅、竞争的体育观结合起来，取长补短，精心设计而成。整个运动过程刚柔并重、缓急有致、形神兼备。它不仅可以使颈、肩、腰、腿得到均衡全面的发展，而且对训练中枢神经系统具有良好的作用。

太极柔力球从 1992 年到现在经历了 30 多年的发展。经过不断改进，太极柔力球运动已经初步形成了一个完整的运动项目体系，并随着运动的不断发展而日渐完善。目前已在欧洲、亚洲、大洋洲和美洲的 20 多个国家和地区开展了这项运动，并成立了相应的专业协会。其中，以日本和欧洲的一些国家开展规模较大。2006 年 9 月和 2007 年 10 月，在日本大阪举办了两届全国比赛；欧洲的德国、法国、意大利、荷兰等 10 国在青岛建立了培训基地，每年都会派学员来中国接受培训。2006 年 10 月和 2007 年 9 月，分别在德国和奥地利举办了两届欧洲太极柔力球锦标赛。2006 年 5 月，在北京成功举办了国际邀请赛。

## 二、太极柔力球的场地、器材

### （一）场地

双打和单打场地边线长均为 11.88 米，双打端线长 6.10 米，单打端线长 5.18 米，中线把比赛场地分成两个面积相等的区域。在两边场地区中距离中线 2.97 米处各有一条与中线平行的线为限制线，限制线到中线之间的区域为限制区，限制线到端线之间的区域为发球区。两边的网柱高 1.80 米，球网长 7 米，高为 1.75 米，网宽 0.80 米，场地线宽 0.40 米。比赛场地与羽毛球场地大体相同。

### （二）器材

1. 球

青少年比赛用球由橡胶或橡塑材料制成，直径为（6.80±0.20）厘米，质量为（54=2）克。中老年比赛用球总质量和直径与青少年比赛网球相同，但总质量包括球体内能够流动的 27 克沙粒。

2. 球拍

球拍总长为 47~54 厘米，拍框厚 8~10 毫米，拍框内径为 20.70 厘米，拍面厚度为 0.6~1 毫米，由柔软有弹性的橡胶或橡塑材料制成。球拍的总质量为 120~200 克。

## 锻炼方法与手段

## 一、锻炼基本方法

### （一）握拍（以右手为例）

1. 正手握拍法

拇指和食指第一指节的指腹部位相对捏住拍柄与拍面平行的两个宽面处，其余手指自然弯曲依次扣握，手心空出。握拍时不要过于用力，手、臂放松，使拍子能够在手中自如运转（图 8-1）。

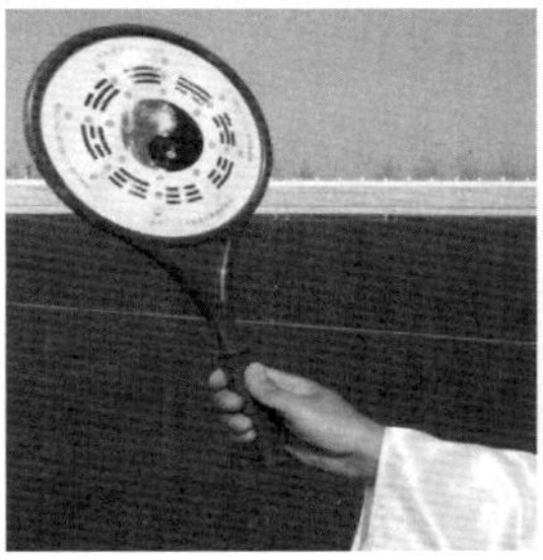

图 8-1 正手握拍法

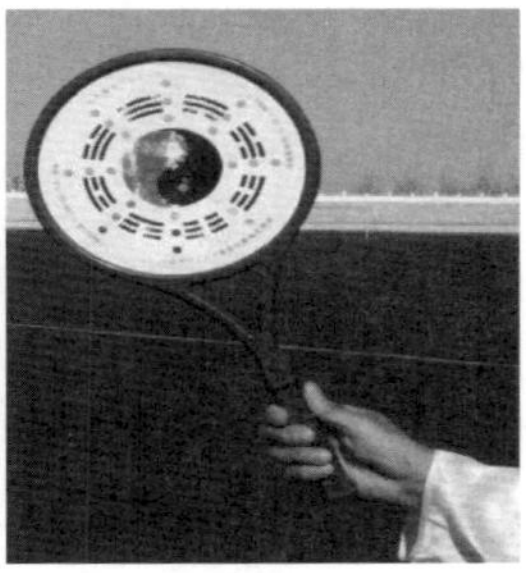

图 8-2 反手握拍法

2. 反手握拍法

将球拍旋转 90°，拇指和食指第一指节的指腹部位相对捏握在拍柄侧面的两个窄面处（即对着边框的两个平面）。中指、无名指、小指依次扣握，掌心空出，使球拍在手内能灵活自如地运转（图 8-2）。

3. 易犯错误及纠正方法

易犯错误：持拍臂紧张，手指僵硬，握拍过紧；食指和拇指伸出，紧贴拍把。手虎口紧贴拍把，五指大把攥握球拍。

纠正方法：要反复强化正确的握拍方法，随时检查握拍是否正确，形成正确的握拍习惯。

（二）站位

1. 正手站位

面向对方，左脚在前，右脚在后，两脚自然开立，略宽于肩，两膝微屈略内扣，重心放在两脚之间，脚跟略微提起，含胸收腹，上体略向前，平视前方，右手持拍，自然置于身体右前上方（图 8-3）。

图 8-3　正手站位

图 8-4　反手站位

2. 反手站位

面向对方，右脚在前，左脚在后，两脚自然开立，略宽于肩，两膝微屈略内扣，重心放在两脚之间，含胸收腹，注视前方，右手持拍，自然置于身体左上方（图 8-4）。

3. 易犯错误及纠正方法

易犯错误：两脚没有内扣，呈外八字形；脚跟着地，启动速度慢；直腿弯腰，身体前倾，重心不在两脚之间。

纠正方法：应多进行站位和移动交替训练，形成动力定型。

（三）发球

1. 发球方法

双脚自然开立，左手拿球，右手持拍，左手将球由身体前方向上方抛出，在球抛出离手 10 厘米后才能够进入球拍，同时右手持拍向前迎球，球入拍后，做完整的弧形引化动作，将球顺势抛出（图 8-5）。

图 8-5　发球方法

2. 易犯错误及纠正方法

易犯错误：发球时，不做完整的弧形引化，造成发力中断；横向挥拍，将球推出球拍；发高远球时，最后出球时向上勾挑球。

纠正方法：应使弧形引化完整，顺势将球抛出。

（四）正手接抛球

1. 正手接抛高球

接抛球时，根据来球方向调整站位，将接球点置于身体右侧前上方，持拍臂以肩为轴，向右前方伸出迎球，当球触及拍面时，迅速顺势向后经右后上方、右后方、右后下方做弧形引化，从身体前方将球抛出（图 8-6）。

1 2 3 4

图 8-6 正手接抛高球

2. 正手接抛低球

接抛球时，根据来球方向调整站位，将接球点置于身体右侧前下方，持拍臂以肩为轴，向右前下方伸出迎球，当球触及球拍后，迅速顺势向右侧后方做弧形引化，经右前上方将球抛出（图 8-7）。

1 2 3 4

图 8-7 正手接抛低球

3. 易犯错误及纠正方法

易犯错误：接抛球过程中，弧形引化不明显，出现折向发力动作，弧形引化中断；在球入球拍后，向后引化幅度太大，方向不正确，造成引化动作中断。

纠正方法：应保证完整引化，并避免引化过大。

（五）反手接抛球

1. 反手接抛高球

反握拍，手臂外旋，持拍手手心向上，持拍臂向左上方伸出迎球，球入拍后以身体的完整力量带动持拍臂向身体的右后下方做弧形引化后，将球由左前下方向前抛出（图 8-8）。

1 2 3

图 8-8 反手接抛高球

2. 反手接抛低球

反握拍，手臂内旋，握拍手的手心向下，向身体的右侧前下方伸出迎球，球入拍后，以身体带动持拍臂向右后上方做弧形引化，将球在身体的右前上方向前抛出（图 8-9）。

1 2 3

图 8-9 反手接抛低球

3. 易犯错误及纠正方法

易犯错误：球拍入球准备不足，不能主动伸拍迎球而是等球，造成撞击失误；做引化时上肢力量脱节，造成引化后出球无力。

纠正方法：接抛球前应充分迎球，用腿、腰发力将球抛出。

**二、太极柔力球练习注意事项**

由于太极柔力球运动自然飘逸、无拘无束、随乐起舞，锻炼时能得到心灵的安慰和情感的释放，时间长了就会形成一种心理上的良性依赖。此现象属于正常现象，锻炼者应正确面对。

由于本运动节奏相对较慢，锻炼者不容易觉得疲劳，容易造成活动时间过长。要注意限制运动频度与强度。一般每天最多活动两次，每次不超过一小时。

在活动前选择好场地及服装，充分做好准备活动，以免造成扭伤。

## 太极柔力球竞赛欣赏方法

**一、选择场地和发球数**

进入比赛场地前，由第一裁判召集双方队员进行抽签（或采用抛硬币的方法），赢方优先选择场地或发球权。

**二、准备活动**

抽签后双方可在比赛场地对练不超过 2 分钟。

**三、发球与接发球的站位**

（1）发球队员可选择发球区内任一位置发球，接发球时，比赛队员可选择比赛场地后区任一位置接发球。

（2）双打比赛时，发球队员必须按 A1、A2、B1、B2 区站位，发球队员必须站在发球区内，另一人可选择赛场内恰当的位置，但不能影响对方的视线。接发球方可选择本方场地任何位置。

（3）首先发球。第一局、第三局决胜局由抽签取得发球权的一方首先发球，第二局由第一局首先接发球方先发球。

（4）交换发球权。每局比赛开始后，每发满 5 个球，双方即交换发球权，直至一局比赛结束或双方比赛出现 20 平时，实行 1 球轮换发球法。

（5）双打比赛，竞赛双方应确定每局比赛场地右边的队员为第一发球员（A1）。整局的发球顺序为 A1、B1、A2、B2、A1……以此类推，直至每局比赛结束。

（6）每局间休息 1~2 分钟，打完一局交换场地。决胜局时先得 5 分者领先交换场地。

**四、比赛结果的判定**

（1）胜一球：比赛双方利用发球与接发球或在任一回合中，利用合法还击使对方出现失误或其他违例，则胜一球得 1 分。

（2）胜一局：在比赛场中某方领先对方 2 球以上，满 11 分为胜一局。如出现 10∶10 平，必须赢 2 球本局比赛才能结束，或先打满 15 分者为胜。

（3）胜一场：先胜两局的一方为胜一场。某方弃权或拒绝继续进行比赛，则判对方以 11∶0 的比分和 2∶0 的比局取胜。

**五、发球与接发球**

（1）合法发球：发球员站在发球区内，一只手将球向后上方明显地抛出（不少于 10 厘米），另一只手持拍迎球，球入球拍后以正确的弧形引化动作将球经网上抛入对方比赛场区。单打发球必须落在对方赛场后区，双打发球可以落在赛场的任何位置。发球时应采用正确的高入低抛弧形引化动作完成发球，不允许旋转和隐蔽发球。

（2）允许发球：开局或第一裁判报完得分手势后，双方队员迅速做好发球和接发球的准备，主裁判“鸣哨”或发口令并做允许发球手势为允许发球。

（3）接发球违例：发球队员发球的瞬间，接发球队员先行移位；接发球队员接抛引化动作不明显、不连贯。

## 第三节 风 筝

### 能力目标

站姿型职业人群通过放风筝锻炼，可缓解学习和工作中的紧张，提高呼吸系统的功能，增强免疫力，预防颈椎病及心血管疾病的发生。

### 工 具 包

**一、风筝运动简介**

风筝是在世界各国广泛开展的一项群众性体育娱乐活动。我国是风筝历史最为悠久的国家之一。在延绵几千年的历史中，汉高祖时，韩信做纸鸢以测量未央宫的远近；梁武帝被叛军围困，其子放纸鸢求援；等等。这些典故说明纸鸢或后来发展起来的风筝在我国人民生活中所起的作用。

风筝的英语 kite 这个词，在古英语中是 cyta，它来源于古日耳曼语的 kuze（猫头鹰）和古北欧语 kyta（菱形物）。法语则称风筝为 cerf-voldnt，意为“飞翔的鹿”。它们与我国纸鸢一词一样，都是形容其形象的。许多国家也有本民族与风筝有关的习俗和民间传说。18 世纪的美国政治家、科学家本杰明·富兰克林（Benjamin Franklin）曾经在下雨天放风筝来证实大气中含电，并在后来发明了避雷针，这则故事是大家所熟知的。

放风筝是老少皆宜、健康身心的娱乐性体育活动。它既能就地取材，也可以精细制作，显示不同民族的精湛工艺水平和美术构思。近年来，由于放飞技术的发展，风筝日益成为竞技性很强的体育活动。所以自 20 世纪 80 年代以来，随着国际交流活动的日益频繁，放风筝也逐渐成为国际文化体育交流中受欢迎的媒介。

## 二、放飞前的准备工作

### （一）准备好要放飞的风筝若干只

查阅最近天气情况，确定是否适合放飞风筝及适宜放飞哪类风筝。

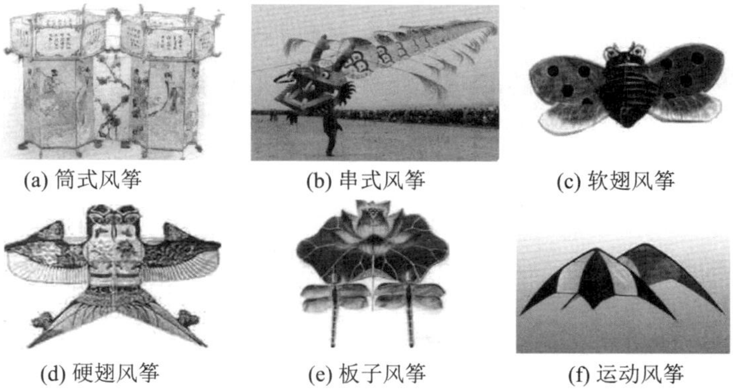

(a) 筒式风筝　(b) 串式风筝　(c) 软翅风筝

(d) 硬翅风筝　(e) 板子风筝　(f) 运动风筝

**图 8-10　常见的几种风筝**

根据季节的不同及风力气候的变化，将欲放飞的风筝准备好。检查一下要放的风筝有无破损、开裂现象，若有，要及时修补更换。一般的风筝爱好者在放飞时总要带上 3~5 只各种类型的风筝，以适应风力和气候的变化。举例来说，当风力在 1~3 级的时候，可以放飞如硬翅沙燕、软翅鹰；当风力在 3 级以上时，可以放飞板子类风筝，如八卦。当风力持续为 4~5 级时，可以放飞龙类风筝。如果您有运动风筝的话，可以放飞运动风筝，体会一下自由驾驭风筝飞翔的快乐。图 8-10 为常见的几种风筝。

### （二）准备好放飞工具

放飞工具包括两个方面：一是放飞绕线工具，二是放飞线及附件。

1. 放飞绕线工具

根据放飞风筝的不同和当时天气预报的气候情况，针对性地准备几只不同的放飞工具。如放飞鹰和沙燕的时候，可以选择放飞轮子；若风力较大，而计划放飞龙类风筝时，就要准备用线拐子；若要放飞运动风筝时，就要带上专用的手轮（8-11）。

**图 8-11　放飞手轮**

2. 放飞线

说到放飞用线，须要注意三个方面：一是线的抗拉强度要大，有韧性且耐磨。根据风筝的大小、风力的大小，选择合适的线，只有线的抗拉强度大于受到的拉力，并且有一定的强度储备时才能满足放飞的要求。同时，由于放飞风筝的过程中，不断地收放缠绕，风筝线还会与地面或其他风筝线摩擦，所以要求风筝线有韧性且耐磨。二是风筝放飞线轻，弹性小，同时光滑，空气阻力小。线轻则可以有效地提高风筝的放飞效果。三是要特别注意线的绝缘性能。导电的金属线和材料严禁用在风筝的制作和放飞过程中，以免造成事故。通常可用的放飞线有棉线、麻线、真丝线、尼龙线等。

# 锻炼方法与手段

## 一、风筝运动基本方法

### （一）起飞

起飞前要弄清风向，附近如有炊烟或旗帜，视其飘浮方向即可知悉风向，或随地拾起细土或枯草屑向空中抛出，亦可测出风向。然而在高大建筑物附近用这些方法测风向则不太准确。在整个升放风筝过程中，起飞比较艰难，虽然有时高空的风力非常适合施放风筝，但低空风力较弱，此时必须使用技巧飞升（如以逆风方式升放风筝）。

1. 等待合宜时机

在较弱（二级风）的天气施放小型风筝，或在三级风力时升放较大型风筝，皆会遭遇起飞困难的情况，必须把握合适的时机，等待有一阵风吹来时赶紧升放，如果风力不够强，则必须耐心等候，否则有时难免遭受挫败。

2. 跑步与放线

对风筝升放有经验的人，除巨大巨长的风筝以外，其他风筝自行升放；经验稍欠者，最好有一人帮忙高举风筝，并且拖长风筝线 10~30 米，等待阵风一至，迅速让举风筝的伙伴将风筝松开（不必向上掷出），施放者边跑边看风筝起飞情形并加以控制。有很多人不管不顾闷头向前奔跑最为不智，因有时风筝猛起时最易倾斜跌落，尤其是软面多及长尾巴的风筝必须徐徐奔跑，使风筝慢慢升起。风筝稍升起后，如果场地宽敞，可边跑边放线，直至风筝升起相当高度而无下坠趋向，起飞过程方告成功。但在风力强劲情况下，施放者无须在开始时奔跑数步，风筝便可扶摇直上。

3. 把握放线时机

有时在风力弱的天气中施放风筝，在起飞时已奔跑至场尽端或余地不多的情况下，若风力不继，必须频频快速用力向后撤线，给予人为的加风。如感觉风筝线稍重，即刻把握时机放线；如感觉减轻，则应停止放线；如风筝有下降的趋势，有时尚须迅速收回一部分风筝线，直至风筝能在天空托住不坠，起飞工作方算达成。

（二）操纵风筝

如果风筝结构好，受力和风力平衡时，风筝在空中纹丝不动、稳如泰山，此时把风筝线系在树干上或不动的沉重物体上，可任其自由飘浮；然而在风向及风力不稳定的情况下，则必须随机操纵。

1. 风力突然变化

当风力突然转强、风筝摇摆而倾斜度过大时，将有翻转栽落的危险，此时有两种控制方法，其一是迅速放线，其二是迅速向前奔跑数步。但有时风力突然停顿，风筝向下坠落，则应该用相反的方式处理，即刻向后迅速奔跑，如果此时无法后退，则可用迅速收线的方法处理。

2. 场地的运用

风力弱、施放风筝困难的时候，应该尽量节省场地，能不后退则不退，以便在必要时向后奔跑；反之，风力强劲、施放风筝时又必须尽量退至最后端，以便有需要时向前奔跑，同时在场地宽阔的情况下，如果风筝不慎栽落将不致挂在树梢。

3. 不良气象

有时低空气流极端不稳，涡流漩力过大，风筝起飞后易向一边倾斜；有时风向突然变化无常，风筝东摇西晃，此时最好停止升放。

（三）收回风筝

收回风筝比较容易，只要避免收线过急即可，因为当收线时，风筝线与地面所呈角度愈来愈大，若收线过急，风筝则有向前俯冲跌落之危险。另外，在收线时要尽量退至距离高大树木较远的地方，以免风筝降下挂在树梢尖端。

## 二、风筝放飞的注意事项

（1）选择空旷地区放风筝，远离高压线等电力设施，以免风筝线缠绕电线造成断电事故，有时还会造成人员伤亡。

（2）勿在高楼上放风筝，以免发生失足跌落等意外事故。

（3）勿在雷雨天放风筝，以免造成雷击。

（4）勿在将融化的冰面或地面状况复杂的工地、山岭等处放风筝，以免失足造成伤亡事故。

（5）放风筝时请勿践踏公共草坪或麦田菜地。

（6）勿在机场等禁放区放风筝。

（7）勿在交通干线、立交桥上放风筝，以免造成交通事故。

（8）风筝挂落高处时，请勿攀高摘取，小心失足跌伤。

## 三、简易风筝制作

制作风筝所需材料：2 根松木或云杉木棒（0.6 厘米厚，1 厘米宽，90 厘米长）、风筝面材料（塑料等）、绳子、剪刀、木尺、胶条、小锯子、粉笔、木胶。

用小锯在每根木棒的端口处锯一个小缺口［图 8-12(a)］。必须注意的是，不要使锯对着自己。测量出其中一根木棒的中心，做个记号，并把这个记号放在另一根木棒的一点上，这个点距这个木棒的一端距离为 20 厘米［图 8-12(b)］。用木胶把交叉的两个木棒粘在一起，用绳子缠绕几下后捆起来［图 8-12(c)］。拉直绳子，沿着 4 个被锯开的小口，缠出一个风筝的外框［图 8-12(d)］。把绳子拉紧，然后把绳子的两头系成一个结。在木框的四端被绳子缠过的缺口处，每处都再用绳子用力绕几圈后拴紧。这样，风筝的框架就完成了。

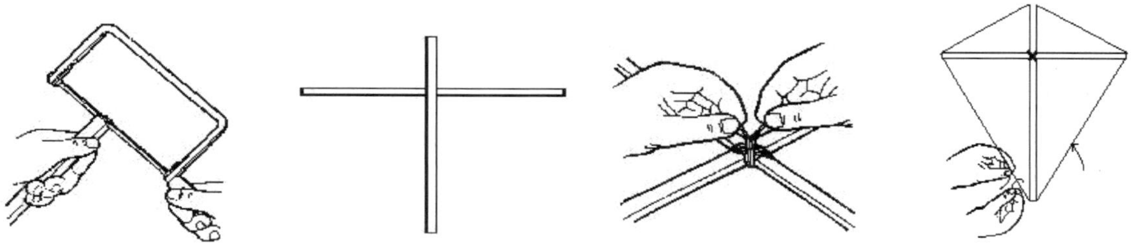

(a) 在木棒的两端锯一个小缺口　(b) 把木棒放在一根木棒距端点20厘米的位置上　(c) 用木胶和绳子把木棒栓紧　(d) 用绳子缠出一个风筝框架来

**图 8-12　风筝制作过程**

把风筝的框架放在一个塑料薄膜上，以便做出一个样本。横着的木棒应该在下面贴紧塑料面。用粉笔画出样本。注意要画在沿着风筝框架线周围外 2.5 厘米处，以便允许多出的边折过来盖住绳子。沿着画好的线，小心地剪出样本。然后把多出来的塑料折上包住绳子，用胶条把它们黏紧。用一根绳子系在横向木棒的一端的缺口处，把这根木棒弯曲出约 10 厘米的弯度，然后把绳子的另一端系在横向木棒的另一端。加上马勒套，在两根木棒的交接处钻一个小孔，用一条大约 150 厘米长的绳子把这根绳的一端通过小孔拴到木棒交叉处，把马勒套的另一端拴在风筝底部的木棒缺口处。把用于放风筝的绳子系在马勒套上，位置为距离风筝底部缺口处约 90 厘米和距离马勒套到小孔处约 60 厘米处。不断地上下调节这个套结，以便使风筝平稳。

# 第九章 变姿型职业人群保健运动

## 第一节 治疗按摩

### 能力目标

变姿型职业人群掌握治疗按摩的基本操作手法，并能运用于工作中，可消除全身疲劳，治疗因长期工作产生的伤病。

### 工具包

用于治疗伤病的按摩称为治疗按摩。主要通过纠正局部解剖变位，改善局部血液循环，改变局部病理性变化等途径来达到治疗的目的。按摩疗法适应范围很广，尤其对变姿型职业人群来说，对于工作造成的软组织损伤的疗效较好。

### 锻炼方法与手段

一、踝关节扭伤按摩

（一）方法与步骤

1. 准备手法（疏通血脉、缓解痉挛，时间约 3 分钟）

（1）擦法：先轻后重擦足部和小腿 3~5 次。

（2）推法：由足趾向小腿到膝，先前再后推 3~5 次。

（3）揉法：先做较大面积的足、踝、小腿的放松揉及揉捏，然后做局部重点按揉。

（4）点穴：点按解溪、昆仑、太溪、悬钟、足三里、委中。

2. 治疗手法（对症处理，时间约 5 分钟）

（1）瘀血肿胀：推、揉、切。

（2）足趾粘连：揉、分筋。

（3）结构变位：理筋、弹筋、运拉。

3. 结束手法（时间约 2 分钟）

（1）局部按压。

（2）由远端向近端推至膝。

（3）做足、踝部的抖动。

（二）动作要领及要求

（1）注意按摩的手法、力度及顺序。

（2）按摩最少要在受伤 24 小时之后进行。

## 二、指间关节挫伤按摩

### （一）方法与步骤

1. 准备手法

（1）推：由手指向手腕部推伤指的不同侧面 3~5 次。

（2）擦：在伤指关节两侧擦 3~5 次。

2. 治疗手法

（1）揉：重点在伤处由轻到重揉 2~3 分钟。

（2）搓：由伤指远端向近端搓 5~7 次。

（3）运拉：用柔和轻缓的力量做纵向牵拉和各方向的运动。

3. 结束手法

（1）轻推。

（2）轻揉。

### （二）动作要领及要求

（1）按摩要在进行完医学检查和处理之后实施。

（2）出血停止约 3 天后再实施按摩。

（3）运拉时力度要轻柔。

## 三、腰背肌肉劳损按摩

### （一）方法与步骤

1. 准备手法

（1）抚摩：患者俯卧，按摩者站在一侧，抚摩腰背部，以手掌紧贴在腰部皮肤上，用前臂带动手腕，做有节律的环形抚摩。先从上到下，先健侧后患侧，缓慢而柔和地进行，以每分钟 60 次的频率做 30 秒。

（2）揉捏：揉捏腰部肌群，揉捏方向与肌纤维垂直，从上到下直至臀部，先轻后重，先健侧后患侧，重点要放在棘突两侧竖脊肌和压痛明显处，反复揉捏约 1~2 分钟。

（3）点穴：点按命门、肾俞、腰眼、大肠俞、环跳、委中。

2. 治疗手法

（1）揉：按摩者以掌根或小鱼际着力，在患处做环形揉推，边揉边移动，持续约 2~3 分钟，再以掌根沿脊椎作鱼摇尾式推摩，反复推摩 8~12 次。

（2）运拉：患者侧卧，双手臂交叉于胸前，上面的腿伸直，下面的腿弯曲。按摩者站在患者背后，一手握住下侧的手腕，另一手推上侧的髋部，双手配合一前一后搬动，先轻轻晃动，然后再用力将臂部前推；一手向后拽腕使肩关节固定，如能听到“嗒嗒”声响，则是手法成功的标志。

3. 结束手法

患者俯卧，按摩者站在体侧，双手拇指在内，其余四指并拢在外，自上而下以拇指进行推摩，拇指紧贴皮肤沿皮肤轻轻上滑，再紧贴皮肤进行下推，着力点在皮下深层组织，然后点按肺俞、肾俞。

### （二）动作要领及要求

（1）操作前根据治疗的要求选好体位。

（2）新伤不要用力过大，以免引起新的出血。陈旧伤可在患部用较长时间和较大力度去做，以患者能耐受为宜。

（3）按摩时着力点在皮下深层组织，切勿摩擦皮肤以避免出现疼痛。

**四、髌骨劳损按摩**

（一）方法与步骤

1. 准备手法

（1）推：取坐位或仰卧位，自小腿中段向上推膝关节上下左右至大腿中段。先上后下，然后推膝部两侧，各推 3~5 次。

（2）擦：用四指包擦膝内、外侧韧带和髌骨韧带 3~5 次。

（3）点穴：点按阳陵泉、血海、阴陵泉、双膝眼和足三里。

2. 治疗手法

（1）按压：取坐位，伤肢伸直，髌骨放松，操作者左手垫在伤膝腘窝下，右手按压伤膝髌骨，一按一松，改善关节内的滑液循环，做 10~15 次。

（2）刮法：用左手固定髌骨并通过按压尽可能将劳损的病灶暴露出来，然后用右手的拇指端横向地刮动受伤的髌骨部位，约 2~3 分钟。

3. 结束手法

（1）轻推。

（2）轻擦。

（二）动作要领及要求

动作要领及要求同腰背肌肉劳损按摩。

## 第二节 太极拳

### 能力目标

太极拳是武术套路运动中拳术的一个项目。它属于一种柔和、缓慢，既能技击防身，又能增强体质的传统拳术。通过练习，变姿型职业人群可以增强体质，提高下肢关节坚固性、调节情绪，舒缓工作带来的心理压力。

### 工 具 包

**一、太极拳的起源**

太极拳历史悠久，流派众多，比较普遍的说法是，太极拳是由明末清初河南温县陈家沟人陈王廷所创。传统太极拳分为陈式、杨式、孙式、吴氏等流派，而陈式太极拳是各派太极拳的始源。

中华人民共和国成立后，太极拳的发展非常迅速。1956 年，国家体委相继组织专家推陈出新，创编了二十四式太极拳，后又推出了四十八式太极拳，整理修订了八十八式太极拳等。其中二十四式太极拳是太极拳简易套路，在传统杨式太极拳的基础上，汲取精华，去其繁复动作，创编而成。此拳分为 8 组，共 24 个动作。全套动作结构安排合理，体现了先易后难、由简至繁的原则。虽然它的动作较少，但比起传统的太极拳套路来讲，其内容更显精练，对于初学者来说，易学、易懂，套路既不复杂，又充分地体现了太极拳的运动特点，而且在社会上有着比较广泛的群众基础。

**二、太极拳的运动特点**

（一）心静体松

“心静”指宁静、镇静、冷静，是在快速、紧张状态下的从容不迫，是动中之静，而非死静。

“体松”就是在练习太极拳的过程中，既要保证姿势正确，又要保持全身肌肉、关节、韧带和内脏等自然、舒展和尽可能放松的状态，即使是该用力的部位，所用之力也仅到刚好完成动作，而避免任何部位的无谓紧张，避免用力过大和动作过快。练拳时要排除一切杂念，注意力要集中。

（二）缓慢轻柔

缓慢轻柔是太极拳区别于其他武术运动形式的主要标志，是太极拳运动最为重要的一个特点。太极拳运动的这种缓慢轻柔有着极为严格的外在规格和内在意念的要求，它不仅要求“内宜鼓荡，外示安逸”，而且要求“运动如抽丝，迈步如猫行”，即动作要柔中寓刚、徐缓不躁而轻灵。

（三）动作、呼吸与意念配合

1. 太极拳的“练意”

太极拳运动本身就是人体大脑支配正反意和气的运动，在呼吸与动作合拍的情况下，意识的引导起到主要作用。在太极拳运动中，如果无意识地进行支配和引导，做起动作来就显得呆滞、不连贯，表现不出太极拳动作行云流水、连绵不断的神韵。

在练拳之初常出现疏忽练意去追求慢、静、松的现象，把太极拳简单地变成了缓慢的肢体运动，长期因慢、静、松的简单记忆使大脑皮质分化抑制，导致练习后出现昏昏欲睡的状态，违背了太极拳的宗旨。因此，太极拳要以练意为目标，强调全神贯注，以意识引导动作。

2. 太极拳的呼吸

“太极不用力，练得汗直滴。”深蹲、高举腿独立等动作，都是太极拳独特的用力表现形式，其动作和缓，气力相合，无不是与动作有机结合的结果，如果配合不好，将直接影响这类动作的正确完成。将太极拳作为一个完整套路演练，则必须自始至终调整好呼吸与动作的配合。如果呼吸配合不当，开始阶段呼吸过深、过长、耗氧过多造成氧债，将使其后的动作失调，从而导致呼吸紊乱，造成动作连贯性下降，运动节奏亦被打乱。在太极拳运动中，要正确运用呼吸方法，使呼吸与动作、意识三者紧密结合，形成内外合一，为太极拳的健身和技击创造良好的条件。

（四）具有广泛的适应性

太极拳运动可以不受年龄、性别、体质、季节、时间、场地及器材的限制，人们可以根据自己的需要和条件，选择合适的类别进行锻炼。

## 锻炼方法与手段

**一、太极拳的基本技法**

（一）虚灵顶劲

虚灵顶劲即“顶头悬”。要求头顶的百会穴处向上轻轻顶起，顶劲不可过分用力。

（二）气沉丹田

气沉丹田是身法端正，宽胸实腹，同时要“意注丹田”，这样才能达到太极拳身动、心静、气敛、神舒的境地。

（三）含胸拔背

含胸是两侧肩胛骨向下松再左右略撑开，再微向前。拔背与含胸是相互联系的，含胸拔背时胸背肌肉需松沉，不能故意做作。

（四）松腰敛臀

太极拳要求含胸、沉气，因此在含胸时就必须松腰。敛臀则是在含胸拔背的基础上使臀部稍作内收。

（五）圆裆松胯

圆裆松胯是保持身法端正、气贯上下的锻炼方法。圆裆和松胯相配合能使腰部灵活，并起到臀部内敛的作用。

（六）沉肩坠肘

太极拳在松肩的前提下要求沉肩坠肘，同时还要有些微向里合抱的裹劲，这样才能使劲贯穿到上肢手臂。

（七）舒指坐腕

舒指是掌指自然伸展，坐腕是腕关节向手背一侧自然曲起，对各类手法的劲力都有积极作用。

（八）尾闾中正

尾闾中正是关系身躯、动作姿势、“中正安舒”、“支撑八面”的准星，更重要的是尾闾中正还影响着下盘的稳固。

（九）内宜鼓荡，外示安逸

鼓荡是对内在精神所提的要求，鼓荡是精神振奋的意思。内宜鼓荡要求练习时内在的精神要振奋，然而这种振奋是沉着的，要“神宜内敛”的，并不流于形色，表现是安逸的。

（十）运劲如抽丝，迈步如猫行

练太极拳首先要做到的就是要排除杂念，使精神完全集中到运动上来。运动中还要讲究速度均匀，要求保持适当的等速运动，就需要像抽丝那样均匀地抽拉，其步法则必须相应地像猫迈步那样轻灵。

**二、太极拳的基本手型**

（一）拳

四指并拢，向内卷曲于手心处，拇指屈压于中指和食指的第二关节上。拳面要平，成四方拳，注意既不可用力握拳，也不可使拳中留有空洞。打拳时，手腕也要平，拳有拳心、拳背、拳眼和拳面。

（二）掌

手指自然伸直，拇指与小指根微内合，食指外张，虎口处夹紧，拇指端外仰。

（三）勾

拇指、食指和中指三指指尖捏拢，其余指自然向内屈于掌心，虎口撑圆，腕微屈。

## 三、二十四式太极拳的基本技术

预备动作：身体自然直立，双脚并排，双腿自然伸直。胸腹放松，双臂下垂，手指微屈，双手垂于大腿外侧，头颈正直，下颏微收，口闭齿扣，舌抵上腭。精神集中，表情自然。双眼平视前方（图 9-1）。

图 9-1　预备动作

（一）起势

1. 双脚开立

左脚向左分开半步，双脚距离与肩同宽，双脚平行向前，成开立步（图 9-2 之 1）。

2. 双臂前举

双臂慢慢向前平举，与肩同宽、同高，双臂自然向前伸直，肘关节向下微屈；双手手心向下，指尖向前（图 9-2 之 2）。

3. 屈腿按掌

双腿慢慢屈膝半蹲，重心落于双腿中间，成马步；同时双掌轻轻下按至腹前，上体舒展正直，双眼平视前方（图 9-2 之 3）。

1　2　3

图 9-2　起势

（二）左右野马分鬃

1. 左野马分鬃

（1）抱手收脚：上体微向右转；右臂收于胸前半屈，肘稍低于手，掌心向下。左手经前向右下划弧于右手下，掌心向上，双手掌心相对成抱球状。左脚随即收到右脚内侧，脚尖点地，重心移至右腿上；目视右手（图 9-3 之 1）。

（2）转体上步：上体稍向左转，左脚向左前方迈出一步，左脚脚跟轻轻着地，重心仍在右腿上（图 9-3 之 2）。

（3）弓步分手：上体继续左转，重心前移，左脚踩实，左腿屈膝前弓，右脚脚跟向后蹬，右腿伸直，成左弓步；同时双手前后分开，左手分至体前，高与眼平，手心斜向上；右手落于右胯旁，掌心向下，指尖向前；双臂肘部微屈；目视左手（图 9-3 之 3）。

1　2　3

图 9-3　左野马分鬃（一）

2. 右野马分鬃

（1）转体撇脚：重心移至右腿，上体后坐，左脚脚尖翘起，微外撇；随后身体稍左转（图9-4之1）。

（2）抱手收脚：上体继续左转，重心前移至左腿，左脚慢慢踏实，右脚前收至左脚内侧，脚尖点地；同时左手翻转收于胸前屈抱，掌心向下，右手向前向左划弧翻转前摆腹前屈抱，掌心向上，双手上下相对，成抱球状；目视左手（图9-4之2）。

（3）转体上步：上体稍向右转，右脚向右前方迈出，脚跟轻轻着地（图9-4之3）。

（4）弓步分手：上体继续右转；重心前移至右腿，右脚踩实，右腿屈膝前弓；左脚后蹬，脚跟外展，左腿伸直成右弓步；同时左右手分别成右上左下分开，右手分至体前，高与眼平，手心斜向上，左手下落于左胯旁，掌心向下，指尖向前，双臂肘部微屈；目视右手（图9-4之4）。

1 2 3 4

**图9-4 右野马分鬃**

3. 左野马分鬃（二）

（1）转体撇脚：动作同“右野马分鬃”中的（1），唯左右相反（图9-5之1）。

（2）抱手收脚：动作同“右野马分鬃”中的（2），唯左右相反（图9-5之2）。

（3）转体上步：动作同“右野马分鬃”中的（3），唯左右相反（图9-5之3）。

（4）弓步分手：动作同“右野马分鬃”中的（4），唯左右相反（图9-5之4）。

1 2 3 4

**图9-5 左野马分鬃（二）**

（三）白鹤亮翅

（1）跟步抱手：身体微左转，重心稍前移，右脚向前跟进半步，前脚掌轻轻落地，与左脚跟相距约一脚长；同时左手翻掌，掌心向下，右手向上、向左划弧，掌心向上，双手掌心相对，成抱球状；目视左手（图9-6之1）。

（2）后坐转体：上体后坐，右脚踩实，重心后移至右腿，上体稍向右转；双手开始交错分开，右手上举，左手下落；目视右手（图 9-6 之 2）。

（3）虚步分手：上体转正，左脚稍向前移动，脚尖点地，成左虚步；右手向右额前提起，掌心向内，左手下落按于左胯前，掌心向下，指尖向前；目视前方（图 9-6 之 3）。

1 2 3

图 9-6 白鹤亮翅

（四）搂膝拗步

1. 左搂膝拗步（一）

（1）转体摆臂：上体稍左转；右手摆至体前，手心转向上；目视右手（图 9-7 之 1）。

（2）摆臂收脚：上体右转；双臂交叉摆动，右手向下经右胯侧向右后上划弧，肘关节微屈，与头同高，掌心斜向上；左手随转体向上、向右下划弧至右肩前，掌心向下，左脚轻轻抬起，收至右脚内侧，脚尖点地，头随身体转动；目视右手（图 9-7 之 2）。

（3）上步屈肘：上体稍左转；左脚向左前方上步，脚跟轻轻落地，右臂曲肘，右手收至肩上右耳侧，掌心斜向前；左手落在腹前；眼视前方（图 9-7 之 3）。

（4）弓步搂推：上体继续左转，重心前移，左脚踩实，左腿屈弓，右腿自然蹬直成左弓步；左手经左膝向左搂手，按于左腿外侧，掌心向下，指尖向前；右手向前推出，指尖与鼻尖相对，掌心向前，指尖向上；右臂自然伸直，肘微屈；目视右手（图 9-7 之 4）。

1 2 3 4

图 9-7 左搂膝拗步

2. 右搂膝拗步

（1）转体撇脚：重心稍后移，左脚尖翘起外撇，上体左转；双臂外旋，开始向左摆动；目视右手（图 9-8 之 1）。

（2）摆臂收脚：上体继续左转，重心前移，左脚踩实，右脚收至左脚内侧，脚尖点地；右手经头前划弧摆至左肩前，掌心向下；左手向左上方划弧上举，与头同高，掌心向上，左臂自然伸直，肘部微屈；头转看左手（图 9-8 之 2）。

（3）上步屈肘：动作同“左搂膝拗步（一）”中的（3），唯左右相反（图9-8之3）。

（4）弓步搂推：动作同“左搂膝拗步（一）”中的（4），唯左右相反（图9-8之4）。

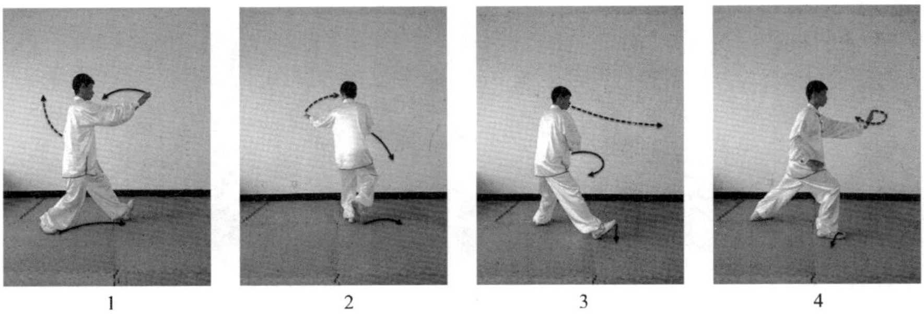


图9-8 右搂膝拗步

3. 左搂膝拗步（二）

（1）转体撇脚：动作同“右搂膝拗步”中的（1），唯左右相反（图9-9之1）。

（2）摆臂收脚：动作同“右搂膝拗步”中的（2），唯左右相反（图9-9之2）。

（3）上步屈肘：动作同“左搂膝拗步（一）”中的（3）（图9-9之3）。

（4）弓步搂推：动作同“左搂膝拗步（一）”中的（4）（图9-9之4）。

图9-9 左搂膝拗步（二）

（五）手挥琵琶

1. 跟步展臂

右脚向前收拢半步，脚前掌轻落于左脚后，与左脚相距约一脚长；右臂稍向前伸展，腕关节放松（图9-10之1）。

2. 后坐引手

重心后移，右脚踏实，上体右转；左手向左、向上划弧摆至体前，手臂自然伸直，掌心斜向下。右手屈臂后引，收至胸前，掌心斜向下；眼转看左手（图9-10之2）。

3. 虚手合手

上体稍向左回转，左脚稍向前移，脚跟着地，成左虚步；双臂外旋，屈肘合抱，双手前后交错，侧掌合于体前；左手与鼻相对，掌心向右；右手与左肘相对，掌心向左，双臂犹如抱琵琶的样子；目视左手（图9-10之3）。

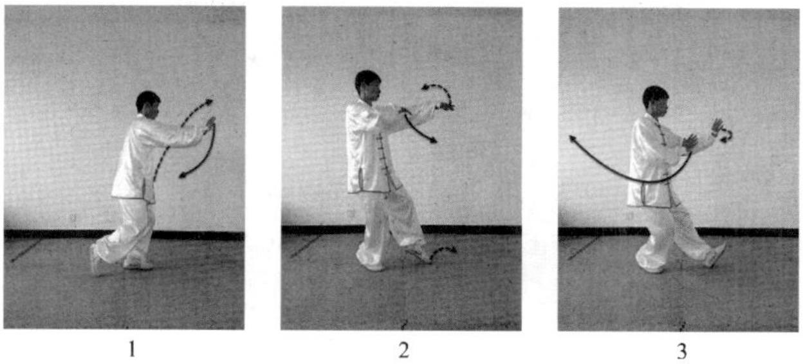

图 9-10　手挥琵琶

（六）倒卷肱

1. 右倒卷肱（一）

（1）转体撤手：上体稍右转；双手翻转向上，右手随转体向下经腰侧向后上方划弧，右臂微屈，手与头同高；左手翻转停于体前；头随身体转动，眼先视右手，再转视左手（图 9-11 之 1）。

（2）退步卷肱：上体稍左转，左脚提收向后退一步，脚前掌轻轻落地；右臂曲卷，右手收至肩上耳侧，掌心斜向下方；左手开始后收；目视左手（图 9-11 之 2）。

（3）虚步推掌：上体继续左转；重心后移，左脚踏实，右脚以脚掌为轴扭直，脚跟离地，右膝微屈成右虚步；右手推至体前，腕与肩同高，掌心向前；左手向后、向下划弧，收至左腰侧，手心向上；目视右手（图 9-11 之 3）。

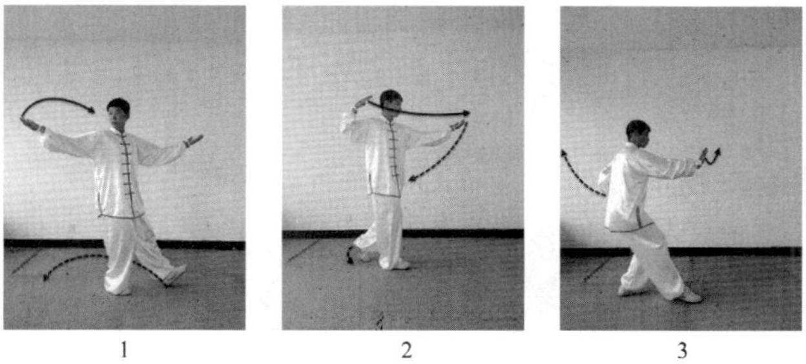

图 9-11　右倒卷肱（一）

2. 左倒卷肱（一）

（1）转体撤手：上体稍左转，左手向左后上方划弧，与头同高，掌心向上，左臂微屈；右手翻转停于体前；头随身体转动，眼先视左手，再转视右手（图 9-12 之 1）。

（2）退步卷肱：动作同“右倒卷肱（一）”中的（2），唯左右相反（图 9-12 之 2）。

（3）虚步推掌：动作同“右倒卷肱（一）”中的（3），唯左右相反（图 9-12 之 3）。

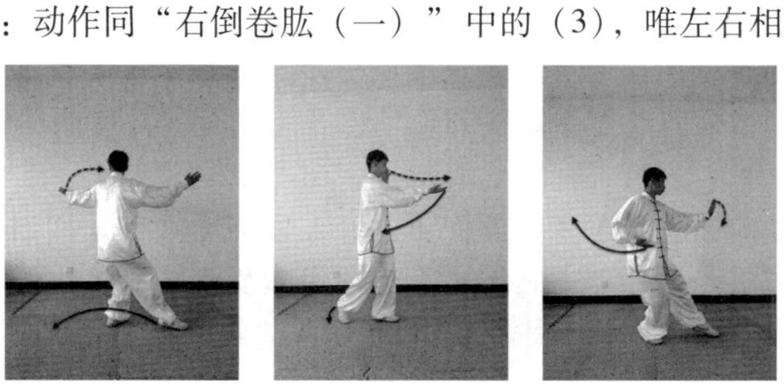

图 9-12　左倒卷肱（一）

3. 右倒卷肱（二）

（1）转体撤手：动作同“右倒卷肱(一)”中的（1），唯一不同的是左脚尖点地（图9-13）。

（2）退步卷肱：动作同“右倒卷肱(一)”中的（2）。

（3）虚步推掌：动作同“右倒卷肱(一)”中的（3）。

图9-13 右倒卷肱（二）

4. 左倒卷肱（二）

同左倒卷肱（一）。

（七）左揽雀尾

1. 转体撤手

上体右转；右手由腰侧向右上方划弧，右臂微屈，手与肩同高，掌心斜向上。左手在体前放松，头随身体转动，眼向右平视（图9-14之1）。

2. 抱手收脚

右手屈臂抱于右胸前，掌心翻转向下；左手划弧下落，屈抱于腹前，掌心转向上，双手上下相对如“抱球”状，左脚收至右脚内侧，脚尖点地；眼看右手（图9-14之2）。

3 转体上步

上体微左转，左脚向左前方迈出，脚跟轻轻着地；目视前方（图9-14之3）。

4. 弓步棚臂

上体继续左转，重心前移，左脚踩实，左腿屈膝前弓，右脚跟微向后蹬转，右腿自然蹬直，成左弓步；同时左手继续半屈向前掤出，高与肩平，掌心向后，右手向右后划弧下落按至右胯旁，掌心向下，手指向前；目视左手（图9-14之4）。

5. 转体摆臂

上体稍左转，左手向左前方伸出，掌心转向下；同时右臂外旋，右手向上、向前伸至左前臂内侧，掌心向上；目视左手（图9-14之5）。

6. 转体后捋

双手同时向下经腹前向右后方划弧后捋，随后捋动作上体右转，重心后移，身体后坐，右腿屈膝，左腿自然伸直；右手后捋至身体侧后方，与头同高，掌心向外；左臂平屈于胸前，掌心向内，指尖向右；目视右手（图9-14之6）。

7. 转体搭手

上体左转，正对前方；右臂屈肘，右手折回搭于左腕内侧，掌心向前；左前臂仍屈于胸前，掌心向内；目视前方（图9-14之7）。

8. 弓步前挤

重心前移，左腿屈弓，右腿自然伸直成左弓步；右手推左手慢慢向体前挤出，与肩同高，双臂撑圆；目视前方（图9-14之8）。

9. 后坐引手

左臂内旋使手心向下，右手变掌心向下并经左手腕上向前、向右平抹，此时双手左右分开，与肩同宽；重心后移，右腿屈膝，上体慢慢后坐，身体重心移至后腿上，左脚尖翘起，与此同时，双臂屈肘，双手后引，经胸前收至腹前，手心均朝向前下方；目视前方（图9-14之9）。

10. 弓步前按

重心慢慢前移，左脚踩实，与此同时，双手向前、向上沿弧线推按至体前，腕与肩同高、同宽，掌心向前，指尖向上，此时左腿屈膝，右腿自然伸直成左弓步；目视前方（图 9-14 之 10）。

图 9-14　左揽雀尾

（八）右揽雀尾

1. 转体分手

重心后坐于右腿上，上体右转，左脚尖翘起并内扣；右手经头前向右划弧摆至右侧，掌心向外，目光随右手摆动而移动，此时双手平举于身体两侧（图 9-15 之 1）。

2. 抱手收脚

身体重心左移，左腿屈膝，右脚随即收至左脚内侧，脚尖点地；与此同时，左手平屈收于左胸前，掌心向下，右手由右侧向下、向左划弧收至左腹前，掌心向上，此时，双手上下相对成“抱球”状；目视左手（图 9-15 之 2）。

3. 转体上步

动作同“左揽雀尾”中的“转体上步”，唯左右相反（图 9-15 之 3）。

4. 弓步掤臂

动作同“左揽雀尾”中的“弓步棚臂”，唯左右相反（图 9-15 之 4）。

5. 转体摆臂

动作同“左揽雀尾”中的“转体摆臂”，唯左右相反（图 9-15 之 5）。

6. 转体后捋

动作同“左揽雀尾”中的“转体后捋”，唯左右相反（图 9-15 之 6）。

7. 转体搭手

动作同“左揽雀尾”中的“转体搭手”，唯左右相反（图 9-15 之 7）。

8. 弓步前挤

动作同“左揽雀尾”中的“弓步前挤”，唯左右相反（图 9-15 之 8）。

9. 后坐引手

动作同“左揽雀尾”中的“后坐引手”，唯左右相反（图 9-15 之 9）。

10. 弓步前按

动作同“左揽雀尾”中的“弓步前按”，唯左右相反（图 9-15 之 10）。

图 9-15 右揽雀尾

（九）单鞭（一）

1. 转体运臂

重心逐渐左移至左腿上，右脚尖翘起并内扣；与此同时，左手经头前向左划弧摆至身体左侧，手心向外，右手经腹前向左划弧摆至左肋前，手心朝向后上方；目视左手（图 9-16 之 1）。

2. 勾手收脚

上体右转，重心随之逐渐移至右腿；右手从左向上、向右划弧至右侧，掌心向内，高与肩平，左手从左向下、向右划弧至右腹前，掌心转向后上（图 9-16 之 2）；右手掌转为勾，勾尖向下，左手继续向右上划弧摆至右肩前，掌心转向内，与此同时，左脚收至右脚内侧，脚尖点地；视线随右手摆动而移动，最后目视勾手（图 9-16 之 3）。

3. 转体上步

上体稍向左转，左脚向左前方迈一步，脚跟着地，与此同时，左手随身体转动经面前向左划弧，掌心向内，目视左手（图 9-16 之 4）。

4. 弓步推掌

上体继续左转，左脚踩实，左腿屈膝，重心移至左腿，右腿自然蹬直，成左弓步，与此同时，左手经面前翻转向前推掌，与肩同高，左肘与左膝上下相对；目视左手（图 9-16 之 5）。

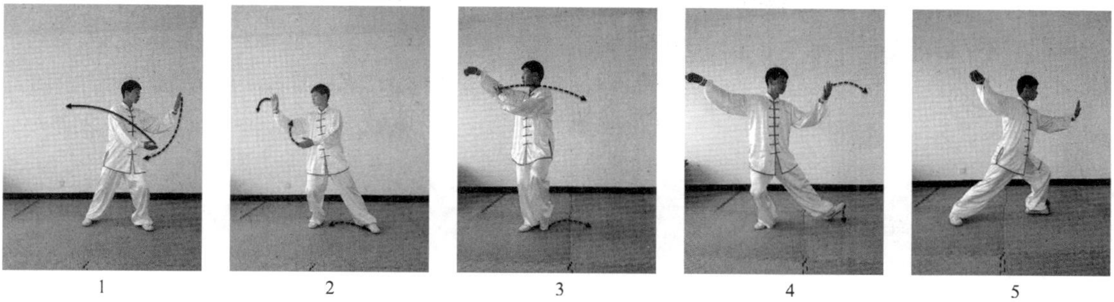

图 9-16　单鞭（一）

（十）云手

1. 转体松勾

重心右移至右腿，右腿屈膝，左脚尖翘起（图 9-17 之 1）；左脚尖内扣，上体右转，左手经腹前向右上方划弧至右肩前，掌心向内，右手松勾变掌，掌心向右前；目视右手（图 9-17 之 2）。

2. 云手收步

重心左移，左手经面前向左侧划弧运臂，右手同时由右向下、向左划弧运臂至腹前（图 9-17 之 3）。右手向左划弧运臂至左肩前，左手翻转至掌心向外，同时右脚向左脚靠拢，双脚相距约为 10 厘米；整个过程目随左手动（图 9-17 之 4）。

3. 云手开步

右手经面前向右划弧运臂至右侧，左掌由左上向下划弧运臂至腹前，掌心向上（图 9-17 之 5）。左掌继续向右划弧运臂至右肩前，右掌翻转至掌心向外，同时左脚向左横迈一步，前脚掌先落地，随之全脚落实，脚尖向前（图 9-17 之 6）。

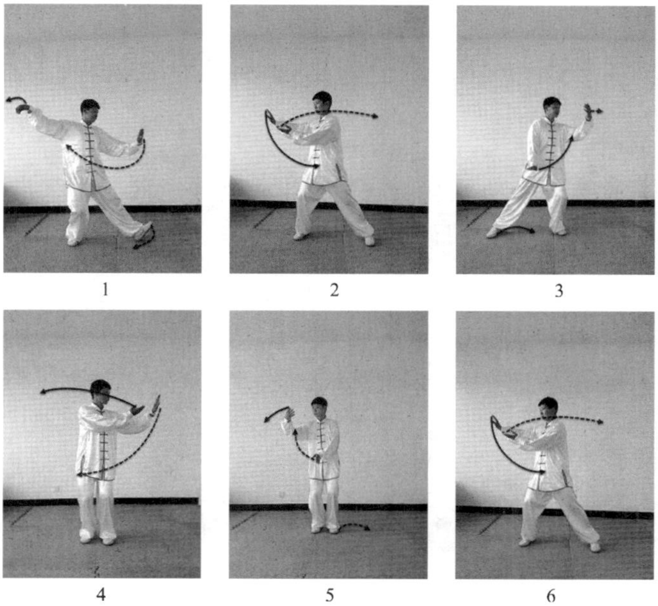

图 9-17　云手

4. 云手收步

动作同“云手收步”。

5. 云手开步

动作同“云手开步”。

6. 云手收步

动作同“云手收步”。

（十一）单鞭（二）

1. 转体勾手

右手经面前向右划弧运臂，摆至右前方，掌心翻转向外，左手向下、向右划弧运臂至右下方（图9-18之1）。右手变勾手，左手继续向右上划弧运臂至右肩前，掌心翻转向内；同时，重心移至右腿，左脚跟提起，目随右手动，最后目视右勾手（图9-18之2）。

图9-18 单鞭（二）

2. 转体上步

动作同“单鞭（一）”中的“转体上步”。

3. 弓步推掌

动作同“单鞭（一）”中的“弓步推掌”。

（十二）高探马

1. 后脚跟步

右脚向前跟进半步，前脚掌着地，距左脚跟约一脚长；右手松开变掌，双手掌心翻转向上，双臂肘关节稍屈，前后平举，目视左手（图9-19之1）。

2. 后坐卷肱

上体稍向右转，右脚踩实，右腿屈蹲，重心后移至右腿；同时右臂屈肘，右手卷屈至右侧，掌心向下，目视左手（图9-19之2）。

3. 虚步推掌

上体左转，面向前方，右手从耳侧向前推出，腕与肩同高，掌指向上，掌心向前；左手收至左腰前，掌心向上，目视右手（图9-19之3）。

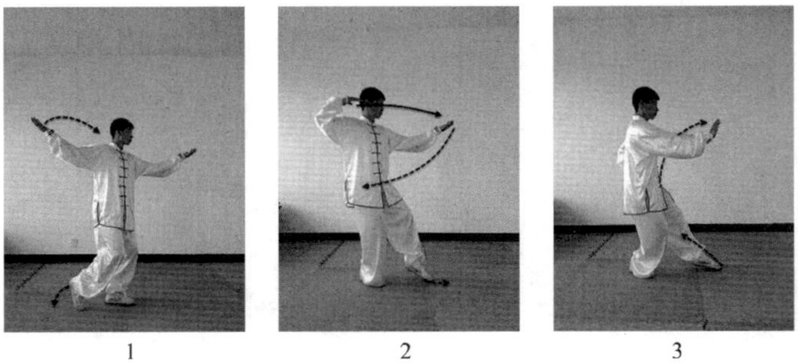

图9-19 高探马

（十三）右蹬腿

1. 穿手提脚

左手向右手背穿出，双手腕交叉叠交，左手掌心斜向上，右手掌心斜向下；同时左脚稍提收；目视前方（图 9-20 之 1）。

2. 上步翻手

上体稍左转，左腿向左前方迈出，脚跟先着地；双手翻转，使掌心斜向前方，目视前方（图 9-20 之 2）。

3. 分手弓腿

双手同时向左右分开，虎口相对，掌心向外，双臂向外撑开；同时，重心前移，左脚踩实，左腿向屈膝弓出，右腿向后自然蹬直；目视右手（图 9-20 之 3）。

4. 抱手收脚

双手由两侧向下、向里划弧至腹前相交合抱（右手在外，左手在内），继而抬至胸前，双手掌心向内；同时右脚收至左脚内侧，前脚掌点地；目视右前方（图 9-20 之 4）。

1　2　3

4　5　6

图 9-20　右蹬腿

5. 翻手提腿

双手掌心翻转向外，右腿向右前方屈膝上提，此时左腿支撑，保持左腿微屈；目视右前方（图 9-20 之 5）。

6. 分手蹬脚

双手向身体两侧伸展撑开，双臂肘微屈，腕与肩平；保持左腿微屈，右脚尖上勾，右腿逐渐伸直，使右脚跟向右前上方慢慢蹬出；右臂与右腿上下相对；目视右手（图 9-20 之 6）。

（十四）双峰贯耳

1. 屈膝并手

右腿屈膝回收，脚尖自然下垂；双手由两侧向体前划弧，落于右膝上方，双手掌心向上，指尖向前；目视前方（图 9-21 之 1）。

2. 上步落手

右脚向右前方上步，脚跟着地；双手收至两腰侧偏前，双手掌心向上（图 9-21 之 2）。

3. 弓步贯拳

右脚踩实，右腿屈膝弓起，重心前移至右腿，左腿自然蹬直成右弓步；双手变拳由两侧向前、向上划弧至头前，双臂稍屈成弧，双拳相对成钳形，与头同宽，拳眼均斜向内下；目视前方（图 9-21 之 3）。

1　　2　　3

图 9-21　双峰贯耳

（十五）转身左蹬脚

1. 转体分手

左腿屈坐，重心后移，上体稍左转，右脚尖内扣；双臂随转体向左摆动；双手变掌，由体前向身体两侧划弧外展撑开，掌心均向外；目视左手（图 9-22 之 1）。

2. 收脚合抱

右腿屈膝后坐，重心移至右腿，双手于两侧稍下落；左脚收至右脚内侧，脚尖点地；同时，双手继续由体侧向下、向内划弧收至腹前，左手在外，双手掌心均向内，随即举至胸前；目视前方（图 9-22 之 2）。

3. 提膝翻手

左腿向右前方屈膝上提，此时左腿支撑，保持左腿微屈，双手掌心翻转向外；目视左前方（图 9-22 之 3）。

4. 分手蹬脚

双手向身体两侧伸展撑开，双臂肘微屈，腕与肩平；保持右腿微屈，左脚尖上勾，左腿逐渐伸直，使左脚跟向左前上方慢慢蹬出；左臂与左腿上下相对；目视左手（图 9-22 之 4）。

1　　2　　3　　4

图 9-22　转身左蹬脚

(十六) 左下势独立

1. 收腿勾手

左腿屈收，左脚自然下垂，脚尖向下；上体稍右转，右臂稍向内合，右手变勾，勾尖向下；左手经面前划弧摆至右肩前，掌心向右，指尖向上；目视右手（图 9-23 之 1）。

2. 屈蹲开步

右腿屈膝半蹲，左脚内扣落地，沿地面向左侧伸出，左腿伸直；左手下落至右肋侧；目视右手（图 9-23 之 2）。

3. 仆步穿掌

右腿屈膝全蹲成左仆步，左掌沿左腿内侧向左穿出，掌心向前，指尖向左；目视左掌（图 9-23 之 3）。

4. 弓腿起身

左脚尖外撇，左腿屈弓，重心移至左腿，右脚尖内扣，右腿伸直成左弓步；左掌继续向左穿并向上挑起，右臂内旋于身后，勾尖向上；目视左手（图 9-23 之 4）。

5. 独立挑掌

上体左转，重心前移；右腿屈膝向前提起，脚尖自然下垂，左腿稍屈支撑；左掌按于左胯侧，掌心向下，指尖向前；右勾变掌，经体侧向前挑起，掌心向左，指尖向上，高于眼平，右臂半屈，肘关节与右膝上下相对；目视右手（图 9-23 之 5）。

1　2　3　4　5

**图 9-23　左下势独立**

(十七) 右下势独立

1. 落脚勾手

右脚下落至左脚右前方，前脚掌着地；以左脚前脚掌为轴，脚跟向右扭转，身体随之左转；左手由胯侧向身体左侧摆动变为勾手，勾尖向下；右手经面前向左摆至左肩前，掌心向左，指尖向上；目视左手（图 9-24 之 1）。

2. 屈蹲开步

左腿屈膝半蹲，右脚沿地面向身体右侧伸出至伸直，脚尖内扣；右手下落至左肋侧；目视左手（图 9-24 之 2）。

3. 仆步穿掌

动作同“左下势独立”中的“仆步穿掌”，唯左右相反（图 9-24 之 3）。

4. 弓腿起身

动作同“左下势独立”中的“弓腿起身”，唯左右相反（图 9-24 之 4）。

5. 独立挑掌

动作同“左下势独立”中的“独立挑掌”，唯左右相反（图 9-24 之 5）。

1 2 3 4 5

图 9-24 右下势独立

（十八）左右穿梭

1. 右穿梭

（1）落脚转体：左脚向左前方落步，脚尖外撇，上体稍左转（图 9-25 之 1）。

（2）抱手收脚：左手翻转，手心向下；右手从右胯侧向左划弧摆动，同时右手翻转，手心向上，使双手在左肋前上下相对成抱球状；右脚提收至右脚内侧；目视左手（图 9-25 之 2）。

（3）上步错手：上体右转，右脚向右斜前上步，脚跟着地；右手由左肋前向右前上方划弧；左手由上向左下方划弧，双手交错；目视右手（图 9-25 之 3）。

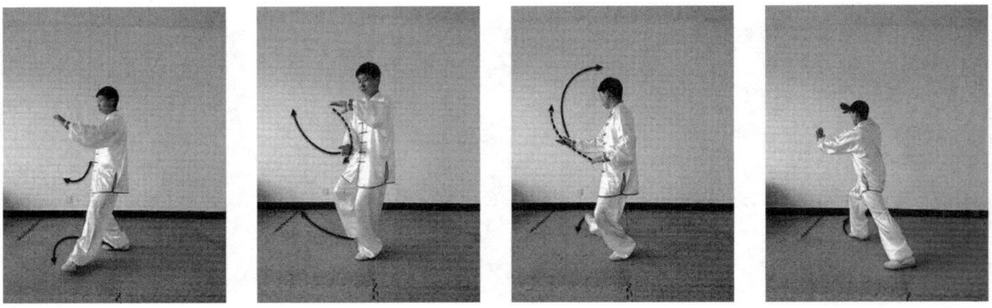

1 2 3 4

图 9-25 右穿梭

（4）弓步架推：上体继续右转；右腿屈膝前弓，重心前移，左腿自然向后蹬直成右弓步；右手翻转架于头右前上方，掌心斜向上；左手向体前推掌，指尖高与鼻平；目视左手（图 9-25 之 4）。

2. 左穿梭

（1）转体撇脚：重心后移至左腿，右脚脚尖外撇，上体稍右转；右手下落与头同高，左手下落腹前，准备做“抱球”；目视右手（图 9-26 之 1）。

（2）抱手收脚：双手继续划弧摆动至右肋前，上下相抱成“抱球”状；左脚提收至右脚内侧；目视右手（图 9-26 之 2）。

（3）上步错手：动作同“右穿梭”中的“上步错手”，唯左右相反（图 9-26 之 3）。

（4）弓步架推：动作同“右穿梭”中的“弓步架推”，唯左右相反（图 9-26 之 4）。

1　　2　　3　　4

图 9-26　左穿梭

（十九）海底针

1. 后脚跟步

右脚向前跟半步，前脚掌着地，距前脚跟约一脚距离（图 9-27 之 1）。

2. 后坐提手

右脚落实，右腿屈膝，使重心移至右腿上，上体右转，左脚跟提起；右手由体前下落，经体侧屈臂上提至耳旁，掌心向左，指尖向前；左手顺时针划弧落至腹前，掌心向下，指尖斜向右；目视前方（图 9-27 之 2）。

3. 虚步插掌

上体左转，向前俯身；左脚尖稍向前移，前脚掌着地成左虚步；右手从右耳侧向前下方插掌，掌心向左，指尖斜向下；左手经左膝前划弧外搂，按至左大腿外侧；目视右手（图 9-27 之 3）。

1　　2　　3

图 9-27　海底针

（二十）闪通臂

1. 提手收脚

上体恢复正直，重心稍提高，左脚回收半步；右手上提至向前，指尖向前，掌心向左；左手屈臂收举，指尖靠近右腕内侧；目视前方（图 9-28 之 1）。

2. 上步分手

左脚向前迈一步，脚跟着地；左手稍向前推，右手翻转，使掌心向右前方；目视前方（图 9-28 之 2）。

3. 弓步推掌

左腿向前屈弓，右腿向后自然蹬直成左弓步；左掌继续向前推掌，指尖与鼻同高；右手向右撑开至头右前上方；目视左手（图 9-28 之 3）。

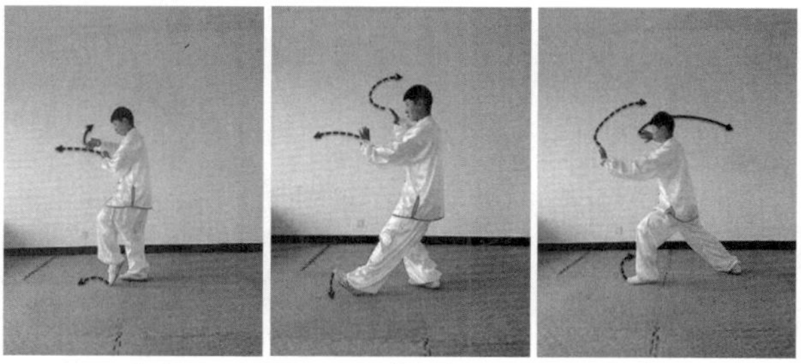

1　　2　　3

图 9-28　闪通臂

（二十一）转身搬拦捶

1. 转身扣脚

身体右转，右腿屈膝，重心后移至右腿，左脚尖内扣；双手随转体向右侧划弧摆动，右手摆至身体右前，左手摆至头左前上方，双手掌心均向外；目视右手（图 9-29 之 1）。

2. 坐腿握拳

左腿屈膝，重心移至左腿；右掌变拳向下、向左划弧收至左肋前，拳心向下；左手撑至左额前上方；目视右方（图 9-29 之 2、图 9-29 之 3）。

3. 垫步搬拳

身体右转，右脚提收至左脚趾内侧，再向前迈出，脚跟着地，脚尖外撇；右拳经胸前向前翻转搬压，拳心向上，高与胸平，肘关节微屈；左手划弧经右前臂外侧下落，按于左胯侧；目视右拳（图 9-29 之 4）。

4. 转体收拳

上体右转，右脚踩实，重心移至右腿，右腿屈膝，左脚跟提起；右臂内旋半屈，使拳心向下，右拳向右划弧至身体右侧；左臂外旋，左手经左侧向体前划弧，掌心斜向上；目视前方（图 9-29 之 5）。

5. 上步拦掌

左脚向前上一步，脚跟着地；左掌拦至体前，高与肩平，掌心向右，指尖斜向上；右拳翻转收至右腰间，拳心向上；目视左掌（图 9-29 之 6）。

6. 弓步打拳

上体左转，左脚踩实，左腿屈弓，重心移至左腿，右腿自然向后蹬直，成左弓步；右臂内旋，右拳向胸前方打出，肘关节微屈，拳心向左；左掌稍回收，掌指附于右前臂内侧，掌心向右；目视右拳（图 9-29 之 7）。

图 9-29　转身搬拦捶

（二十二）如封似闭

1. 穿手翻掌

左掌翻转向上，从右前臂下向前穿出；同时右拳变掌，掌心向上，双手交叉举于体前；目视前方（图 9-30 之 1）。

2. 后坐引收

右腿屈膝，重心后移至右腿，左脚尖翘起；双臂屈收，双手后引同时分开至与肩同宽，最终收至胸前，双手掌心斜相对；目视前方（图 9-30 之 2）。

3. 弓步按掌

左脚踩实，左腿屈弓，重心移至左腿，右腿自然向后蹬直成左弓步；双手翻转下落，经腹前向上、向前推出，与肩同宽，手腕高与肩平，掌心向前，指尖向上；目视前方（图 9-30 之 3）。

1　　2　　3

图 9-30　如封似闭

（二十三）十字手

1. 转体扣脚

上体右转，右腿屈膝，重心移至右腿，左脚尖内扣；右手向右划弧摆至头前，掌心向前，指尖斜向左上；目随右手动（图 9-31 之 1）。

2. 弓腿分手

上体继续稍右转，右脚尖稍外撇，右腿屈弓，左腿自然蹬直，成右横裆步（侧弓步）；右手继续向右划弧摆至身体右侧前，双臂平举于身体两侧，掌心均向外，指尖斜向上；目随右手动（图 9-31 之 2）。

3. 交叉搭手

上体稍左转，左腿屈弓，右腿自然蹬直，脚尖内扣；双手下落划弧至腹前交叉，再抱举于胸前，右手在外，双手掌心向内；双臂撑圆，双手手腕交叉成“十”字，高与肩平；目视双手（图 9-31 之 3）。

4. 收脚合抱

右脚向左脚提收半步，前脚掌先落地，随之全脚落实，双脚平行向前，与肩同宽；双腿慢慢伸直，重心置于双腿之间；双手保持交叉合抱于胸前；目视前方（图 9-31 之 4）。

1　　2　　3　　4

图 9-31　十字手

（二十四）收势

1. 翻掌分手

双臂内旋，双手翻转向下的同时左右分开，与肩同宽；目视前方（图 9-32 之 1）。

2. 垂臂落手

双臂慢慢下垂，双手落至大腿两侧；目视前方（图 9-32 之 2）。

3. 并脚还原

左脚轻轻提起与右脚并拢，前脚掌先落地，随之全脚踩实，恢复成预备姿势；目视前方（图 9-32 之 3）。

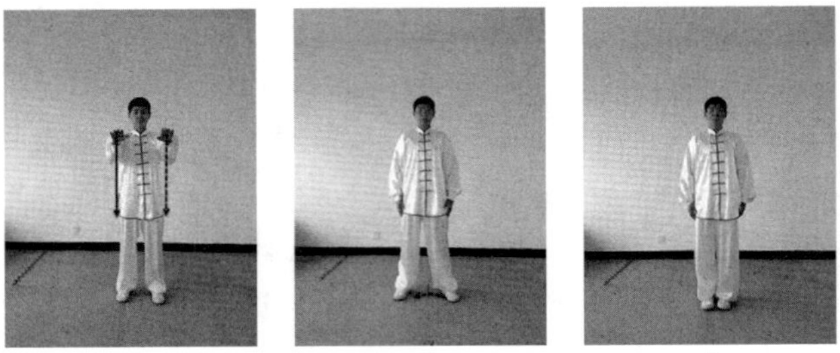

1　　2　　3

图 9-32　收势

## 第三节　水中保健操

### 能力目标

变姿型职业人群通过水中保健操练习，可消除四肢及腰部疲劳，提高肌腱、肌纤维的伸展与关节柔韧性。

### 工具包

人体在水中的阻力比在空气中要大许多，水的密度和传热性能也比空气的大。在水中活动时，人体的颈、胸、腰、背等全身肌肉都参与了协调运动，消耗的能量也要比在陆地上运动消耗得多，所以水中保健操既能很快消除体内多余脂肪，还能使全身肌肉得到统一有序的锻炼。水的浮力有助于克服物理的硬性冲击力对人体各关节及脊柱的损害，同时减轻人体在陆地活动时容易感觉到的疲劳感。再者，夏季水温要低于气温，这对改善人体的血液循环，增加皮下组织的营养供应，促进皮脂腺的分泌，提高人体的免疫力等都有着直接作用，同时水流对肌肤也能起到良好的按摩作用，使皮肤变得更有光泽和弹性。

充分利用水的阻力、浮力、传热性及水流按摩等特点，可以使水中运动成为人们释放自我、强身健体的一种手段。在水中，可以慢速做广播操或以四肢推水、蹬水和拍打；也可以自备一块漂浮板，置于头部、肩部和上臂部，然后或仰或俯地进行水上爬行和滑行，借以调节人体姿态，减轻脊柱的常年重负；年纪稍长的人可在水中散步，通过低于体温的水流刺激，起到对慢性病的医疗、预防和保健作用。在水中健身不一定要运动到感觉很累或汗流浃背，只要长期坚持，一定会取得与陆地运动截然不同的健身效果。

水中保健操是一项老少皆宜、内外兼修的全身性活动，水中阻力和浮力的作用可使人体的紧张和松弛有节律地交替，令肌肉变得柔软、坚韧而富有弹性，不仅能锻炼人的心肺功能，放松精神，还能改善形体，增进健康。

水中保健操宜在自然水域——流速缓慢的活水中进行，要求水清，无污染，沙底最佳，适宜水温在26℃左右。忌去不熟悉的水域或水温已达到30℃的室外场馆，更不要长时间地在烈日下进行。下水前应做好体检，下水前后都要将身上冲洗干净，在池边做一些热身操，忌空腹、酒后或在感觉疲劳的情况下到水中活动。由于水中练习对身体平衡器官的要求高于陆地，少数人下水后会有头晕、心慌、憋气症状。因局部肌肉紧张而发生抽筋、呛水等现象时，不必惊慌，只要调整好呼吸，做好准备活动，逐渐熟悉水性即可避免。若以上症状一时不能解除，则需上岸调整。

## 锻炼方法与手段

**一、准备活动（10~15分钟）**

1. 水中步行（25~50米）

将平衡板放入水面，两手与肩同宽，扶住平衡板。上体挺直，大幅度步行。行走时，每一步脚底心都要贴住池底。可以做侧向走、倒退走和伸展走等练习。

2. 水中兔子跳（100~200米）

在水中站立，两手扶住平衡板，身体下沉至肩部，与水面平行时向前上方跳。反复做此动作，前进100~200米。跳跃力量弱的人可以在脚部使用夹脚板，这样可以使跳跃变得容易。

3. 水中呼气（20~30次）

两臂套上平衡圈，两脚分开站立，两膝弯曲，身体下沉至肩部与水平面平行。用手臂使肩部放松，身体上浮。然后加大练习幅度，腰部下沉，头部没入水中，此时肩部不要用力。手臂利用平衡圈的浮力将肘部提高，形成自然的V字形，此时开始吐气，然后将头部浮出水面进行吸气。在水中吐气时一定要慢，吸气时间与吐气时间应该是1∶3（一次呼吸时间为5秒钟左右，1分钟做12~15次）。

**二、有氧运动（15~20分钟）**

1. 水中跑步（200~300米）

两手戴平衡划水掌，上体垂直，腰背部伸直，屈肘，前后大摆臂，在水中高抬腿跑，还可以进行向前跑、倒退跑与侧身跑等练习。

2. 水中跳跃（10~15次）

两手带平衡圈，肩部放松，用平衡圈从水面向水中按，身体下沉入水，然后向上使上体跃出水面。此外，也可两手按住平衡圈，使身体下沉、上浮做小幅度蹲跳，此时肩部应保持放松。练习中还可以进行单脚跳、两脚分开跳等练习。

3. 划手步行（100~200米）

两手戴平衡划水掌，边做游泳划水动作边行走。此练习与游泳的区别是前者为直立运动，后者为平行运动。练习中右手前伸时，左脚前伸；反之，左手前伸时，右脚前伸。练习时幅度要大，呼吸要深。

4. 水中呼气（20~30 次）

有氧运动练习的最后阶段一定要进行呼吸练习。

**三、伸展运动（15~20 分钟）**

1. 上体转动（10~20 次）

此练习是两臂与肩部的运动。两脚大幅分开站立，身体垂直，肩下沉与水面平行。两手戴平衡划水掌，肩部放松，腹部用力，使前后伸展的手臂分别进行左右 180°的转动。

2. 单腿侧向踢腿（单腿 10~15 次）

腰背部伸直，身体侧立于池壁。一只手扶住池边，靠池壁侧的腿站稳，控制身体平衡，靠外侧的腿戴平衡圈大幅度向侧踢腿。左右两腿交替练习，次数相等。

3. 单腿前后踢腿（10~15 次）

腰背部伸直，身体侧立于池壁。一只手扶住池边，靠池壁侧的腿站稳，控制身体平衡，靠外侧的腿戴平衡圈大幅度前后踢腿。左右两腿交替练习，次数相等。

**四、整理运动（5~15 分钟）**

1. 单腿抱膝水中步行（50~100 米）

上体保持垂直，两手轮流抱膝行走。练习时可以戴平衡圈。

2. 仰卧浮体（3~5 分钟）

仰卧浮体是让身体在水面仰卧上浮，从而得到放松的练习。将平衡板放在背部，身体在水面成仰卧状态。

进行以上练习后，如果再进行游泳练习效果会更好。以上运动对肥胖的人能够收到减肥效果，对不会游泳的人能帮助他们实现自己的梦。

**五、腰痛水中保健操练习方法简介**

（一）练习一

1. 水中步行练习（准备活动）

慢慢地入水，一面适应水温一面步行，如图 9-33 所示。行走 25 米。

2. 抬腿步行练习

步行时大腿抬至与上身成直角处，两手在水中移动保持平衡，如图 9-34 所示。练习时手心不断体会水的压力，行走 25 米。

3. 沉肩步行练习

步行时肩部下沉至水中，两手保持平衡，如图 9-35 所示。行走 25 米。

4. 沉肩抬腿步行练习

沉肩并将大腿抬至胸前，一步一步慢慢地步行，如图 9-36 所示。行走 50 米。

图 9-33 水中步行练习

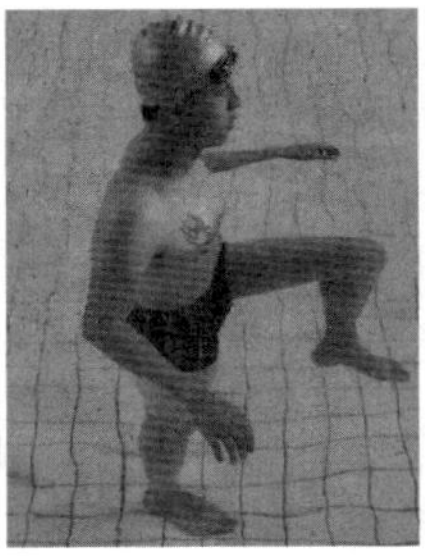

图 9-34 抬腿步行练习

图 9-35 沉肩步行练习

图 9-36 沉肩抬腿步行练习

5. 收腹练习

背部靠在池壁，屈膝，收腹，大腿收至胸前，如图 9-37 所示。左右腿各做 4~8 次。

6. 腹式呼吸练习

背部靠住池壁进行腹式呼吸，吐气时使背部与腰部全部贴在池壁上，如图 9-38 所示。

7. 踢腿练习

侧立于池壁，单手扶住池边。外侧腿屈膝并向前踢腿，当大腿抬至与上身成直角时，向外侧旋转 90°，如图 9-39 所示。左右腿各做 8 次。

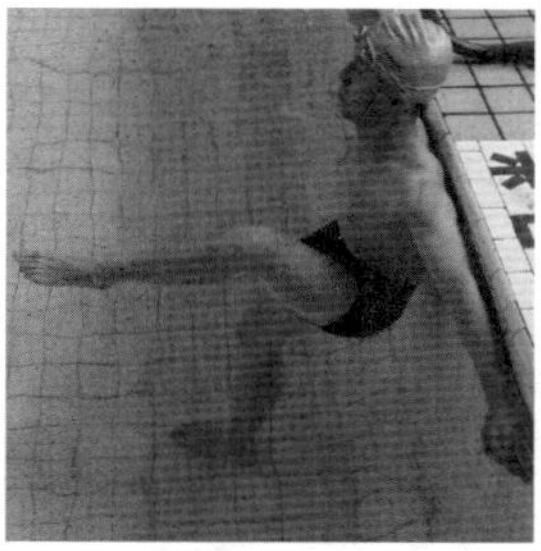

图 9-37 **收腹练习**

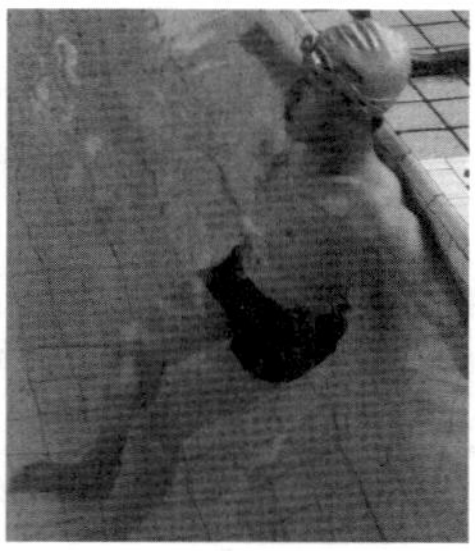

图 9-38 **腹式呼吸练习**

图 9-39 **踢腿练习**

（二）练习二

1. 屈膝练习

背部靠在池壁站立，两手抱膝抬腿屈膝至胸前，有疼痛感的人至疼痛为止，如图 9-40 所示。每次 8~10 秒，左右腿各做一次。

2. 伸足踢腿练习

背部靠住池壁站立，抬腿屈膝至大腿与上身成直角时，小腿前踢，同时脚尖前伸，左右腿各做 1 次。

3. 勾足踢腿练习

背部靠住池壁站立，一腿抬起屈膝至大腿与上体成直角时，脚尖勾起，小腿前踢，左右腿各做 1 次。

4. 展臂练习

背部靠住池壁站立，屈膝，两肘靠住肋部，手心相对，然后两前臂外展，如图 9-41 所示，做 4~6 次。

图 9-40 **屈膝练习**

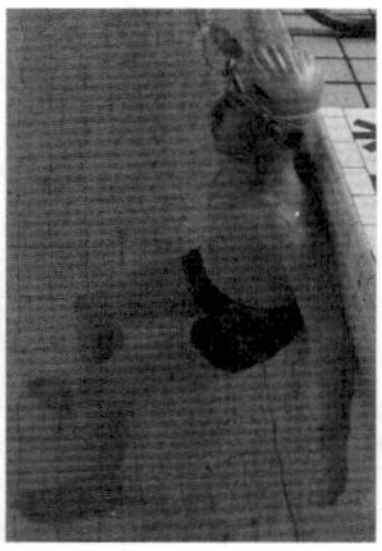

1

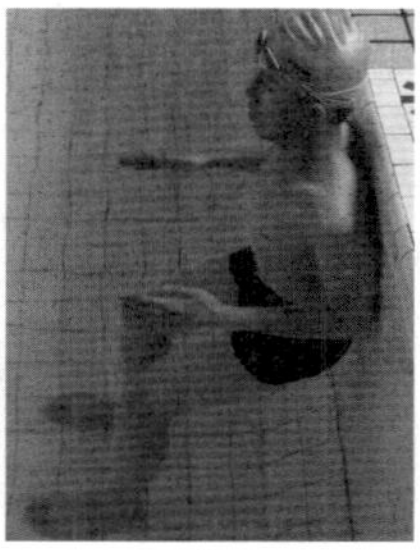

2

图 9-41 **展臂练习**

5. 摆动腿练习

下蹲至肩部侵入水中，单脚撑池底，另一条腿左右摆动，练习 3~4 次，左右腿交替进行。

6. 团身浮体练习

两手抱膝屈体团身浮起（图 9-42）。此练习可以使背肌、腰肌与臀大肌等伸展，以减少骨盆倾斜角度。鼻子易进水的人，可略抬下颌。做 3 次。

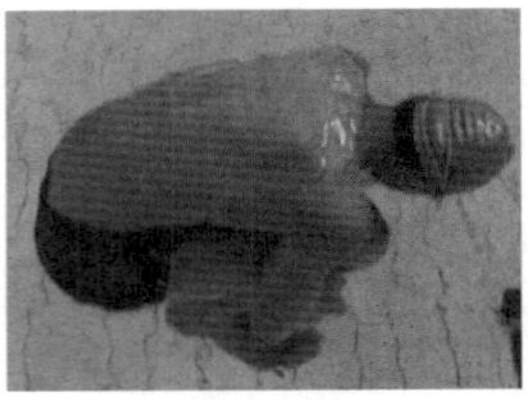

图 9-42 团身浮体练习

7. 水中站立练习（一）

蹬边滑行（以后蹬池底滑行），上体放松浮于水面，两腿同时伸直。然后慢慢地屈膝、收腹、站立，如图 9-43 所示。连续做 50 米。

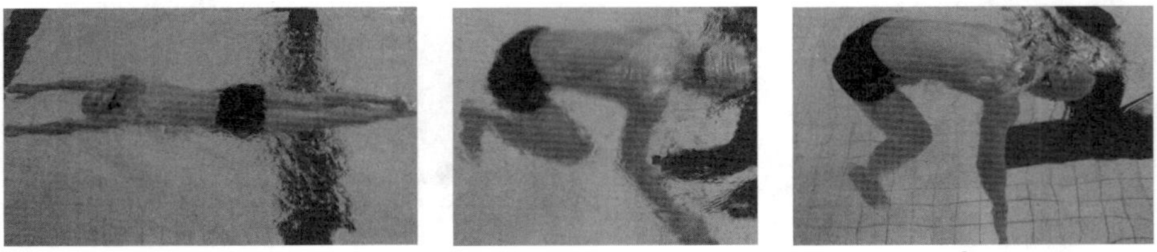

1 2 3

图 9-43 水中站立练习（一）

8. 水中站立练习（二）

仰卧于水面，使上体放松，然后慢慢地屈膝、收腹、站立，如图 9-44 所示。连续做 50 米。

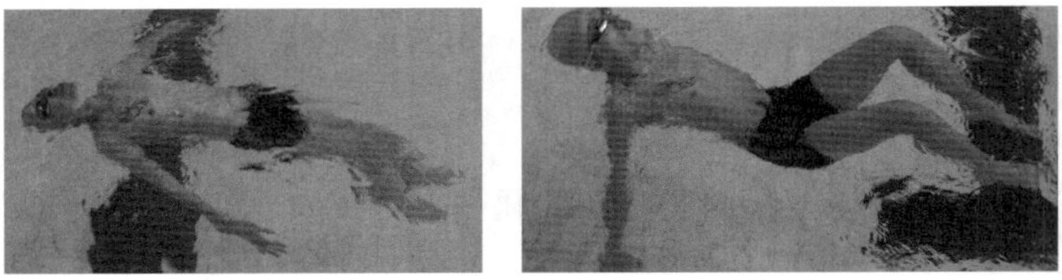

1 2

图 9-44 水中站立练习（二）

9. 分腿练习

仰卧于水面，使上体放松，然后两腿慢慢地向外侧分开，再收回，如图 9-45 所示。连续做 25 米。

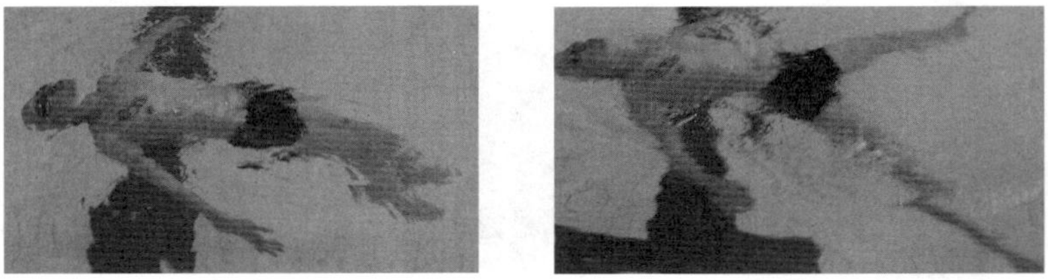

1 2

图 9-45 分腿练习

（三）练习三

1. 团身练习

在水中屈膝团身，两膝外展位于肋部，两手抓住两踝，使头部触脚。练习时应注意放松，动作应缓慢，如图 9-46 所示。

图 9-46　团身练习

2. 交叉腿练习

仰卧于水面，上身放松，两腿分开。一腿向内与另一腿交叉。充分交叉后，身体向位于上面的腿的一方侧转至俯卧水面。然后屈膝收腿站立，如图 9-47 所示。左右腿交替练习 50~100 米。

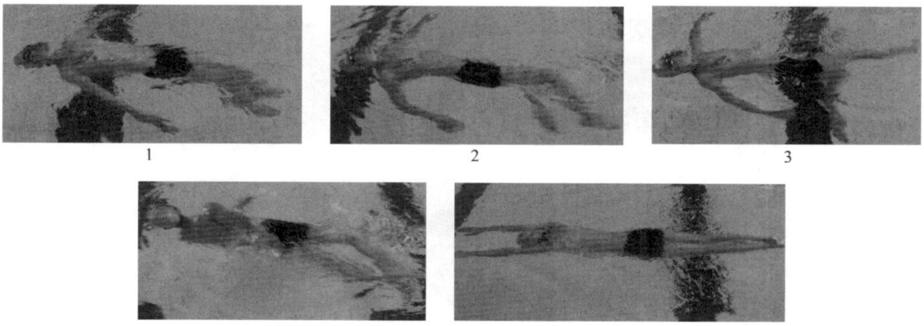

1　2　3　4　5

图 9-47　交叉腿练习

3. 侧踢腿练习

侧立于池边，外侧腿伸直侧踢腿，如图 9-48 所示。每次 6~8 秒，左右腿交替进行。

图 9-48　侧踢腿练习

4. 蹬腿练习

两手拉住池边，两脚蹬住池边，屈膝收腹，膝盖逐渐伸直蹬腿，同时深吐气，如图 9-49 所示。练习 5~6 次。

5. 仰卧蹬腿练习

头、肩与背部靠住池壁，两手拉住池边，屈膝、收腹、团身。膝盖逐渐伸直蹬腿，然后使下肢慢慢地下沉，直至身体倾斜，脚底触及池底为止，如图 9-50 所示。

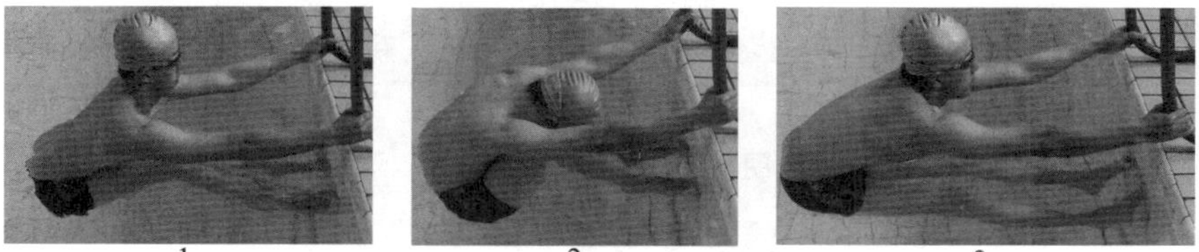

1　2　3

图 9-49　蹬腿练习

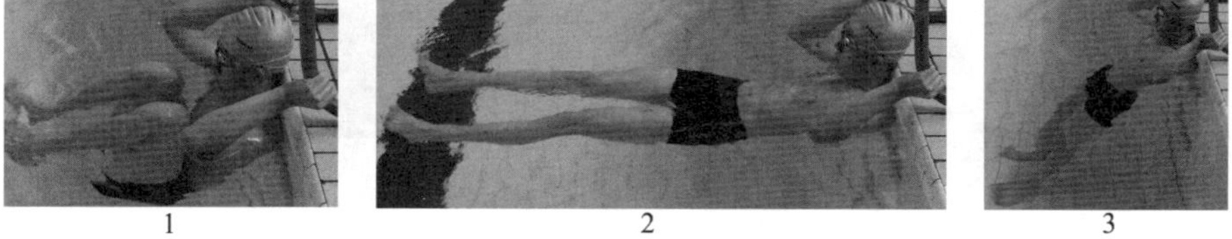

1　2　3

图 9-50　仰卧蹬腿练习

6. 侧旋腿练习

站立，头、肩与背部靠在池壁，单腿屈膝上抬，然后向内侧转，如图 9-51 所示。左右腿交替练习 3~5 次。

7. 自行车蹬腿练习

身体俯卧于水面，两脚像踩自行车那样蹬腿。练习时注意不要用力过大，应慢慢地进行，如图 9-52 所示。练习 25 米。

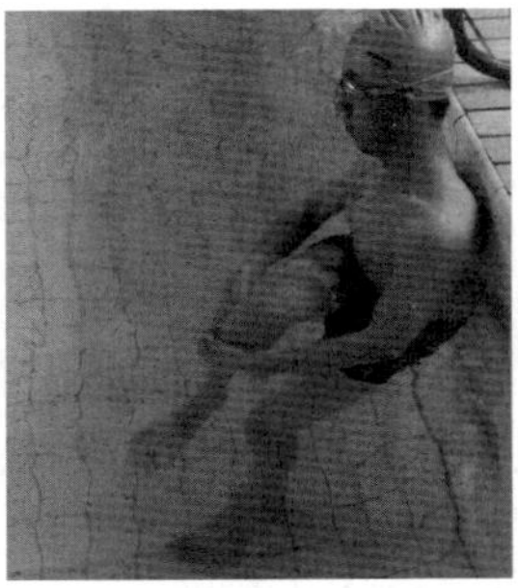

图 9-51　侧旋腿练习

图 9-52　自行车蹬腿练习

8. 腿部屈膝后展练习

站立，头、肩与背部靠住池壁，单腿屈膝上抬，两手抱腿，将大腿与膝部往身后伸展。左右腿各练习 3 次。

（四）练习四

1. 仰卧屈体练习

身体仰卧于水面，两臂上举，收腹屈体 90°，如图 9-53 所示。练习 5~10 次。

2. 自由泳打腿、蛙泳手练习

身体俯卧于水面，两腿做自由泳打腿，两手做蛙泳划水，如图 9-54 所示。

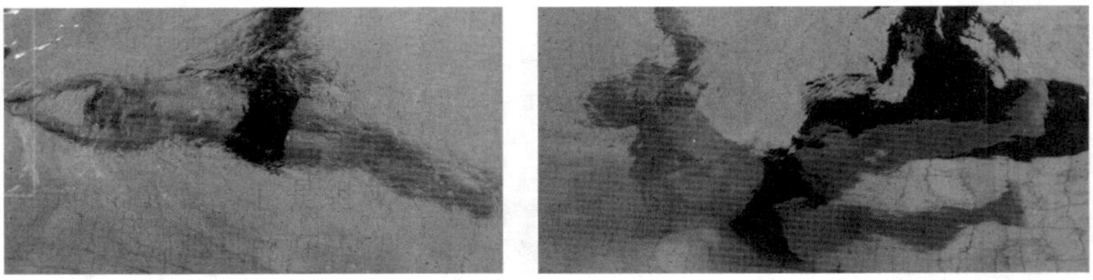

1　2

图 9-53　仰卧屈体练习

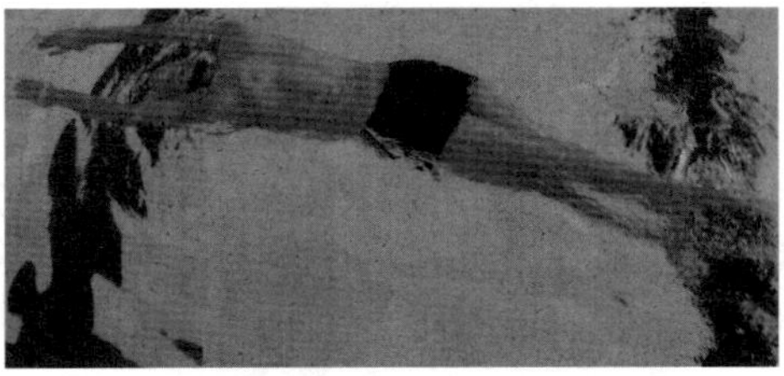

图 9-54　自由泳打腿、蛙泳划水练习

3. 水中快速行走练习

在水中快速行走。先走 25 米，然后走 50 米，逐渐增加距离。然后做一些伸展下肢的运动，如图 9-55 所示。

4. 伸展背部肌肉练习

两手前伸，蹬边滑行后使背部肌肉用力伸展。保持滑行姿势 10 秒左右，此时身体如下沉不用在意，然后收腹站立，如图 9-56 所示。共练习 5 次。

图 9-55　水中快速行走练习

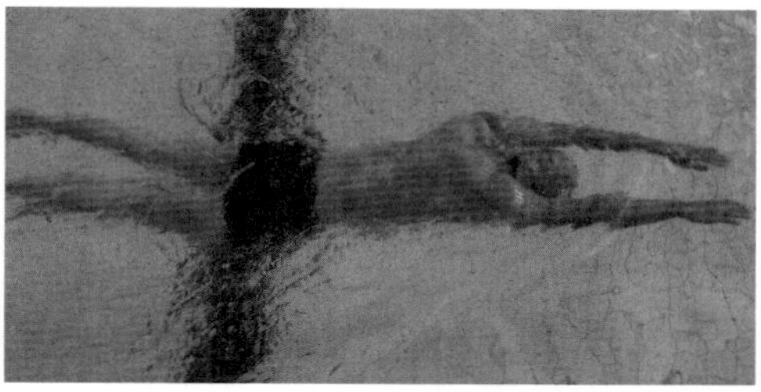

图 9-56　伸展背部肌肉练习

# 第十章　坐姿型职业人群保健运动

## 第一节　伏案工作“案前”操

### 能力目标

坐姿型职业人群平时多做伏案工作“案前”操，可预防长时间伏案工作带来的身体和精神上的疲劳。

### 锻炼方法与手段

#### 一、基本方法与步骤

（1）预备式：双脚开立，与肩同宽，双臂自然放于体侧，精神放松，面露微笑，缓慢而均匀地呼吸。

（2）掌心上提：双手掌心朝上，向上托起至腹部，双肘微屈，两手指尖相对，在腹前呈环抱状。

（3）仰掌上托：双臂上举，两手由中指相触缓慢向外转，变为小指相触，最后转为双掌掌心相对，然后屈肘托掌在胸前。

（4）仰掌托天：双臂继续上举，高过头顶，同时两掌向内转至十指指尖相对，同时头部后仰，双眼看双手手掌。

（5）翻掌为翼：双手继续内转呈手背相对，掌心向外，双臂慢慢从身体两侧向外落下。

（6）飞鸟张翼：双手落至腹前时，呈托球状置于腹前，意守丹田片刻后收功，恢复到预备式动作。

（7）重复以上六步骤 3~5 次，如图 10-1 所示。

图 10-1　伏案工作“案前”操

**二、动作要求**

（1）精神放松，动作要缓慢，每个动作停顿2秒左右。

（2）结合动作的屈伸进行呼吸练习，呼吸频率缓慢而均匀。

## 第二节　久坐简易保健操

### 能力目标

坐姿型职业人群掌握久坐简易保健操的基本锻炼方法与手段，以便在工作间隙能够自行锻炼，消除长时间伏案工作带来的全身疲劳。

### 锻炼方法与手段

**一、方法与步骤**

（1）运目：双目按顺时针和逆时针方向交替旋转，各运转10次左右。

（2）鼓腮：口做吹气状将腮鼓起，然后分次将口中所含气体向两侧颊部推送，反复做10~15次。

（3）弄舌：张口吐舌向两侧方向运动，反复做10~15次。

（4）叩齿：将上下齿轻轻叩击20次。

（5）咽津：将运动中所产生的唾液慢慢咽下，吞咽10次。

（6）伸懒腰：双手尽量向上举，伸展腰部，停15秒。

（7）高抬腿：将两腿高高翘起，放在桌子上1分钟。

（8）肩部绕环：双手自然下垂，以肩为轴顺时针或逆时针绕环10~15次。

（9）摇头晃脑：先将头部做前后点头30次，再将头向左右转30次，然后做转颈，由左至右，再由右至左10次。

（10）手足按摩：五指相对搓摩，掌心掌背互相摩擦，反复握拳张开，直至发热为止。足部动作与手部动作相同，足趾做屈伸动作。

**二、动作要求**

（1）每个动作均不宜过快，否则会造成负面影响。

（2）要坚持不懈地进行锻炼。

## 第三节　桌椅保健操

### 能力目标

坐姿型职业人群掌握桌椅保健操的基本锻炼方法与手段，以便在工作间隙能够自行锻炼，预防全身肌肉及关节的疲劳。

## 锻炼方法与手段

### 一、方法与步骤

（1）坐于办公桌前，全身放松，两眼平视，注意力集中。身体挺直，做一次深呼吸，腹肌内收，保持1~2秒（图10-2之1）。重复做7~8次。

（2）两脚用力压地面，保持10~12秒。重复做5~7次。

（3）用力收缩臀部肌肉，借力把身体从椅子上微微抬起一点，保持4~6秒。连续做6~8次。

（4）两手在身体两侧撑住椅子面，尽量把身体抬起，保持3~4秒（图10-2之2）。重复做7~8次。

（5）伸直身体，两臂尽量向后用力，使背肌紧张，保持4~6秒，然后放松还原（图10-2之3）。重复做3~5次。

（6）把双手放在办公桌上，用力下压桌面，保持紧张状态5~7秒（图10-2之4）。重复做5~7次。

（7）站起，面对椅背，两脚开立，双手扶椅背，臂伸直，体前屈，保持5~8秒（图10-2之5）。重复5~7次。

（8）双手扶椅背，臂伸直，做两膝屈伸，一屈一伸为两拍，做四个8拍（图10-2之6）。

（9）面对椅背，双脚开立，挺胸。双膝微屈，两脚不动，上体向左转（图10-2之7），双手在体前触扶椅背，再换方向进行（图10-2之8）。两侧交替做四个8拍。

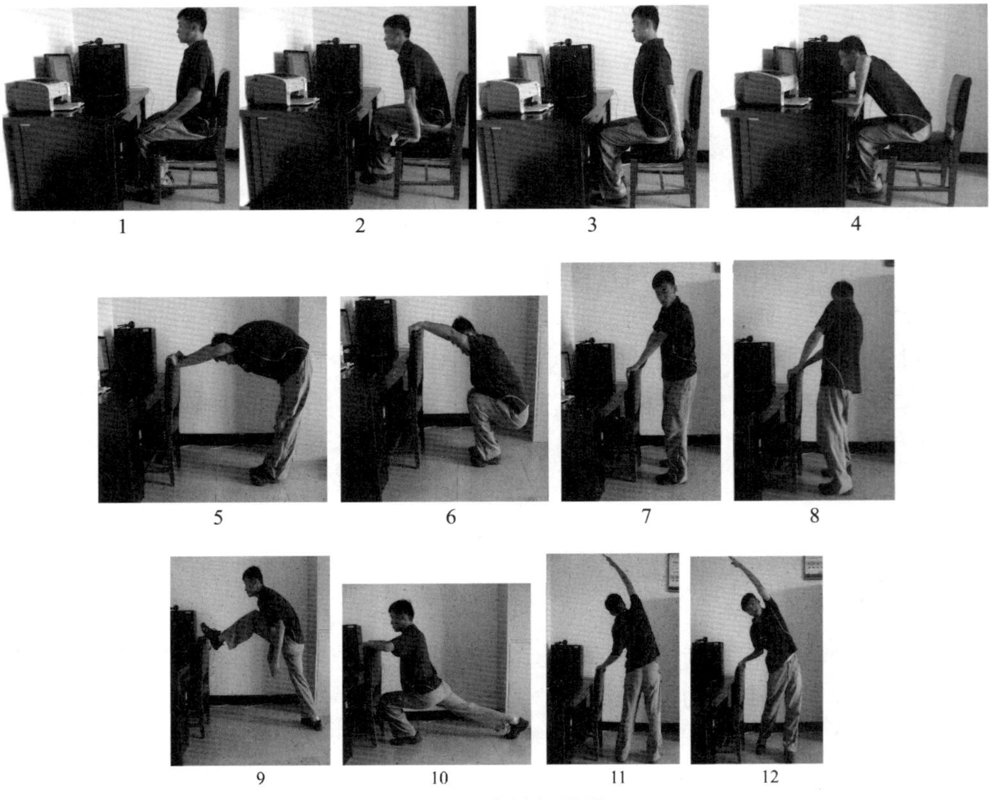

图10-2 桌椅保健操

（10）面对椅背，双手扶椅背，一脚站立，另一脚踏椅背，屈膝，大腿贴胸（图 10-2 之 9）。1～2 拍，踏椅背的腿伸直，同时体前屈，脚跟不要离开地面。3～4 拍，还原至预备姿势。第二个 8 拍后换腿进行。

（11）面对椅背，双手扶椅背，双脚前后弓步站立。双腿做向前的弓步弹性下压动作，下压时后侧腿要伸直（图 10-2 之 10）。8 拍后换另一侧进行。

（12）侧对椅背，一手扶椅背，另一臂上举，双脚前后站立（上举臂同侧脚在前），做体侧运动（图 10-2 之 11、图 10-2 之 12）。8 拍后换方向进行。

**二、动作要求**

（1）借助椅子健身时，要注意将椅子靠固定不动的物体，如墙，使之不滑动，以防运动中摔倒。

（2）动作到位，协调用力，注意动作不宜过度激烈，保证重复次数。

# 休闲性运动篇

# 第十一章 舞蹈类运动

## 第一节 啦啦操

### 能力目标

啦啦操是一项深受广大群众喜爱的、普及性极强，集体操、舞蹈、音乐、健身、娱乐于一体的体育项目。经常跳啦啦操，可增强自信心，提高抗挫折能力、团结协作能力，对培养勇敢顽强、敢于拼搏、奋勇向上的良好品质有着重要的作用，因此，啦啦操运动对培养个体的健康人格有着重要的现实意义。

### 工具包

**一、啦啦操的起源与发展**

啦啦操原名 cheer leading，cheer 有振奋精神、提振士气的意思。啦啦操来源于早期部落社会的仪式。为激励外出打仗或打猎的战士们，他们通常会举行一种仪式，仪式中有族人欢呼、手舞足蹈的表演来鼓励战士，希望他们能凯旋。啦啦操是体育运动中的一个新兴项目，起源于美国，遍布美国的 NBA、橄榄球、棒球、游泳、田径、摔跤等比赛现场，至今已经有 100 多年的历史。最初目的是为美式足球呐喊助威，到现在已成为世界范围内的一项体育运动，受到全世界人民的喜爱。

啦啦操近几年在我国得到了发展，且普及和发展的速度令人惊讶，其运动技术水平迅猛提高，2001 年中国大学生健美操艺术体操协会在广州举办了“首届中国大学生啦啦操大赛”，从此点燃了中国校园动感啦啦操之火，短短几年间经历了从无到有，从刚接触此项目到努力提高与国际接轨的发展过程。中国大学生健美操艺术体操协会从 2001 年开始多次举办全国啦啦操比赛，致力于啦啦操运动的各项推广工作。2006 年，在中国大学生健美操艺术体操协会的不懈的努力下，中国优胜啦啦队首次登上国际舞台，代表中国前往美国奥兰多参加世界啦啦队锦标赛，从此开启了中国啦啦操运动的国际之旅。

**二、啦啦操的分类**

啦啦操就是在音乐的衬托下，通过多名队员结合各种舞蹈动作，配合完成的展示表演。根据表演内容不同，啦啦操又分为技巧啦啦操、舞蹈啦啦操和动感啦啦操。

技巧啦啦操：以团队的形式出现，结合 Dance（舞蹈）、Cheer（口号）、Partner Stunts（舞伴特技，是指托举的难度动作）、Tumbling（翻跟头）、Basket Toss（轿子抛）、Pyramid（叠罗汉）、Jump（跳跃）等动作技术，配合音乐、服装、队形变化及标示物品

（如彩球、口号板、喇叭与旗帜）等要素，体现团队精神。

舞蹈啦啦操：以爵士、花球和街舞等其他舞蹈元素，运用手臂动作的延伸和表现，使啦啦操动作更加丰富多彩、生动活泼，更具有感染力。

动感啦啦操：融健美操、舞蹈、音乐、各种技巧动作于一体，通过队形变换及队员综合素质的体现，为主场队员加油助威，是渲染赛场气氛的一种体育运动形式，是力与美的完美结合，是团队精神的高度体现。

## 锻炼方法与手段

### 一、技巧啦啦操的锻炼方法

技巧啦啦操成套组成元素包括托举、翻腾、抛接、金字塔、技巧啦啦操舞蹈组合这几个部分，可以根据这些组成元素的特点进行练习。技巧啦啦操的配合动作一般由尖子、底座、后点三类队员共同完成，尖子即上层队员，底座即底层队员，后点即后面的保护队员。

1. 托举

托举是指尖子的身体重心被一人或多人托起离开地面的所有技巧动作。练习时要注意托举动作要准、稳，底座和后点配合默契，节奏明确，尖子保持身体紧张状态；要注意底座脚尖的方向，双手握持尖子的部位，尖子踩在底座的位置，等等。

2. 翻腾

体操或技巧的动作都属于翻腾。练习时注意翻腾动作腾空要高，翻转速度要快，种类要多；要注意翻腾时空中身体姿态及身体的起落点。

3. 抛接

抛接是指底座将尖子抛向空中的技巧，在空中的尖子与底座没有任何身体上的接触。轿子应稳，要注意尖子踩在底座的身体位置、蹲立姿态，底座双手接尖子的位置。

4. 金字塔

金字塔是指一个或多个尖子由一个或多个底座支撑而形成的金字塔形状的托举造型。练习时注意金字塔造型的组成人员必须相互支撑，并产生相互关系。金字塔造型必须保持垂直状态，非垂直过渡动作是允许的；动作变化应丰富，观赏性要强。

5. 技巧啦啦操舞蹈组合

指除难度动作之外的动作。练习时要注意舞蹈、队形、路线要多样化，充分利用空间和场地。

### 二、舞蹈啦啦操的锻炼方法

舞蹈啦啦操成套组成元素包括平衡转体、跳跃、踢腿、舞蹈组合四部分，可以根据这些组成元素的特点进行练习。

1. 平衡转体

平衡转体是指在空中的时候绕垂直轴的转体或者身体平行于地面的转体。练习时注意脚尖支撑，转体轴应垂直，结束时应稳定。

2. 跳跃

跳跃包括分腿跳、团身跳、屈体跳、跨跳等。练习中注意发力速度快，腾空高，空中姿态优美，落地稳。

3. 踢腿

踢腿是一种腿功柔韧性训练的动作。练习中注意上体保持直立，发力要快，落地要稳。

4. 舞蹈组合

舞蹈组合指成套动作中除抛出难度动作之外的动作。练习中要注意队员的表现力，动作、队形、路线应多样化，充分利用空间和场地等进行训练。

## 三、动感啦啦操的锻炼方法

动感啦啦操是除技巧啦啦操、舞蹈啦啦操之外的一种综合啦啦操，在训练时可以根据需要吸取以上两种啦啦操的训练方法。动感啦啦操的动作内容如表 11-1 所示，其具体动作如图 11-1 至图 11-6 所示。

**表 11-1　动感啦啦操的动作内容**

| 节 | 拍 | 动作内容 |
|---|---|---|
| 准备 | | 两脚并拢自然站立，双手自然下垂 |
| 一 | 1 | 左脚踏步，左手握拳叉腰，右臂左侧下举，握拳，拳心向下，头向 7 点 |
| | 2 | 右脚踏步，左臂经体前置侧上举，拳心向外，头向 1 点 |
| | 3 | 左脚踏步，右臂向内绕环 |
| | 4 | 右脚踏步，两臂经体侧上举击掌相握 |
| | 5 | 左脚前迈一步成弓步，两臂侧前上举（成高 V 字），拳心向外 |
| | 6 | 左脚后并，两臂胸前屈击掌 |
| | 7 | 右脚前迈一步成弓步，两臂侧前下举（成 V 字） |
| | 8 | 右脚后并还原成直立 |
| 二 | 1 | 右脚踏步，右臂胸前屈，握拳，掌心向内 |
| | 2 | 左脚踏步，两臂胸前屈，握拳，掌心向内 |
| | 3 | 右脚踏步，右臂经胸前平屈至侧上举，掌心向外 |
| | 4 | 左脚踏步，两臂经胸前平屈至侧上举，掌心向外（成高 V 字） |
| | 5 | 左脚侧迈一步成分腿半蹲，左臂侧举，右臂前下举（成左 L 字） |
| | 6 | 左脚右并成直立，两臂胸前屈，拳心相对 |
| | 7~8 | 动作同 5~6，唯方向相反 |
| 三 | 1 | 左脚 8 点方向迈步，两手放于体侧 |
| | 2 | 右脚并左脚，双手击掌 |
| | 3~4 | 两次扩胸运动 |
| | 5 | 右脚向 2 点方向迈脚，手放于体侧 |
| | 6 | 左脚并右脚，双手击掌 |
| | 7~8 | 动作同 3~4，唯方向相反 |

续表

| 节 | 拍 | 动作内容 |
|---|---|---|
| 四 | 1 | 半蹲，左臂胸前平屈，右臂平举 |
| | 2 | 直立，两臂胸前交叉 |
| | 3 | 右脚向侧迈一步，身体转向 1 点。同时向右侧顶髋，右臂侧上举，左臂斜下举 |
| | 4 | 向左侧顶髋，左臂侧上举，右臂斜下举 |
| | 5 | 右脚并左脚，身体转向 8 点，半蹲；右臂胸前平屈，左臂平举 |
| | 6 | 直立，两臂胸前交叉 |
| | 7 | 左脚向侧迈一步，身体转向 1 点，同时向左侧顶髋，左臂侧上举，右臂斜下举 |
| | 8 | 向右侧顶髋，右臂侧上举，左臂斜下举，直立 |
| 五 | 1~2 | 向左转跳 90°，面向 7 点，右脚前踢；同时左臂放于右侧腹，右臂肩侧屈，拳变掌，右手扶头后，头向 1 点 |
| | 3~4 | 右脚后撤一步成弓步（左），右臂前下伸，拳变掌；左臂腰间握拳，头向 7 点 |
| | 5~6 | 右转 90°成开立，左手握拳叉腰，右臂侧上举，单指 |
| | 7 | 两腿屈膝半蹲，手握拳于头上交叉，掌心向外，头向左侧倒 |
| | 8 | 并腿跳成直立 |
| 六 | 1~2 | 分腿跳成开立，同时两臂侧前平举（成 T 字），拳心向下 |
| | 3~4 | 右转 90°，左脚右并，屈膝脚点地，手经体侧至上举，击掌相握 |
| | 5~6 | 分腿跳成开立，前屈，左手叉腰，右手分掌触地，头向 1 点 |
| | 7~8 | 左转 90°，右脚点地，左脚直立，两臂经体前交叉后叉腰 |

1　2　3　4　5　6　7　8

图 11-1　第一个 8 拍

1　2　3　4　5　6　7　8

图 11-2　第二个 8 拍

1 2 3 4 5 6 7 8

图 11-3 第三个 8 拍

1 2 3 4 5 6 7 8

图 11-4 第四个 8 拍

1~2 3~4 5~6 7 8

图 11-5 第五个 8 拍

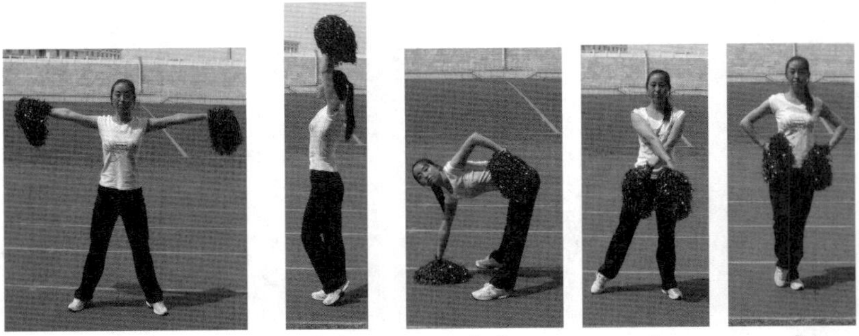

1~2 3~4 5~6 7 8

图 11-6 第六个 8 拍

## 啦啦操竞赛欣赏方法

### 一、评分方法

（1）采取公开示分的方法，成套动作满分为 10 分，裁判员的评分采用给分制与减分制，精确到0.01分。

（2）裁判员的评分去掉1个最高分和1个最低分，中间几个分数的平均分即为总分。

（3）对比赛成绩和结果不接受申述。

**二、评分规则**

啦啦操的评分标准分以下几方面：编排（3.00分）、表演（3.00分）、完成情况（3.00分）、服装（1.00分）。评分因素及具体分值如下：

（一）编排（3.00分）

成套动作的编排应根据音乐的节奏、音乐的乐句、音乐的风格来编排动作，动作设计必须符合啦啦队的技术特征，展示动作技巧。成套动作的编排要充分体现创造性、观赏性。具体评分规则如下：非常好2.70~3.00分，较好2.50~2.60分，一般2.30~2.40分，较差2.10~2.20分，差2.00分及以下。

（二）表演（3.00分）

1. 动作设计（1.50分）

动作设计要有啦啦队的动作特点，动作要充分利用身体、重心位置（上、下、低姿）的多样性变化。动作要有明显的节奏变化，包括上肢、下肢及躯干动作组合，动作设计要充分体现动作技巧和体操化舞蹈动作风格。成套动作编排要有独特性，要与众不同而令人难忘，连接过渡和音乐的体现要新颖独特，动作要有多样性，不重复，必须充分利用地面、地上和空中的流畅转换及队形变化的多样性，并展示出高水准的创造性。具体评分规则如下：非常好1.30~1.50分，较好1.10~1.30分，一般0.90~1.10分，较差0.70~0.90分，差0.70分及以下。

2. 音乐的适宜性（1.50分）

动作的风格与类型及运动员的表现必须与音乐的风格、特色、结构及成套主题完美结合，音效必须是高质量的，要有意义，成套动作与音乐强弱节奏相吻合，使动作体现动感的效果。具体评分规则如下：非常好1.30~1.50分，较好1.10~1.30分，一般0.90~1.10分，较差0.70~0.90分，差0.70分及以下。

（三）完成情况（3.00分）

（1）技术技巧：以最佳的准确性完成动作的能力。

① 身体姿态：身体各部位应符合正常人体生理解剖位置，以完成动作时保持身体重心平稳。

② 准确性：动作清楚，部位准确。

③ 力度：动作要有力度和爆发力，动作到位，要快速控制，无延伸动作，要展示瞬间完成动作的能力。

（2）表现力：通过自己的活力、热情、高超的技能来吸引观众的能力。

（3）感染力：运动员持续感染观众的能力，其目光的持续接触、交流的能力。

（4）自信力：运动员具有强烈的自信心的表现。

（5）表演要与音乐风格、舞蹈动作特点和主题风格合理一致：运动员充满热情和活力，具有极强的鼓动性和煽动性。

具体评分规则如下：非常好2.70~3.00分，较好2.50~2.60分，一般2.30~2.40分，较差2.10~2.20分，差2.00分及以下。

（四）服装（1.00分）

参赛选手可根据各队节目编排需要着相应风格的服装，体现个性化、时尚化，但服装不得过分暴露，不得有文身，不得有不健康内容及相关图案、文字、饰物和道具，否则视具体情况扣分或取消参赛资格。

（五）减分区

（1）比赛可采用徒手或手持道具，运动员任何无意的道具掉地，评判员将按下列情况扣分：

① 迅速地原地捡起道具，扣0.10分。

② 短距离（1~2步）移动后捡起道具，扣0.20分。

③ 运动员在长距离移动（2步以上）后捡回道具，扣0.30分。

④ 运动员道具掉地后不捡起而继续做动作，判为失去道具，扣0.50分。

（2）对以下情况进行减分，每项减0.20分：

① 参赛人数不符合规定。

② 比赛时间不符合规定。

③ 比赛服装和装饰不符合规定。

④ 出现超过安全规定的动作。

成绩计算：5项成绩相加即为团队得分。

## 第二节　跆拳道舞

### 能力目标

在跳跆拳道舞的过程中，通过简易的动作、小强度的运动量及动感时尚的音乐，可发展机体的有氧耐力和肢体协调性，达到缓解学习和工作压力、陶冶情操的目的。

### 工具包

**一、跆拳道舞简介**

跆拳道舞即跆拳道品势舞，它以跆拳道品势（跆拳道最根本、最核心的练习内容，类似于武术套路）中太极八章的基本动作与部分舞蹈元素结合而产生；跆拳道舞动作简单易学、音乐动感时尚，成为继跆拳道后的又一时尚健身项目。跆拳道舞根据太极八章的动作框架，总共为八套，每套有固定的伴奏音乐。本书着重介绍最基本的太极一章品势舞。

**二、跆拳道舞的场地**

跆拳道舞对场地条件要求不高，练习者可以在木地板、水泥地、沥青地等任何一个平坦的地方练习。

**三、跆拳道舞的服装**

跆拳道舞来源于跆拳道品势，因此练习过程中跆拳道舞有两个要求：一是穿道裤，二是系道带，二者缺一不可。可以根据舞蹈风格和个人爱好而定上身衣物装饰，没有固定限制，学生可以充分显现自己的个性。

### 四、跆拳道舞的音乐

音乐既可选用节奏感强烈的街舞音乐，也可以选用节奏感舒缓的舞厅舞音乐。音乐节奏不同，适合的群体也不同。跆拳道舞音乐的选用原则是能把跆拳道品势中的步形、步法、腿法、拳法及防守技术贯穿起来，保证跆拳道品势动作占整个舞蹈内容的三分之二以上。

### 五、跳跆拳道舞的注意事项

（一）循序渐进

由于跆拳道舞是跆拳道品势与舞蹈的结合，其中又有很多街舞动作，所以在学习过程中要按照品势练习、舞蹈动作练习、整体配合练习三个过程进行，不可急于求成。

（二）乐感与动作配合

掌握跆拳道舞动作要领后，重要的是与音乐的融合才能真正体会跆拳道舞运动带来的乐趣，这是跆拳道舞学习的重点。

（三）集体演练

跆拳道舞属于集体运动项目，即在团体配合演练中更能展现跆拳道舞的力量、速度与美感的结合；在集体演练过程中，人数不可太多，也不可过少，一般控制在5~8人一组进行演练。

## 锻炼方法与手段

### 一、准备姿势

（一）立正

直体站立，两脚并拢，双手并指并置于大腿外侧，目视前方（图11-7）。

（二）敬礼

上体、头部前屈鞠躬行礼，礼毕后上体还原成立正姿势（图11-8）。

### 二、基本步形

（一）并步

两脚并拢，身体直立，两脚内侧贴紧并拢，两臂自然下垂于体侧（图11-9）。

（二）开步

两脚左右开立，两脚尖微外展，两臂自然下垂于体侧，两手握拳（图11-10）。

图11-7　立正

图11-8　敬礼

图11-9　并步

图11-10　开步

（三）前行步

两脚前后开立，与向前走路相似，步幅不大，重心偏于前脚（图11-11）。

（四）马步

两脚左右开立，挺胸立腰，上体正直，屈膝下蹲，重心在两脚之间（图11-12）。

（五）前弓步

两脚前后开立，前腿屈膝，后腿伸直，重心偏于前脚（图 11-13）。

（六）后弓步

两脚前后相距一步，后膝屈曲，前腿膝微屈，脚尖朝前（图 11-14）。

图 11-11　前行步

图 11-12　马步

图 11-13　前弓步

图 11-14　后弓步

## 三、格挡技术

（一）上格挡

实战姿势开始，握拳由下至上，用前臂上架格挡（图 11-15）。

（二）下格挡

实战姿势开始，用前臂向下或向斜外侧格挡（图 11-16）。

1　2　3

图 11-15　上格挡

（三）内格挡

实战姿势开始，用前臂向内格挡对方的攻击（图 11-17）。

1　2　3

图 11-16　下格挡

1　2

图 11-17　内格挡

## 四、进攻技术

（一）左右冲拳

实战姿势开始，将拳从胸前向前旋臂直线冲出（图 11-18）。

（二）前踢

实战姿势开始，后脚蹬地屈膝上提，小腿快速向前上方踢出（图 11-19）。

1　2　3

图 11-18　左右冲拳

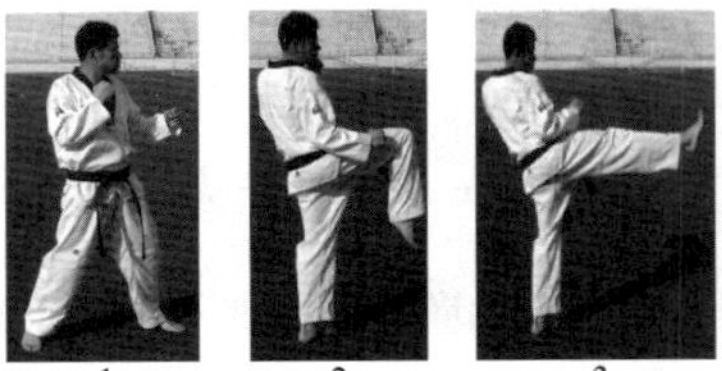

1　2　3

图 11-19　前踢

## 五、跆拳道舞动作配合

### （一）原地组合动作

（1）起势（图 11-20）：音乐响起，立正敬礼；随后成马步姿势站立。

（2）冲拳（图 11-21）：呈马步姿势，连续左右冲拳，出拳瞬间制动。

图 11-20　起势

图 11-21　冲拳

（3）下格挡（图 11-22）：马步不变，连续做左、右下格挡。

图 11-22　左、右下格挡

（4）内格挡（图 11-23）：马步不变，接右臂内格挡，再接左臂内格挡。

（5）收势（如图 11-24）：挺膝直体，双臂上举经胸前方下落，制动于腹前成并步。

图 11-23　左、右臂内格挡

图 11-24　收势

### （二）行进间组合动作

（1）左下格挡冲拳（图 11-25）：左转身体，成左前行步，左臂下截，右拳回收腰侧；右脚前迈进一步成前行步，右拳前冲。

（2）右下格挡冲拳（图 11-26）：与左下格挡冲拳动作要领相同，动作方向向右。

图 11-25 左下格挡冲拳

11-26 右下格挡冲拳

（3）前下格挡冲拳（图 11-27）：马步，左臂前下格挡，进步冲右拳。

（4）右上格挡冲拳（图 11-28）：身体右转，右臂上格挡，左拳回收腰侧；左腿前踢后成前进步，冲左拳。

图 11-27 前下格挡冲拳

图 11-28 右上格挡冲拳

（5）左上格挡冲拳（图 11-29）：与右上格挡冲拳动作要领相同，动作方向向左。

（6）后下格挡冲拳（图 11-30）：与前下格挡冲拳动作要领相同，动作方向向后。

图 11-29 左上格挡冲拳

图 11-30 后下格挡冲拳

（三）舞蹈组合动作

（1）提膝跳步（图 11-31）：开步站立，右腿连续向上提膝下落两次，第二次右脚提膝落地后，左腿提膝向左迈出一步；顺势再做两次向右方的提膝跳步动作。

图 11-31 提膝跳步

（2）交叉跳步（图 11-32）：两脚蹬地跳起，右腿与左腿斜前方叉步，左腿蹬地向左迈步；再次跳跃，左腿与右腿斜前方叉步，右腿蹬地向右迈步。

1　2　3　4

图 11-32　交叉跳步

（3）沉肘提膝击掌（图 11-33）：沉肘提右膝两次，沉肘提左膝两次；双手头顶击掌两次；双手左挥一次，双手右挥时，右脚向左脚后斜下方叉步。

1　2　3　4　5

图 11-33　沉肘提膝击掌

（4）提膝踢腿（图 11-34）：左腿连续做低、高提膝动作，然后换右腿做同样的动作；右腿提膝动作完成后，做两次连续的左、右前踢动作。

1　2　3　4　5　6

图 11-34　提膝踢腿

（5）跳步击掌（图 11-35）：连续向前、后、左、右方向做单腿跳跃击掌。

（6）结束动作（图 11-36）：右膝着地，右拳撑地；左腿弯曲；左手置于左膝盖处，低头俯视。

1　2

图 11-35　跳步击掌

图 11-36　结束动作

### 六、教学与练习方法

（1）模仿练习法：学生通过教师的示范讲解模仿技术动作要领。

（2）分组练习法：3~5个学生一组进行练习，通过交流、配合共同提高。

（3）循序渐进练习法：先进行基础动作的学习，再过渡到组合动作学习。

（4）表象练习法：教师讲解示范后，学生通过视觉、听觉表象进行动作学习。

（5）对镜练习：对镜子进行动作练习，改正错误动作，形成正确的动作概念。

## 第三节　轮滑舞

### 能力目标

各职业人群通过配合动感的音乐进行轮滑舞锻炼，可提高身体协调性、灵敏性、节奏感及平衡能力，舒缓学习和工作带来的精神压力。

### 工具包

轮滑舞是结合了轮滑的技巧与舞蹈动作，除了可展现各项轮滑运动的技巧和平地花式技巧外，更合并流行音乐及街舞动感的肢体律动，通常以每个8拍为一套动作，动作可以按照程度分为初级、中级、高级，而且为了展现轮滑舞的流畅性与灵活性，轮滑舞中还编入了比较多的滑步动作、转圈动作、跳跃动作、摩合克动作等技巧性动作。轮滑舞不但能增强身体的协调性，并且是一项适合全家老少一起玩乐的有氧轮滑运动。

### 锻炼方法与手段

#### 一、轮滑舞 DANCE A、B、C 的动作要领

（一）DANCE A 的动作要领

1. 第一个8拍

（1）准备姿势如图11-37所示。1、2拍做手臂波浪动作，如图11-38所示。

（2）3、4拍动作同1、2拍动作，唯方向相反。

（3）5、6拍动作同1、2拍动作，唯两脚合拢。

（4）7、8拍身体由头到脚做波浪动作，如图11-39所示。

图11-37　准备姿势

1　2　3

图11-38　DANCE A 的第一个8拍1、2拍动作

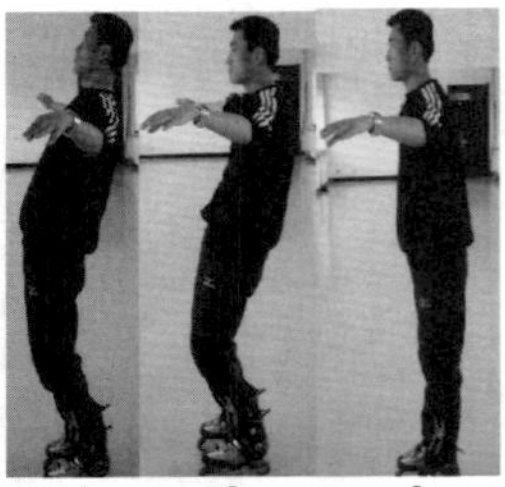

1　2　3

图11-39　DANCE A 的第一个8拍7、8拍动作

2. 第二个 8 拍

（1）1~6 拍动作与第一个 8 拍的 1~6 拍动作相同，唯动作方向相反。

（2）7、8 拍身体由脚到头做波浪动作后，双手上举，如图 11-40 所示。

3. 第三个 8 拍

（1）1、2 拍右腿向前迈出落地，如图 11-41 所示。

（2）3、4 拍身体向左侧扭转 90°后再转回，如图 11-42 所示。

（3）5 拍动作与 1 拍动作相同，到 6 拍时将手脚收回，形成站立动作。

（4）7 拍双脚向两侧跳出，形成马步动作，双臂向右侧伸出，到 8 拍时双脚收回，形成站立动作，如图 11-43 所示。

图 11-40　DANCE A 的第二个 8 拍 7、8 拍动作

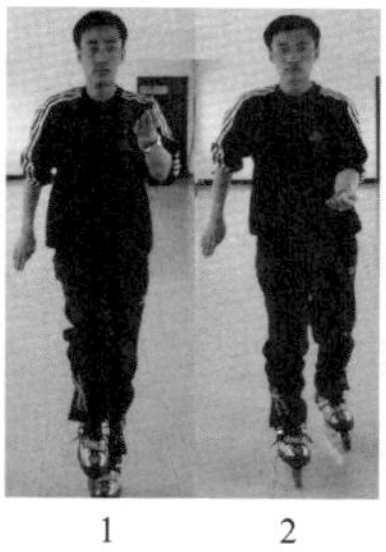


图 11-41　DANCE A 的第三个 8 拍 1、2 拍动作

图 11-42　DANCE A 的第三个 8 拍 3、4 拍动作

图 11-43　DANCE A 的第三个 8 拍 7、8 拍动作

（二）DANCE B 的动作要领

1. 第一个 8 拍

（1）1 拍右手握拳，前臂以肘关节为轴内旋 360°伸出，脚向右侧迈出，如图 11-44 所示。

图 11-44　DANCE B 的第一个 8 拍 1 拍动作

（2）2 拍动作与 1 拍动作相同，唯方向相反。

（3）3、4 拍连续向右侧迈两步，手臂动作与 1 拍动作相同，如图 11-45 所示。

（4）5、6 拍动作与 1、2 拍动作相同，唯方向相反。

（5）7、8 拍与 3、4 拍动作相同，唯方向相反。

2. 第二个 8 拍

（1）1、2 拍两手臂侧上举，两前臂以肘关节为轴内旋 360°后伸出，掌心向外，同时左脚向右脚后迈出一步，形成交叉动作，如图 11-46 所示。

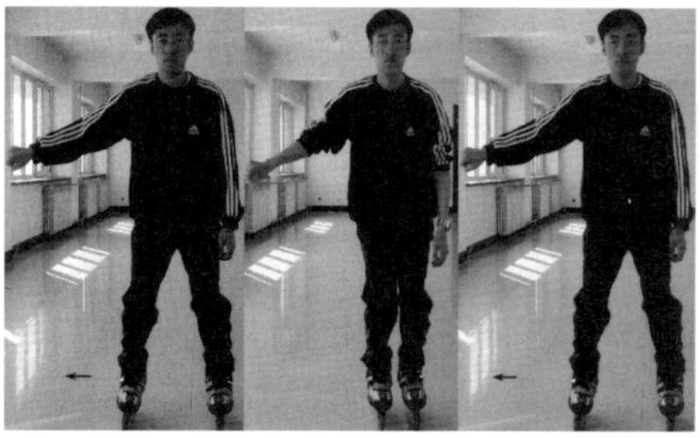

图 11-45　DANCE B 的第一个 8 拍 3、4 拍动作

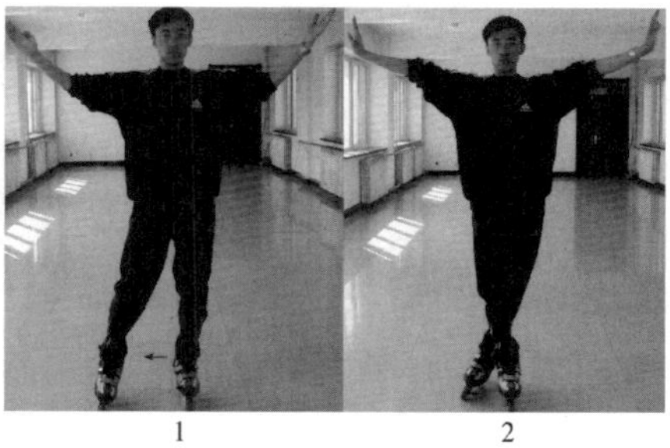


图 11-46　DANCE B 的第二个 8 拍 1、2 拍动作

（2）3、4 拍动作与 1、2 拍动作相同，唯方向相反。

（3）5 拍双手向前推出，6 拍时右脚收回与左脚并拢，如图 11-47 所示。

（4）7 拍双臂在体前平举交叉，右脚向右侧迈出，8 拍时双手向前推出，左脚向右侧收回，与右脚并拢，如图 11-48 所示。

（三）DANCE C 的动作要领

1. 第一个 8 拍

（1）1、2 拍双手掐腰，右脚向左侧做交叉步，左脚顺势向左侧迈出支撑重心，同时双手击掌，如图 11-49 所示。

（2）3、4 拍动作与 1、2 拍动作相同，唯方向相反。

（3）5、6 拍动作与 1、2 拍动作与方向均相同。

（4）7、8 拍动作与 3、4 拍动作与方向均相同。

1 2

图 11-47 DANCE B 的第二个 8 拍 5、6 拍动作

1 2

图 11-48 DANCE B 的第二个 8 拍 7、8 拍动作

1 2 3

图 11-49 DANCE C 的第一个 8 拍 1、2 拍动作

2. 第二个 8 拍

（1）1、2 拍双手向前伸出，右脚向左侧做交叉步，右脚顺势跟上后直接向左侧再次做交叉步，同时双手放下；3 拍时，左脚跟上，双脚并拢，双手掐腰；4 拍时，左脚向左侧迈出，支撑重心，同时双手击掌，如图 11-50 所示。

（2）5、6 拍动作与 1、2 拍动作相同，唯方向相反。

（3）7、8 拍动作与 3、4 拍动作相同，唯方向相反。

3. 第三个 8 拍

（1）1、2 拍双脚开立，双手握拳向两侧伸出；3 拍时，向左侧转体 90°，右脚蹬地前弓步向左侧滑行；4 拍时，双脚并拢站立右转 90°，同时右手握拳，向前伸出，如图 11-51 所示。

1 2 3 4

图 11-50 DANCE C 的第二个 8 拍 1、2、3、4 拍动作

1 2 3

图 11-51 DANCE C 的第三个 8 拍 1、2、3、4 拍动作

（2）5、6 拍动作与 3、4 拍动作相同，唯方向相反。

（3）7 拍动作与 1、2 拍动作相同。

（4）8 拍右脚支撑身体重心，左脚向左侧踢出，同时双手握拳，左手向左侧伸出，右手前臂置于头部向左侧伸出，如图 11-52 所示。

4. 第四个 8 拍

（1）1、2 拍同第二个 8 拍 1、2 拍动作；3、4 拍时，做两次第三个 8 拍的 8 拍动作，唯方向相反，如图 11-53 所示。

（2）5、6 拍动作同第二个 8 拍的 5、6 拍动作；7、8 拍时，做两次第三个 8 拍的 8 拍动作。

图 11-52　DANCE C 的第三个 8 拍 8 拍动作

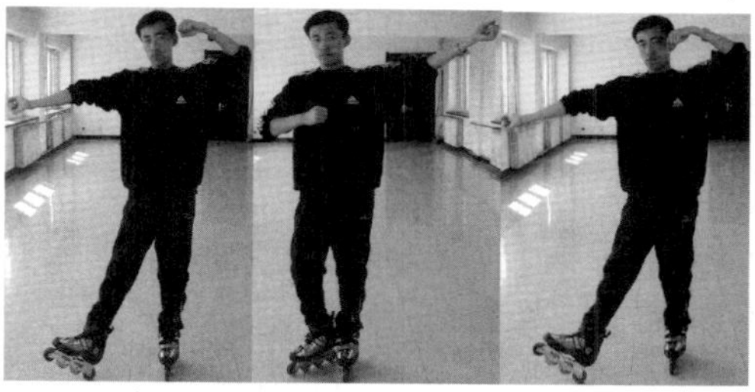

1　2　3

图 11-53　DANCE C 的第四个 8 拍 1、2、3、4 拍动作

## 二、DANCE A、B、C 教学及练习方法

（1）手臂波浪练习。

（2）身体波浪练习。

（3）原地踏步练习。

（4）原地双脚跳练习。

（5）原地身体扭转练习。

（6）侧向移动练习。

（7）侧向交叉步走练习。

（8）原地双脚滑动练习。

（9）街舞基本动作练习。

## 三、易犯错误及纠正方法

（1）易犯错误：身体不协调。

纠正方法：多进行协调性练习，如行进间操练习。

（2）易犯错误：重心不稳。

纠正方法：多进行穿轮滑鞋的原地踏步与跳跃练习。

（3）易犯错误：平衡能力差。

纠正方法：多进行单脚支撑与滑行练习。

（4）易犯错误：节奏感差。

纠正方法：多听口令、音乐节拍做动作练习。

# 第十二章 游戏类

## 第一节 放松游戏

### 能力目标

经常参与放松游戏，可使游戏者大脑兴奋灶转移，通过负诱导的作用，原来在工作或学习中各个强兴奋灶得到抑制，从而达到放松身心、消除疲劳的目的。

### 游戏方法和手段

**一、“不许踏线”游戏**

其游戏方法如下：学生成数队站在起点线后，各队间隔 3 米。在起点线前约 5 米处再画一条标志线。教师发令后，各队第 1 名学生闭上眼睛，自己估计距离往前走，使自己离标志线最近处停下，然后睁眼，离线最近者记 4 分，其他依次记 3 分、2 分与 1 分，踩线者记 0 分。接着各队第 2 名、第 3 名……依次做，并分别记分，得分多的队为胜。

**二、“滚球过门”游戏**

（一）器材

篮球 3 个，短木棒 6 条。

（二）游戏方法

画两条相距 8 米的起掷线，将学生分成 3 个队，每队分成人数相等的甲、乙两个组，成纵队分别站在两条起掷线后，在起掷线的中间用 6 条短木棒分别做成 3 个“球门”，每个球门用相距 50 厘米竖立在地上的两条木棒组成，每队甲组排在最前面的学生手持一个篮球。

游戏开始，各队甲组排在最前面的学生将球向前滚地抛出，使球从两木棒之间穿过滚到乙组，乙组排在最前面的学生捡球后，再向球门中滚去……依次做，球从门中滚过，没碰到木棒者记 1 分，得分多的队为胜。

**三、“谁不见了”游戏**

其游戏方法如下：学生站成圆形，面向内，选两名学生做领头人，站在圈内，闭上眼睛。教师再指定一人悄悄地躲藏起来，藏好后，教师叫领头人睁开眼睛，领头人迅速观察同学中谁不见了，并报出姓名，先猜出者为胜，未猜出者受罚。

**四、“倒跳比赛”游戏**

（一）场地

沙坑。

（二）游戏方法

学生成两列横队站在沙坑两旁，两队每次派一名队员参赛，比赛时两名队员背向沙坑，站在沙坑边上，向后跳入沙坑。跳得远者得1分。得分多的队为胜。计远度的方法同跳远比赛的计量方法。

（三）规则

跳起时两腿要同时离地，不能一先一后。

**五、“环球旅行”游戏**

（一）器材

1米长的木尺（或木条）4根。

（二）游戏方法

画一直径为12米的圆，圆中画一“十”字，学生成4路纵队站在十字的4条臂上，面向外，给每队一根1米长的木尺（或1.0~1.5米的木条）。游戏开始，每队出两名队员，一前一后站立，相隔约一步远，木尺的两端分别搁在两人头上，不许用手扶住，听到教师的哨声后，两人小心地绕圆走一圈，不使尺从头上掉下，按到达的先后顺序分别计分。得分多的队为胜。

（三）规则

（1）前1、2、3名分别记4、2、1分，第4名记0分。

（2）行进时手接触一次木尺扣1分，手扶木尺时间在两秒以上记0分。

（3）木尺掉下，可以原地捡起放好再做，但要扣1分。

**六、“踢沙包入盆”游戏**

（一）器材

铝饭盆4个，小沙包20个。

（二）游戏方法

学生站成一个正方形，正方形的各个边为一支队，4支队派1人参加比赛。教师发给4个人每人一个铝饭盆（直径约20厘米）、5个小沙包。游戏开始，4人将铝饭盆放在头上，口朝上，将一个沙包放在脚背上，然后脚向上踢，踢入盆中的沙包多者为胜。

（三）规则

可用手扶盆，但不能将盆端离头顶。

**七、“钻电网”游戏**

（一）游戏方法

将学生分成人数相等的5个队，先由其中一个队的学生（约10名）成一列横队散开站在篮球场的中线上，两臂侧举，闭上眼睛组成“电网”。其他4队学生成4列横队站在电网前的半场内。游戏开始，各队学生依次设法偷偷地从组成电网的学生手臂下钻过，不让电网碰到自己，到达另一半场。如果触到电网，则退出游戏，站到一边去。

组成电网的学生不能移动脚步，也不能蹲下，但上体可向两侧屈，也可用手向下摸索。各队学生通过后，再换一队学生做电网，游戏继续进行，“触电”的人少的队为胜。

（二）规则

（1）组成电网的学生要自觉闭上眼睛，睁眼者罚出游戏。

（2）组成电网的学生不能用脚去触人。

（3）不能由一人将电网冲开，其他人趁机冲过去。

### 八、“脚夹球抛远”游戏

（一）器材

排球1个。

（二）游戏方法

画一条起掷线，学生成两路纵队站在起掷线后，在各队前方由一名学生专门测定距离。游戏开始，各队的第1名学生站在起掷线后，用两脚夹住球收腹跳起往前抛出，负责测定的学生在落地点做好标记，然后将球掷回给第2人继续做。抛得最远者为胜。

（三）规则

（1）只能用两脚夹住抛出，不能用脚勾着抛出。

（2）不能以一脚站立，另一脚勾住抛出。

### 九、“脚托毽子竞走”游戏

（一）器材

毽子4个。

（二）游戏方法

学生成4路纵队站在起点线后，在各队前方6米处画一直径为40厘米的小圆圈，圈内站1名学生作为转点标志。游戏开始，各队第1名学生将一枚毽子放在一只脚背上，然后托着毽子向前走，走到回转点并绕过回转点的同学再走回来，以毽子没掉下而最快的学生为胜。然后将毽子交给第2人再做。

（三）规则

中途毽子掉下，名次列后；如4名学生的毽子都掉下，则都不记分，换人再做。

### 一、“手指拉凳”游戏

（一）器材

长条凳数条。

（二）游戏方法

画两条相隔1米的决胜线，在两条线之间放一条长的木板凳，两名学生在凳的两端相向站好，各用食指、中指托住凳的一端。教师发令后，各人用手指的力量与技巧将凳往本方拉，直至将板凳拉过本方的决胜线或使对方手指滑落板凳为胜。

（三）规则

不许用手指夹住板凳后拉。

## 第二节　室内游戏

**能力目标**

在参与室内游戏的过程中，可使游戏者从愉快的游戏过程中锻炼身体，提高智力，了解相关体育知识。

## 游戏方法和手段

### 一、"踢毽子接力"游戏

（一）器材

毽子若干个。

（二）游戏方法

将课桌稍向教室后移动，在讲台与课桌间挪出一块位置，按座位行次每两行组成一个队，每队一个毽子。游戏开始，各队第1名学生到前面踢毽子，踢至失误为止，记下次数，回到自己座位，接着第2人出来踢，直至全队踢完为止。累计次数多的队为胜。

（三）规则

（1）只能用脚内侧与脚外侧两种踢法。

（2）不许妨碍别队学生的动作。

### 二、"综合素质比赛"游戏

（一）器材

垫子两块。

（二）游戏方法

将课桌稍向教室中间移动，使四周挪出一定的空位置，在讲台与课桌之间放两块垫子。按座位行次分成人数相等的两个队，游戏开始，两队学生按座次依次完成以下素质练习：

（1）在垫子上做10次"两头起"（仰卧起坐同时举腿）。

（2）在侧面过道上做10次（女生4次）俯卧撑。

（3）在教室后面做10次纵跳摸高。

做完后回到自己的座位。在第1人做练习（2）时，第2人开始做练习（1），如此依次进行，直至全队做完为止，以按要求先做完的队为胜。

（三）规则

（1）必须按规定的顺序、动作要求和数量完成各项练习。

（2）如一次不能完成，可分几次完成，但一定要在完成前一项练习之后，才能做下一项练习。

（3）动作不符合要求者，不予计数。

### 三、"小球追大球"游戏

（一）器材

乒乓球与排球各1个。

（二）游戏方法

学生各自坐在座位上。第1行第1名学生拿一个乒乓球，第6名学生拿一个排球。教师发令后，大球、小球都向后传递，当传至第1行最后一人时，接着将球传给旁边的第2行的最后一人，再往前传，依此法成"之"形来回传递，直至小球追上大球为止。当大球与小球都传到一个人手中时，罚该学生表演一个节目。然后小球退后五个座位，游戏继续进行。

（三）规则

（1）只许依次传递，不许隔位传递或抛接。

（2）不许故意拖延时间。

## 四、“飞镖比准”游戏

（一）器材

飞镖数只，飞镖靶1个。

（二）游戏方法

将中间两行前面的几个座位搬走，空出一块位置投飞镖，在离黑板2.5~3.0米处放一课桌作为投掷时的限制线，在黑板上挂一块飞镖靶。学生按座位纵行分队，各队第1人在桌后瞄准靶投掷飞镖，按投中的区域在黑板上记下各队的得分，然后各队第2人再做，直至全队投完为止。累积分数多的队为胜。

（三）规则

（1）如飞镖插在线上，算高分区的分。

（2）投中但没插稳不算分。

## 五、“拦击导弹”游戏

（一）器材

乒乓球拍4个，乒乓球15~20个。

（二）游戏方法

选出4人各拿一个乒乓球拍，站在黑板前，作为“防空部队”，其他人拿15~20个乒乓球当作“地对地导弹”。游戏开始，拿乒乓球的学生用乒乓球掷击黑板，而拿乒乓球拍的学生则用球拍进行拦击，如拦击住了，则表示“导弹被击毁了”；如让乒乓球漏过、击中黑板，则表示“导弹击中了目标”。游戏一轮之后，再换4个人防守。击下“导弹”多者为胜。

（三）规则

（1）乒乓球未打中黑板，不算击中目标。

（2）拦击时，只能用乒乓球拍拦击，不能用手拦击。

## 六、“室内运动会”游戏

（一）器材

泡沫塑料球5个，圆的硬纸片5块，狗尾草或蟋蟀草的草茎5条，橡皮筋10根，直尺2条。

（二）游戏方法

学生按座位纵行分队，各队每次派5名学生参加5个不同的比赛，每个项目比赛的前4名分别记5分、3分、2分和1分。比赛完毕，得分多的队为胜。

（1）推铅球：用包装泡沫塑料做几个铅球大小的球，各队派1名运动员推“铅球”，远者为胜。

（2）掷铁饼：将包装盒的硬纸片剪成直径约4厘米的圆形，比赛时用左手食指托住纸片中央，用右手的中指将纸片弹出，弹得远者为胜。

（3）掷标枪：准备数条狗尾草或者蟋蟀草的草茎（约25~30厘米），比赛时，用右手的大拇指与食指捏住，用掷标枪的方法掷出，掷得远者为胜。

（4）射击：将两个空饮料瓶放在一张课桌上，将一条橡皮筋框在左手的大拇指与食指上，再将一个2厘米长的小纸卷从中间折转扣在橡皮筋上，用右手的拇指与食指捏住，然后拉长橡皮筋，站在2米外，将纸卷弹向饮料瓶，弹中者得1分。

（5）拔河：在课桌上画一条决胜线，将一条直尺与决胜线交叉成“十”字形放在桌上，游戏的两个人用右手的食指压在直尺的一端往后拖，将直尺拖过决胜线者胜。

**七、“传口令”游戏**

（一）游戏方法

学生坐在座位上，按座位纵行组成队，游戏开始，各队第1人到教师那里接受秘密口令后，回到自己的座位上坐好。教师发令后，各队将口令一个接一个轻声地往后传，最后一人最先听到而又没传错的队为胜。

（二）规则

（1）传口令要轻声，不要被别人听到。

（2）口令要依次往下传，不要隔人传，也不能下座位传。

（3）口令传错了的队不参加评比。

## 第三节　野外游戏

### 能力目标

在大自然中游戏，可使游戏者尽情放松，娱乐身心，释放精神压力。

### 游戏方法和手段

**一、“仰爬接力”游戏**

（一）器材

沙滩或草地，空饮料瓶2个。

（二）游戏方法

在沙滩或草地上画一条起点线，将学生分成人数相等的两队，两队成纵队站在起点线后，间隔3米，在各队前方5~8米处竖放一个空饮料瓶；各队另派一名学生站在饮料瓶旁，负责将倒下的瓶子扶起。游戏开始，各队排头学生在起点线后，以手脚撑地做成屈体仰撑姿势（脚在前，头在后）。发令后排头学生迅速向脚的方向仰爬，爬至饮料瓶处，用脚踢倒瓶子后，立即退着爬回来（站在瓶子旁的学生立即将瓶子竖立放好），爬过线后，第2人接着继续做。先做完的队为胜。

（三）规则

（1）没踢倒瓶子就爬回来，算少做一次，最后要补做一次。

（2）前一人爬回来要两脚过起点线后，后一人才能出发。

**二、“跳篱笆”游戏**

（一）器材

沙滩或草地，接力棒2根。

（二）游戏方法

将学生分成人数相等的两列横队，面对面坐在沙滩或草地上。两队相距4米，各队学生左右间隔 1 米，两臂侧举拉手搭成“篱笆”，排尾学生手拿一根接力棒。发令后，排尾学生手持接力棒依次从组成篱笆的学生手臂上跳过，成“之”字形地跳向排头，跳过最后一个篱笆后，也坐下与排头学生拉手做篱笆，并将接力棒传到排尾学生，排尾学生接棒后继续做，直至全队做完恢复原来的队形为止，先做完的队为胜。

（三）规则

（1）跳篱笆时，要用双脚跳，不能单脚跨过。

（2）做篱笆的队员手臂要举平。

（3）接力棒回传时，要依次传到排尾，不能隔人传或抛掷。

**三、“斗牛”游戏**

（一）器材

沙滩或草地。

（二）游戏方法

学生分散在场地上，两人一组，相距约 1 米面对面站立，上体前屈，用两手握住脚踝做成牛。教师发令后，两人互相用肩冲撞对方，以使对方倒地或松手为胜。

（三）规则

（1）不许用手推拉，不许用脚绊，也不许用头顶人。违者算输。

（2）比赛采用三局两胜制。

**四、“坐卧传球”游戏**

（一）器材

沙滩或草地，排球 2 个。

（二）游戏方法

将学生分成人数相等的两队，两队成纵队站立，队与队间隔 3 米，学生前后距离约 2 米。游戏开始，两队学生都坐在草地上，排头学生手拿一个球。教师发令后，排头学生双手持球向后仰卧，将球传给第 2 人，第 2 人接球后，以同样的方法依次往下传，直至最后一人接球后，双手将球举起，传得最快的队为胜。

（三）规则

只许传递，不许抛接，更不能隔人抛接。

**五、“爬山夺旗”游戏**

（一）器材

不很陡峭的山头，旗帜 3 只。

（二）游戏方法

选择一处不很陡峭的山坡，根据学生的体力，选择学生能在 10~15 分钟爬上去的地方插上 3 面旗帜，旗帜上标明 1、2、3 号。教师守在旗帜处记分。另选一名学生在山下发令。学生根据体力分成人数相等的两队，站在山下的起点线后。发令后，两队学生奋力爬山跑向旗帜处，第 1 个跑到的学生夺 1 号旗并记该队 11 分，夺 2 号旗的记 9 分，夺 3 号旗的记 8 分。随后到达的 7 名学生分别记 7、6、5、4、3、2、1 分。得分多的队为胜。

（三）规则

爬山时不许有意妨碍对方队员前进。

# 社会性运动篇

## 第十三章　素质拓展与集体竞赛运动

素质拓展运动又称外展训练（Outward Bound），原意为一艘小船驶离平静的港湾，义无反顾地投向未知的旅程，去迎接一次次挑战。拓展运动糅合了高挑战及低挑战的元素。拓展培训强调学员去“感受”学习，而不仅仅在课堂上听讲。研究资料表明，传统课堂式学习的吸收程度大约为25%，学员参与实际操作的体验式学习吸收程度高达75%。大学生参与素质拓展运动，能够增强社会责任感，提升创新能力和社会适应能力。

### 第一节　室外拓展运动

**能力目标**

经常参与素质拓展运动，可使参与者的协调性、灵敏性得到提高，同时培养责任感，克服心理惰性，磨炼战胜困难的毅力，提升团队协作能力和集体主义精神。

**锻炼方法与手段**

**一、“圆圈放心凳”运动**

参赛选手各20人，以同性为宜。两组队员各围成一圈。每人将双手放在前面一人的双肩上；听从指令，缓缓地坐在身后人的大腿上（图13-1）。以小组竞赛的形式进行，看看哪个小组可以坚持最长时间不松垮。比赛时间为5分钟。

图13-1　“圆圈放心凳”运动

二、“高台后倒”运动

体验者背向同伴位于高台上，台下同伴两人一组，双手十字交叉互握，并排站立。当听到后倒口令时，台上体验者迅速直体倒向台下同伴，台下同伴用手臂协力将其接住（图 13-2）。

图 13-2　“高台后倒”运动

## 第二节　室内拓展运动

### 能力目标

参与者通过锻炼，头脑灵活性、创造性可得到提高，理解力、执行力、表达力、思维能力和团队协作能力可得到培养。

### 锻炼方法与手段

一、建设美景

10 人一组，要求在 30 分钟之内，利用下发的相同材料，搭建出优美的景观来，每组推荐 1 人进行创意描述，最后由各组代表投票选出优胜者。

二、头脑风暴

参与者分为人数相等的若干组，随意确定一件物品，每组依次轮流说出该物品的用途，内容不能重复，想法越新奇越好，但不得蓄意批评或用语言攻击。比赛时间为 1 分钟，说出该物件合理用途多的一方获胜。

## 第三节　集体竞赛

### 能力目标

参与者通过锻炼，头脑灵活性、创造性可得到提高，执行力和团队协作能力可得到培养。

### 锻炼方法与手段

一、跳大绳

“8”字跳大绳：时间 3 分钟，共计 10 名队员（其中 2 人摇绳）。8 名队员依次按“8”字线方向连续跳（图 13-3）。绳子停在两脚之间为失误，中途失误可以继续比赛，但失误次数应扣除。摇绳者必须在听到发令员口令后才能摇绳，比赛中途摇绳者不能更换。3 分钟内如遇失败，可继续进行。次数多者名次前列。比赛时只能一个接一个，不能两个或两个以上的选手同时跳。参赛选手在未跳过的情况下，此名选手必须重新开始。

图 13-3 跳大绳

## 二、拔河

（1）可在水泥地上画 3 条直线，间隔为 200 厘米，居中的线为中线，两边的线为河界。除参赛队领队、监督员、选手以外，其他人员一律不得进入拔河道。

（2）拔河绳由 4 条长绳组成。

（3）每支参赛队由领队 1 人、监督员 2 人、参赛选手 32 人（其中男选手最多 12 人）组成。

（4）比赛方法。

① 比赛采取三轮次、积分循环制。每轮次一局胜，每轮次比赛时间最多 2 分钟，2 分钟内不能决出胜负者，本局比赛结束。

② 比赛开始前，各队按照每 8 人一路纵队的要求分成 4 路纵队准备好，比赛开始后，4 条绳子的运动员同时发力，将对方拉过赛场规定的河界线为赢（图 13-4）。

③ 第一轮通过抽签决定对手，第二、三轮按已比赛轮数积分高低排序，第 1 名与第 2 名比赛，第 3 名与第 4 名比赛，依次类推。

④ 成绩计算：胜者得 3 分，两队打平得 1 分，负者得 0 分，对手弃权得 3 分。三轮结束后，积分最多者名次列前；积分相同者，总用时少者名次列前。如再相同，则抽签决定。

图 13-4 拔河

# 附录一 大学生体质健康标准评价指标与分值

**附表 1-1 各单项指标权重**

| 测试对象 | 单项指标 | 权重/% |
|---|---|---|
| 大学各年级 | 体重指数（BMI） | 15 |
| | 肺活量 | 15 |
| | 50 米跑 | 20 |
| | 坐位体前屈 | 10 |
| | 立定跳远 | 10 |
| | 引体向上（男）/1 分钟仰卧起坐（女） | 10 |
| | 1 000 米跑（男）/800 米跑（女） | 20 |

注：体重指数（BMI）= 体重（千克）/身高$^2$（米$^2$）。

**附表 1-2 体重指数（BMI）单项评分表** 单位：千克/米$^2$

（a）男生

| 等级 | 单项得分 | 体重指数 |
|---|---|---|
| 正常 | 100 | 17.9~23.9 |
| 低体重 | 80 | ≤17.8 |
| 超重 | | 24.0~27.9 |
| 肥胖 | 60 | ≥28.0 |

（b）女生

| 等级 | 单项得分 | 体重指数 |
|---|---|---|
| 正常 | 100 | 17.2~23.9 |
| 低体重 | 80 | ≤17.1 |
| 超重 | | 24.0~27.9 |
| 肥胖 | 60 | ≥28.0 |

**附表 1-3 肺活量单项评分表** 单位：毫升

（a）男生

| 等级 | 单项得分 | 大一、大二 | 大三、大四 |
|---|---|---|---|
| 优秀 | 100 | 5 040 | 5 140 |
| | 95 | 4 920 | 5 020 |
| | 90 | 4 800 | 4 900 |
| 良好 | 85 | 4 550 | 4 650 |
| | 80 | 4 300 | 4 400 |

（b）女生

| 等级 | 单项得分 | 大一、大二 | 大三、大四 |
|---|---|---|---|
| 优秀 | 100 | 3 400 | 3 450 |
| | 95 | 3 350 | 3 400 |
| | 90 | 3 300 | 3 350 |
| 良好 | 85 | 3 150 | 3 200 |
| | 80 | 3 000 | 3 050 |

续表

| 等级 | 单项得分 | 大一、大二 | 大三、大四 |
| --- | --- | --- | --- |
| 及格 | 78 | 4 180 | 4 280 |
| | 76 | 4 060 | 4 160 |
| | 74 | 3 940 | 4 040 |
| | 72 | 3 820 | 3 920 |
| | 70 | 3 700 | 3 800 |
| | 68 | 3 580 | 3 680 |
| | 66 | 3 460 | 3 560 |
| | 64 | 3 340 | 3 440 |
| | 62 | 3 220 | 3 320 |
| | 60 | 3 100 | 3 200 |
| 不及格 | 50 | 2 940 | 3 030 |
| | 40 | 2 780 | 2 860 |
| | 30 | 2 620 | 2 690 |
| | 20 | 2 460 | 2 520 |
| | 10 | 2 300 | 2 350 |

续表

| 等级 | 单项得分 | 大一、大二 | 大三、大四 |
| --- | --- | --- | --- |
| 及格 | 78 | 2 900 | 2 950 |
| | 76 | 2 800 | 2 850 |
| | 74 | 2 700 | 2 750 |
| | 72 | 2 600 | 2 650 |
| | 70 | 2 500 | 2 550 |
| | 68 | 2 400 | 2 450 |
| | 66 | 2 300 | 2 350 |
| | 64 | 2 200 | 2 250 |
| | 62 | 2 100 | 2 150 |
| | 60 | 2 000 | 2 050 |
| 不及格 | 50 | 1 960 | 2 010 |
| | 40 | 1 920 | 1 970 |
| | 30 | 1 880 | 1 930 |
| | 20 | 1 840 | 1 890 |
| | 10 | 1 800 | 1 850 |

**附表 1-4　男/女生 50 米跑单项评分表**

单位：秒

（a）男生

| 等级 | 单项得分 | 大一、大二 | 大三、大四 |
| --- | --- | --- | --- |
| 优秀 | 100 | 6.7 | 6.6 |
| | 95 | 6.8 | 6.7 |
| | 90 | 6.9 | 6.8 |
| 良好 | 85 | 7.0 | 6.9 |
| | 80 | 7.1 | 7.0 |
| 及格 | 78 | 7.3 | 7.2 |
| | 76 | 7.5 | 7.4 |
| | 74 | 7.7 | 7.6 |
| | 72 | 7.9 | 7.8 |
| | 70 | 8.1 | 8.0 |
| | 68 | 8.3 | 8.2 |
| | 66 | 8.5 | 8.4 |
| | 64 | 8.7 | 8.6 |
| | 62 | 8.9 | 8.8 |
| | 60 | 9.1 | 9.0 |

（b）女生

| 等级 | 单项得分 | 大一、大二 | 大三、大四 |
| --- | --- | --- | --- |
| 优秀 | 100 | 7.5 | 7.4 |
| | 95 | 7.6 | 7.5 |
| | 90 | 7.7 | 7.6 |
| 良好 | 85 | 8.0 | 7.9 |
| | 80 | 8.3 | 8.2 |
| 及格 | 78 | 8.5 | 8.4 |
| | 76 | 8.7 | 8.6 |
| | 74 | 8.9 | 8.8 |
| | 72 | 9.1 | 9.0 |
| | 70 | 9.3 | 9.2 |
| | 68 | 9.5 | 9.4 |
| | 66 | 9.7 | 9.6 |
| | 64 | 9.9 | 9.8 |
| | 62 | 10.1 | 10.0 |
| | 60 | 10.3 | 10.2 |

续表

| 等级 | 单项得分 | 大一、大二 | 大三、大四 |
|---|---|---|---|
| 不及格 | 50 | 9.3 | 9.2 |
| | 40 | 9.5 | 9.4 |
| | 30 | 9.7 | 9.6 |
| | 20 | 9.9 | 9.8 |
| | 10 | 10.1 | 10.0 |

续表

| 等级 | 单项得分 | 大一、大二 | 大三、大四 |
|---|---|---|---|
| 不及格 | 50 | 10.5 | 10.4 |
| | 40 | 10.7 | 10.6 |
| | 30 | 10.9 | 10.8 |
| | 20 | 11.1 | 11.0 |
| | 10 | 11.3 | 11.2 |

**附表 1-5　男/女生坐位体前屈单项评分表**

单位：厘米

（a）男生

| 等级 | 单项得分 | 大一、大二 | 大三、大四 |
|---|---|---|---|
| 优秀 | 100 | 24.9 | 25.1 |
| | 95 | 23.1 | 23.3 |
| | 90 | 21.3 | 21.5 |
| 良好 | 85 | 19.5 | 19.9 |
| | 80 | 17.7 | 18.2 |
| 及格 | 78 | 16.3 | 16.8 |
| | 76 | 14.9 | 15.4 |
| | 74 | 13.5 | 14.0 |
| | 72 | 12.1 | 12.6 |
| | 70 | 10.7 | 11.2 |
| | 68 | 9.3 | 9.8 |
| | 66 | 7.9 | 8.4 |
| | 64 | 6.5 | 7.0 |
| | 62 | 5.1 | 5.6 |
| | 60 | 3.7 | 4.2 |
| 不及格 | 50 | 2.7 | 3.2 |
| | 40 | 1.7 | 2.2 |
| | 30 | 0.7 | 1.2 |
| | 20 | -0.3 | 0.2 |
| | 10 | -1.3 | -0.8 |

（b）女生

| 等级 | 单项得分 | 大一、大二 | 大三、大四 |
|---|---|---|---|
| 优秀 | 100 | 25.8 | 26.3 |
| | 95 | 24.0 | 24.4 |
| | 90 | 22.2 | 22.4 |
| 良好 | 85 | 20.6 | 21.0 |
| | 80 | 19.0 | 19.5 |
| 及格 | 78 | 17.7 | 18.2 |
| | 76 | 16.4 | 16.9 |
| | 74 | 15.1 | 15.6 |
| | 72 | 13.8 | 14.3 |
| | 70 | 12.5 | 13.0 |
| | 68 | 11.2 | 11.7 |
| | 66 | 9.9 | 10.4 |
| | 64 | 8.6 | 9.1 |
| | 62 | 7.3 | 7.8 |
| | 60 | 6.0 | 6.5 |
| 不及格 | 50 | 5.2 | 5.7 |
| | 40 | 4.4 | 4.9 |
| | 30 | 3.6 | 4.1 |
| | 20 | 2.8 | 3.3 |
| | 10 | 2.0 | 2.5 |

**附表 1-6 男/女生立生定跳远单项评分表** 单位：厘米

(a) 男生

| 等级 | 单项得分 | 大一、大二 | 大三、大四 |
|---|---|---|---|
| 优秀 | 100 | 273 | 275 |
| | 95 | 268 | 270 |
| | 90 | 263 | 265 |
| 良好 | 85 | 256 | 258 |
| | 80 | 248 | 250 |
| 及格 | 78 | 244 | 246 |
| | 76 | 240 | 242 |
| | 74 | 236 | 238 |
| | 72 | 232 | 234 |
| | 70 | 228 | 230 |
| | 68 | 224 | 226 |
| | 66 | 220 | 222 |
| | 64 | 216 | 218 |
| | 62 | 212 | 214 |
| | 60 | 208 | 210 |
| 不及格 | 50 | 203 | 205 |
| | 40 | 198 | 200 |
| | 30 | 193 | 195 |
| | 20 | 188 | 190 |
| | 10 | 183 | 185 |

(b) 女生

| 等级 | 单项得分 | 大一、大二 | 大三、大四 |
|---|---|---|---|
| 优秀 | 100 | 207 | 208 |
| | 95 | 201 | 202 |
| | 90 | 195 | 196 |
| 良好 | 85 | 188 | 189 |
| | 80 | 181 | 182 |
| 及格 | 78 | 178 | 179 |
| | 76 | 175 | 176 |
| | 74 | 172 | 173 |
| | 72 | 169 | 170 |
| | 70 | 166 | 167 |
| | 68 | 163 | 164 |
| | 66 | 160 | 161 |
| | 64 | 157 | 158 |
| | 62 | 154 | 155 |
| | 60 | 151 | 152 |
| 不及格 | 50 | 146 | 147 |
| | 40 | 141 | 142 |
| | 30 | 136 | 137 |
| | 20 | 131 | 132 |
| | 10 | 126 | 127 |

**附表 1-7 男生引体向上和女生 1 分钟仰卧起坐** 单位：个

(a) 男生引体向上

| 等级 | 单项得分 | 大一、大二 | 大三、大四 |
|---|---|---|---|
| 优秀 | 100 | 19 | 20 |
| | 95 | 18 | 19 |
| | 90 | 17 | 18 |
| 良好 | 85 | 16 | 17 |
| | 80 | 15 | 16 |

(b) 女生 1 分钟仰卧起坐

| 等级 | 单项得分 | 大一、大二 | 大三、大四 |
|---|---|---|---|
| 及格 | 100 | 56 | 57 |
| | 95 | 54 | 55 |
| | 90 | 52 | 53 |
| 良好 | 85 | 49 | 50 |
| | 80 | 46 | 47 |

续表

| 等级 | 单项得分 | 大一、大二 | 大三、大四 |
|---|---|---|---|
| 及格 | 78 | | |
| | 76 | 14 | 15 |
| | 74 | | |
| | 72 | 13 | 14 |
| | 70 | | |
| | 68 | 12 | 13 |
| | 66 | | |
| | 64 | 11 | 12 |
| | 62 | | |
| | 60 | 10 | 11 |
| 不及格 | 50 | 9 | 10 |
| | 40 | 8 | 9 |
| | 30 | 7 | 8 |
| | 20 | 6 | 7 |
| | 10 | 5 | 6 |

续表

| 等级 | 单项得分 | 大一、大二 | 大三、大四 |
|---|---|---|---|
| 及格 | 78 | 44 | 45 |
| | 76 | 42 | 43 |
| | 74 | 40 | 41 |
| | 72 | 38 | 39 |
| | 70 | 36 | 37 |
| | 68 | 34 | 35 |
| | 66 | 32 | 33 |
| | 64 | 30 | 31 |
| | 62 | 28 | 29 |
| | 60 | 26 | 27 |
| 不及格 | 50 | 24 | 25 |
| | 40 | 22 | 23 |
| | 30 | 20 | 21 |
| | 20 | 18 | 19 |
| | 10 | 16 | 17 |

**附表 1-8 男生 1 000 米和女生 800 米** 单位：分 · 秒

（a）男生 1 000 米

| 等级 | 单项得分 | 大一、大二 | 大三、大四 |
|---|---|---|---|
| 优秀 | 100 | 3′17″ | 3′15″ |
| | 95 | 3′22″ | 3′20″ |
| | 90 | 3′27″ | 3′25″ |
| 良好 | 85 | 3′34″ | 3′32″ |
| | 80 | 3′42″ | 3′40″ |
| 及格 | 78 | 3′47″ | 3′45″ |
| | 76 | 3′52″ | 3′50″ |
| | 74 | 3′57″ | 3′55″ |
| | 72 | 4′02″ | 4′00″ |
| | 70 | 4′07″ | 4′05″ |
| | 68 | 4′12″ | 4′10″ |
| | 66 | 4′17″ | 4′15″ |

（b）女生 800 米

| 等级 | 单项得分 | 大一、大二 | 大三、大四 |
|---|---|---|---|
| 及格 | 100 | 3′18″ | 3′16″ |
| | 95 | 3′24″ | 3′22″ |
| | 90 | 3′30″ | 3′28″ |
| 良好 | 85 | 3′37″ | 3′35″ |
| | 80 | 3′44″ | 3′42″ |
| 及格 | 78 | 3′49″ | 3′47″ |
| | 76 | 3′54″ | 3′52″ |
| | 74 | 3′59″ | 3′57″ |
| | 72 | 4′04″ | 4′02″ |
| | 70 | 4′09″ | 4′07″ |
| | 68 | 4′14″ | 4′12″ |
| | 66 | 4′19″ | 4′17″ |

续表

| 等级 | 单项得分 | 大一、大二 | 大三、大四 |
|---|---|---|---|
| 及格 | 64 | 4′22″ | 4′20″ |
| | 62 | 4′27″ | 4′25″ |
| | 60 | 4′32″ | 4′30″ |
| 不及格 | 50 | 4′52″ | 4′50″ |
| | 40 | 5′12″ | 5′10″ |
| | 30 | 5′32″ | 5′30″ |
| | 20 | 5′52″ | 5′50″ |
| | 10 | 6′12″ | 6′10″ |

续表

| 等级 | 单项得分 | 大一、大二 | 大三、大四 |
|---|---|---|---|
| 及格 | 64 | 4′24″ | 4′22″ |
| | 62 | 4′29″ | 4′27″ |
| | 60 | 4′34″ | 4′32″ |
| 不及格 | 50 | 4′44″ | 4′42″ |
| | 40 | 4′54″ | 4′52″ |
| | 30 | 5′04″ | 5′02″ |
| | 20 | 5′14″ | 5′12″ |
| | 10 | 5′24″ | 5′22″ |

**附表 1-9　男生引体向上和女生 1 分钟仰卧起坐加分表**　　单位：个

（a）男生引体向上

| 加分 | 大一、大二、大三、大四 |
|---|---|
| 10 | 10 |
| 9 | 9 |
| 8 | 8 |
| 7 | 7 |
| 6 | 6 |
| 5 | 5 |
| 4 | 4 |
| 3 | 3 |
| 2 | 2 |
| 1 | 1 |

（b）女生 1 分钟仰卧起坐

| 加分 | 大一、大二、大三、大四 |
|---|---|
| 10 | 13 |
| 9 | 12 |
| 8 | 11 |
| 7 | 10 |
| 6 | 9 |
| 5 | 8 |
| 4 | 7 |
| 3 | 6 |
| 2 | 4 |
| 1 | 2 |

注：引体向上、1 分钟仰卧起坐均为高优指标，学生成绩超过单项评分 100 分后，以超过的次数所对应的分数进行加分。

**附表 1-10　男生 1 000 米跑和女生 800 米跑加分表**　　单位：分・秒

（a）男生 1 000 米

| 加分 | 大一、大二、大三、大四 |
|---|---|
| 10 | −35″ |
| 9 | −32″ |
| 8 | −29″ |
| 7 | −26″ |
| 6 | −23″ |
| 5 | −20″ |
| 4 | −16″ |
| 3 | −12″ |
| 2 | −8″ |
| 1 | −4″ |

（b）女生 800 米

| 加分 | 大一、大二、大三、大四 |
|---|---|
| 10 | −50″ |
| 9 | −45″ |
| 8 | −40″ |
| 7 | −35″ |
| 6 | −30″ |
| 5 | −25″ |
| 4 | −20″ |
| 3 | −15″ |
| 2 | −10″ |
| 1 | −5″ |

注：1 000 米跑、800 米跑均为低优指标，学生成绩低于单项评分 100 分后，以减少的秒数所对应的分数进行加分。

# 附录二 人体穴位图

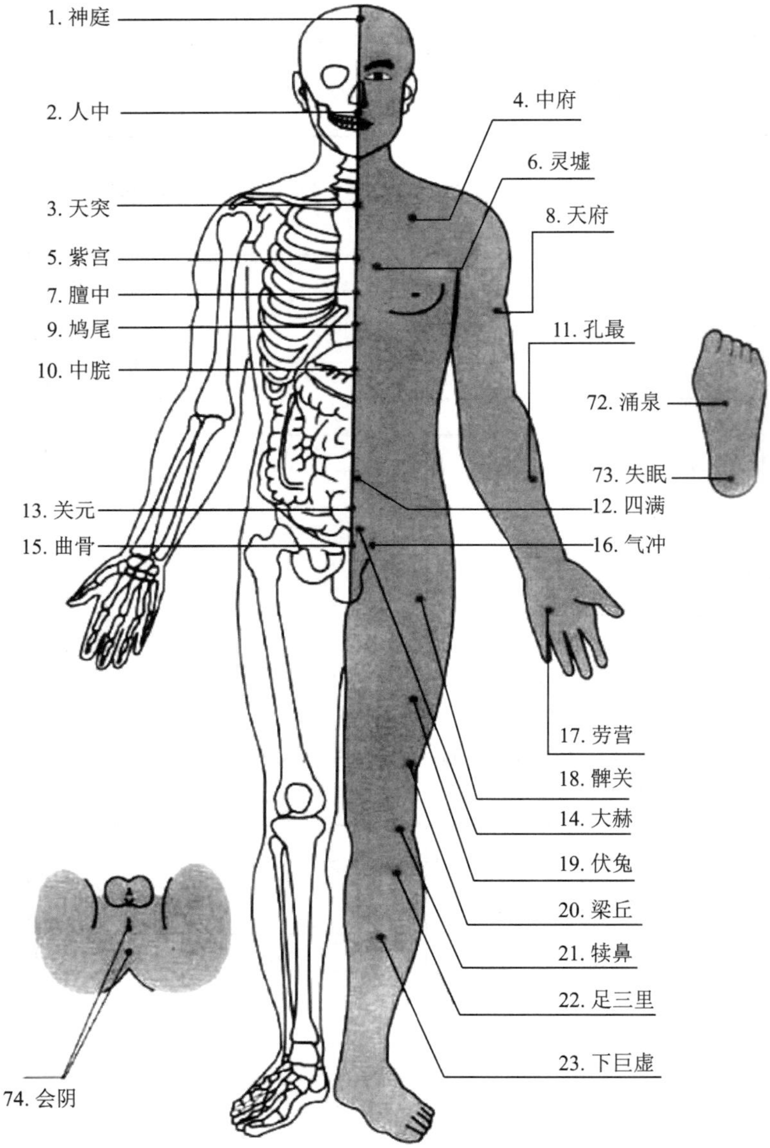
1. 神庭
2. 人中
3. 天突
4. 中府
5. 紫宫
6. 灵墟
7. 膻中
8. 天府
9. 鸠尾
10. 中脘
11. 孔最
12. 四满
13. 关元
14. 大赫
15. 曲骨
16. 气冲
17. 劳营
18. 髀关
19. 伏兔
20. 梁丘
21. 犊鼻
22. 足三里
23. 下巨虚
72. 涌泉
73. 失眠
74. 会阴

(a)

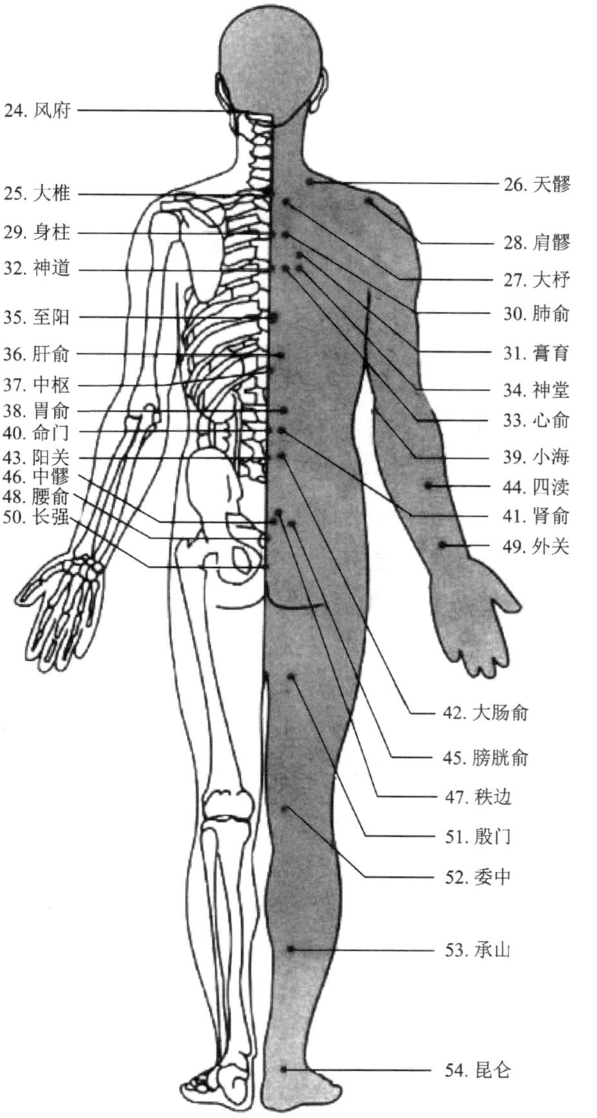


(b)

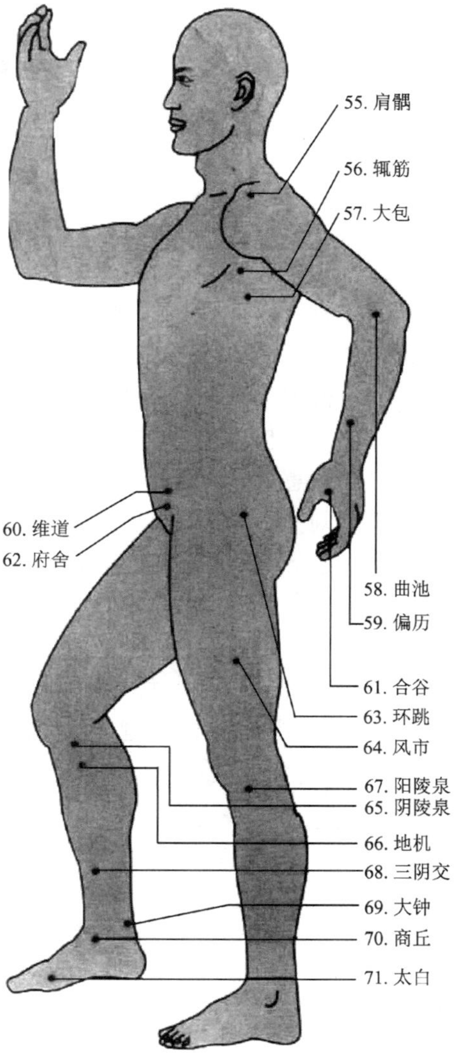


(c)

附图 2-1　人体穴位图

# 参 考 文 献

[1] 孙麒麟,顾圣益.体育与健康[M].上海:上海大学出版社,2010.

[2] 于壮.职业体育与健康[M].长春:吉林大学出版社,2009.

[3] 尹大川,刘军利,王雷.体育健身:高职体育实践教程[M].3 版.北京:高等教育出版社,2021.

[4] 彼德·克林斯曼.篮球教学[M].潘祥,译.北京:北京体育大学出版社,2005.

[5] 何志林.现代足球[M].北京:人民体育出版社,2000.

[6] 张惠钦,苏坎.乒乓球[M].北京:人民体育出版社,1993.

[7] 刘文春.排球运动[M].北京:高等教育出版社,2005.

[8] 申齐,刘宇,唐晓亮.田径新编教程[M].哈尔滨:哈尔滨地图出版社,2004.

[9] 周龙慧,饶平.体育舞蹈双语教程[M].湘潭:湘潭大学出版社,2008.

[10] 陈武山.游泳运动教程[M].北京:人民体育出版社,2007.

[11] 李德印.24 式太极拳教与学[M].北京:北京体育大学出版社,2009.

[12] 黄中英.运动保健一本通[M].深圳:海天出版社,2007.

[13] 体育保健学教材编写组.体育保健学[M].2 版.北京:高等教育出版社,1997.

# 后 记

经过多年的积累和探索，这本《新编大学体育教程》终于定稿了。

这本教材坚持我们所倡导的“以人为本、健康第一、职业导向”的大学体育课程理念，努力将体育教育与应用型高等教育相融合，将体育教学与学生职业发展有机联系起来，根据学生未来职业需求，安排不同的教学内容，以提高学生对体育的认识，增强体育意识和体育能力，实现“面对有差异的学生，实施有差异的教育，实现有差异的发展”。本教材适合应用型高校本科体育教师教学和学生学习参考。

在本教材付梓之际，我们感谢齐齐哈尔工程学院理事长曹勇安教授、院长曹然彬教授、副院长蒋春艳教授等领导所给予的大力支持。教材的顺利编写，离不开有关老师的不懈努力，我们深表感谢！

需要说明的是，我们在编写本教材的过程中，参考了大量的资料和成果，在此向所有相关专家、学者一并表示感谢！

目前，有关职业性体育改革实践方面的教材还不多，本教材的编写属于一种探索性质的尝试，希望能对应用型本科院校大学体育课程的开发提供一定的帮助，并对工程类本科院校体育教师的教育教学工作有所启发。

由于时间有限，加上作者的水平有限，书中错误和疏漏之处在所难免，恳请广大读者批评指正。

编 者

2023 年 5 月 20 日